KB248497

진보 세대가 지배한다

진보 세대가 지배한다

2040세대의 한국 사회 주류 선언

1판1쇄 | 2011년 10월 4일
1판2쇄 | 2011년 11월 17일

지은이 | 유창오

펴낸이 | 박상훈
주간 | 정민용
편집장 | 안중철
편집 | 윤상훈, 이진실, 최미정
제작·영업 | 김재선, 박경춘

펴낸 곳 | 폴리테이아
등록 | 2002년 2월 19일 제300-2004-63호
주소 | 서울시 마포구 합정동 413-7번지 1층 (121-883)
전화 | 편집_02-739-9929 제작·영업_02-722-9960 팩스_02-733-9910

인쇄·제본 | 현문_031-902-1424

값 15,000원
ⓒ 유창오, 2011

ISBN 978-89-92792-24-0 03300

이 도서의 국립중앙도서관 출판시도서목록(CIP)은 e-CIP홈페이지(http://www.nl.go.kr/ecip)와
국가자료공동목록시스템(http://www.nl.go.kr/kolisnet)에서 이용하실 수 있습니다.
(CIP제어번호: CIP2011004106)

2040세대의
한국 사회 주류 선언

진보 세대가 지배한다

유창오 지음

폴리테이아

차
례

진보가
다수가 되는
시대가 온다

조국, 오연호, 김규항, 진중권의 '진보' 논쟁

2010년 지방선거 이후 '진보'가 유행어가 되고, 시대정신이 되었다. '진보'라는 단어가 포함된 책이 연이어 나오고, 정치인과 지식인들은 스스로를 진보적 정치인, 진보적 지식인으로 자처하고 있다. 하지만 유행어가 된 '진보'라는 단어의 함의는 쓰는 사람마다 조금씩 다르다.

2011년 봄, 이와 같은 '진보'라는 단어의 함의를 두고 한바탕 재미있는 논쟁이 벌어졌다. 조국, 오연호, 김규항, 진중권 간의 논쟁이 그것이다. 처음 논란의 대상이 된 것은 조국 교수와 오연호 오마이뉴스 대표의 대담집인 『진보 집권 플랜』이었다.

포문을 연 것은 'B급 좌파' 김규항이었다. 그는 이들에 대해 이렇게 일갈했다. 너희들이 무슨 진보냐? 진짜 진보인 내가 보기에 너희는 진보를 자처할 자격이 없다. 너희가 진보를 자처하는 것은 그동안 진짜 진보의 길을 걸어 온 사람들을 욕되게 하는 것이다.

김규항에 따르면, 『진보 집권 플랜』의 두 저자의 정체성은 '진보'가 아니라 '개혁'이다. 두 저자가 논하는 것은 (진보라 불리는) '민중 기반 운동'이 아니라 (개혁이라 불리는) '시민 기반 운동'이다. 그러니 책의 제목도 '시민 집권 플랜' 혹은 '민주 집권 플랜'쯤이면 충분하다는 것이었다.

그러자 문화평론가 진중권 씨가 이를 비판하고 나섰다. 그러는 너(김규항)는 뭐라고 맘대로 진보의 '딱지'를 붙여 주고 말고를 결정하냐? '진보'가 너의 것이냐? 네가 '진보' 사용권을 독점하고 있느냐? 그리고 누가 더 진보적이냐를 따지는 게 뭐 그리 중요하냐? 어떻게 진보의 가치를 현실에서 더 실현할 것이냐가 더 중요한 거 아니냐는 것이 비판의 요지였다.[■]

소수파 진보의 길, 다수파 진보의 길

김규항과 진중권이 쓰는 '진보'라는 단어의 차이는 '진보'에 대한 두 가지 상반된 접근 방식을 보여 준다. 나는 그것을 '소수파 진보'와 '다수파 진보'로 개념화할 수 있다고 생각한다. 그리고 그에 따라 진보의 길

[■] 『한겨레』(2011/02/28) 칼럼에서 진중권은 이렇게 말했다. "자신을 'B급 좌파'라 부르는 철인(哲人) 좌파가 있다. [그게] 최근 C급 가짜 시뮐라르크 좌파를 폭로하는 일에 단단히 맛을 들였다.……그는 얼마 전 내 이마에 '자유주의자' 딱지를 붙였다. 이번엔 조국·오연호에게 '중산층 엘리트' 딱지를 붙인다. 그의 비판의 요지는 상표권 도용. 왜 자기 허락 없이 '진보'나 '좌파'라는 상표를 쓰냐는 것.…… 지금 이 상황에서 필요한 것은 다가올 연합 속에서 되도록 진보의 가치를 많이 관철시키는 것이지, 그 연합에 딱지나 갈아붙이는 것은 확실히 아니리라."

은 완전히 다른 두 개의 길로 나눠진다.

소수파 진보의 길은 김규항처럼 소수의 서러움을 감내하고 '진정한' 진보의 길을 지향한다. 그런 소수파 진보에게 그동안 현실과 타협하고, 진보의 가치를 배신해 온 사람들이 시대가 변했다고 진보인 체하는 것은 견디기 힘든 일이다.

반면, 다수파 진보의 길은 진중권처럼 현실에서 진보의 가치를 얼마나 더 실현할 수 있을까에 몰두한다. 그러다 보니 진보의 이념적 순수성을 지키기보다는 현실적으로 가능한 진보를 추구하게 된다. 그리고 그것은 기본적으로 현실과의 타협을 의미한다.

다수파 진보의 길을 지지하는 이유

나는 기본적으로 소수파 진보의 길을 반대하며 다수파 진보의 길로 가야 한다고 생각한다. 그래야만 진보가 힘을 가질 수 있고, 민주진보 세력 전체가 하나 되어 지금 대한민국 국민들이 꿈꾸는 복지국가를 실현할 수 있다.

나는 이제까지 스스로를 급진 진보 내지 좌파로 규정하는 사람들을 많이 경험했다. 그들 가운데는 진보적 신념 때문에 사회에서 소수파가 되는 것을 감수하는 소극적 의미에서의 소수파가 아니라, 오히려 스스로 소수파가 되기 위해 좀 더 진보적인 신념을 가지는 적극적 의미에서의 소수파도 많았다. 그들에게 진보란 세상을 바꾸기 위한 수단이라기보다는 오히려 자신을 만족시키기 위한 수단이었다.

그들은 자신이 다른 사람들에 비해 더 진보적이라는 차별성을 추구한다. 이런 소수파 진보의 철학적 기반은 '올바른 것은 승리한다'는, 강한 역사적 신념이다. 그래서 더욱 올바른 것, 더욱 선명한 것을 찾는데, 그러므로 그들에게 분열은 두려움의 대상이 아니라 승리를 위한 전제 조건이 된다.

그러나 우리가 경험했듯이 이런 소수파 진보의 길로는 세상을 바꾸지 못한다. 진보의 가치, 진보의 신념을 사회에서 실현하지 못한다. 진보의 가치를 실현하기 위해서는 세력이 있어야 하고, 이를 위해서는 다수파를 지향해야 하기 때문이다. 따라서 나는 진보는 다수파의 길을 가야 한다고 생각한다.

복지국가를 실현하기 위한 다수파 진보의 길

지금 복지국가 실현은 다수파 진보만의 전략이 아니다. 오히려 시민 다수가 복지를 요구하고 복지국가를 꿈꾸고 있다. 이는 불과 2, 3년 전에는 감히 상상도 못할 일이었다. 하지만 이제 과거 일부 진보 진영에서 논의되던 복지국가를 한나라당에서도 주장하는 상황이 되어 버렸다. 한나라당에서 가장 유력한 차기 대선 주자인 박근혜마저 복지를 자신의 정책 브랜드로 선점하려 애쓰는 상황이 된 것이다.

왜 이런 일이 벌어졌을까? 그것은 지금 한국에서 부자가 되는 것은 고사하고 내일이 오늘 같다는 보장조차 없기 때문이다. 오늘의 노동으로 내일을 꿈꿀 수 없다는 불안 속에서 살기 때문이다.

중요한 것은 복지국가로 '어떻게 갈 것인가'다. 복지국가는 20세기, 특히 제2차 세계대전 후 진보 세력의 목표이자, 진보 정치의 결과물이다. 복지국가를 건설해 한계에 다다른 경제적 불평등의 문제를 해결하려면, 민주진보 세력이 집권해야만 한다. '민주진보 세력의 집권' 없이 복지국가는 불가능하다.

서구 선진국의 경우를 볼 때, 민주진보 진영이 얼마나 오래 집권했느냐가 그 나라의 복지 수준을 결정한다. 따라서 대한민국에서 복지국가가 제대로 실현되기 위해서는 민주진보 진영의 집권이 길수록 좋다. 그래야 복지국가의 기본틀을 만들 수 있다.

결국 복지국가를 실현하는 길은 민주진보 진영의 집권, 나아가서는 장기 집권도 가능한 정치 구조를 마련하는 일이다. 정권 교체가 된다 하더라도 복지국가라는 사회적 합의를 계속 유지시킬 수 있는 분위기와 조건을 만들어 내야 한다. 이를 위해 민주진보 진영은 정치·사회적으로 다수파가 되어야 한다. 진보의 다수파 전략, 다수파 진보의 길 없이 우리에게 복지국가는 없다.

진보는 정말 다수가 될 수 있을까?

한국 정치에서 보수는 오랫동안 압도적 우위를 점하고 있었다. 이런 조건 속에서 다수파 진보의 길은 험난할 수밖에 없었다. 지난 민주 정부 10년을 이끌었던 두 대통령은 당시 정치인 중 가장 진보적인 정치인이었다. 그러나 그들의 정책을 두고 신자유주의 논쟁이 일었다. 안타깝게도 두 대통령의 재임 시기는 전 세계적으로 신자유주의의 전성시대였다. 세계 어느 나라도 그 흐름에서 자유롭지 못했다. 더구나 한국에서 신자유주의는 IMF 경제 위기로 인해 외부적으로 강제된 측면이 컸다.

그러나 그것이 면죄부는 되지 못할 것이다. 이 책에서 자세히 살펴보겠지만, 그로 인한 국민 대다수의 고통이 너무 컸고, 그 고통은 지금까지도 이어져 오고 있기 때문이다.

나는 아무리 다수파를 지향한다고 해도 '진보'라는 틀을 유지하기 위해서는 최소한 세 가지 공통점이 있어야 한다고 생각한다. 첫째, 독재와 권위주의를 반대하고 민주주의를 지향해야 한다. 둘째, 전쟁과 핵무장을 반대하고 평화를 지향해아 한다. 셋째, 성장 우선주의를 반대하고 분배와 성장의 선순환을 지향해야 한다.

그런데 이렇게 세 가지를 공유하는 넓은 의미의 진보가 한국 정치사에서 다수를 형성한 적은 한 번도 없었다. 그러나 다행히 상황은 조금씩 바뀌어 왔다. 우선은 민주화를 거치며 민주주의에 대한 지향이 지배적이 되었고, 이후 민주 정부 10년을 거치면서 평화에 대한 지향이 다수가 되었다. 그리고 최근 이명박 정부의 실정을 보면서 분배와 성장의 선순환을 지향하는 움직임이 점차 다수가 되고 있다.

이렇게 대한민국은 바뀌고 있다. 그래서 지금 역사상 처음으로 진보적 성향의 유권자가 소수파에서 다수파로 바뀌는 역사적 전환점을 앞두고 있다고 나는 생각한다. 민주주의국가에서 다수파가 된다는 것은 그 사회의 주류가 된다는 뜻이다. 이는 실로 대단한 일이다. 그래서 사회를 진보적으로 바꾸기 위해서는 진보의 다수파 전략이 꼭 필요하다.

세대 혁명을 통한 새로운 정치체제의 구축

앞으로 예상되는 진보의 다수파로의 전환, 그 변화의 중심에는 20~40대가 있다. 전체 유권자의 3분의 2를 차지하는 2040세대가 지금 정치 변화의 주역으로 나서고 있다. 안철수 신드롬의 주역 역시 이들이다.

그 변화는 1987년 이후 형성되어 온 지역 구도를 해체할 수 있는 가능성까지 보여 주고 있다. 특히 PK(부산·경남권)에서 그 가능성이 높아지고 있고, TK(대구·경북권)에서도 변화의 흐름이 형성되고 있다. 이와 같은 변화는 한국 정치 구도를 근본적으로 변화시키는 수준에 이르렀다.

또한 이들 세대는 IMF 외환 위기 이후 정착된 신자유주의 질서와 그로 인한 '양극화 사회'로 인해 고통 받고 있는 세대다. 그래서 이들 세대는 그런 신자유주의 질서와 양극화의 극복을 가장 절실히 요구하고 있다. 따라서 나는 이 책에서 이런 진보적 요구를 하고 있는 세대를 '진보 세대'라 부를 것이다. 그 구체적인 근거에 대해서는 이 책 전체를 통해 자세히 설명하겠다.

지금 모든 국민이 변화를 예상하고 기대하고 있다. 한국 정치가, 그리고 세계경제가 변화할 것이라고 예상한다. 그러나 그 변화가 어느 수준으로 나타날지에 대해서는 자신하지 못하고 있다. 나는 지금의 변화가 근본적 변화로 나아갈 수 있다고 생각한다. 타성적인 사고, 습관적인 사고로는 지금의 근본적인 변화를 파악할 수 없다.

지금의 변화는 지난 30년간의 세계경제 패러다임, 지난 25년간의 한국 정치 시스템을 바꾸는 근본적 변화와 결합되어 있다. 그것은 1980년 이후의 30년간 이어져 온 세계경제의 신자유주의라는 흐름으로부터 변화하는 것이요, 1987년 이후의 지역 구도가 25년 만에 근본에서 흔들리는 것이다.

대전환의 시작

돌이켜 보면 과거 참여정부 시절 일부에서는 진보가 다수파가 된 시대가 왔다고 생각한 적이 있었다. 그러나 그것은 사실이 아니었다. 2004년 제17대 총선에서 열린우리당의 승리는 탄핵 역풍에 의한 것이었지, 객관적인 유권자 지형의 변화에 의한 것이 아니었다. 2002년 대선 승리도 2.3%p 차이의 박빙의 승부였다. 게다가 참여정부는 지역 구도를 뛰어넘지 못하고 오히려 이를 강화시켜 주었다.

그러나 이제 상황이 크게 변화했다. 무엇보다 지금 대한민국의 주류가 보수에서 진보로, 50·60대에서 20~40대로 바뀌고 있다. 정치 구도가 지역 구도에서 세대 구도로 바뀌고 있는 것이다. 이제 대한민국의 주요 흐름을 진보 세대가 지배하게 된다. 따라서 대한민국의 정치·경제·사회·문화 모든 분야는 이런 흐름을 주시해야 한다. 이런 흐름을 놓쳐서는 그 어느 분야도 시대에 뒤쳐질 수 있다.

왜 그렇게 생각하고, 그래서 어떻게 이를 실천해야 하는지, 이제부터 그 근거를 살펴보자.

1
변화는
시작되었다

역대 최다 차이,
2007년 대선

뉴타운이 약속한 미래

2008년 1월, 나는 서울의 모 뉴타운 사업 추진위원회가 개최한 주민 설명회에 참석한 적이 있다. 구민회관 대강당을 가득 메운 1천여 명의 주민들에게 주최측은 간단한 설명 후 홍보 영상을 보여 주었다. 대부분 컴퓨터 그래픽으로 구성된 화려한 영상 속에서 해당 뉴타운 지구는 고층 빌딩으로 가득한 제2의 테헤란로로 바뀌어 있었다.

영상이 끝나고 불이 켜졌다. 주위를 둘러보니 모두 단단히 홀린 눈을 하고 있었다. 영상을 보며 모두가 마음속으로 자신들의 미래를 그렸을 것이다. 강남 일류 부자들처럼 떵떵거리며 살게 될 '부자 아빠, 부자 엄마'로서 자신들의 미래를 말이다. 더구나 '국민 성공시대'를 열어 모두를 부자로 만들어 주겠다고 약속한 그 분이 한 달 뒤 대통령으로 취임하지 않는가? 이제 세상은 바뀔 것이다. 그들은 그렇게 굳게 믿고 있었다.

그로부터 다섯 달 후, 나는 서울의 어느 부동산 중계소에서 전세 계약을 하고 있었다. 중계소 주인에게 슬쩍 주변의 재건축 아파트 시세와 전망을 물었다. 그랬더니 기다렸다는 듯이 이런 답변이 돌아왔다.

"이 아파트에 투자 한번 안 해볼렵니꺼? 지금이 기회라예. 이제 집값 못 떨어뜨려 안달하던 대통령이 물러났으니 부동산보다 더 전망 있는 것은 없어예."

얼마의 분담금을 더 부담해야 재건축 후 원하는 평수의 아파트에 입주할 수 있는지 물었다. 하지만 내게는 너무 부담스러운 액수였다. 분담금이 너무 많다는 내 말에 그는 또 이렇게 말했다.

"이제 세상이 달라졌어예. 경제는 좋아지고, 집값은 계속 오를 텐데 무슨 분담금 걱정을 허십니꺼? 일단 큰 평수를 분양 받으면 바로 프리미엄이 붙어서 분담금은 해결될 텐데예. 아유, 그래야 아파트 마련하지, 안 그러면 앞으로 갈수록 아파트 마련하기 힘들어집니더."

물론 나는 그의 말대로 하지 않았다. 그럴 여유가 없었던 것이 결정적인 이유였다. 만일 그때 그 말대로 했더라면 지금쯤 완전히 쪽박을 찼을 것이다. 하지만 그때는 그렇게 생각할 만도 했다. 이명박 대통령이 취임했고, 한나라당 후보들이 총선에서 압승한 지 불과 한 달밖에 되지 않은 시점이었기 때문이다. 서울의 48개 지역구 중 40개 지역구를 차지한 한나라당 후보들은 각자의 지역구마다 한두 개씩 뉴타운을 추가 지정하겠다고 공약한 상태였다.

대한민국 역사의 종언과 최후의 인간?

1990년대 초 『역사의 종언과 최후의 인간』(*The End of History and the Last Man*, 1992)이라는 책이 큰 논란을 불러일으키며 화제의 중심이 된 적이 있었다. 일본계 미국인 3세 출신의 정치학자 프랜시스 후쿠야마가 쓴 이 책은 공산권이 몰락하고 자유민주주의가 승리하면서 역사의 악순환은 끝났다는 내용을 담고 있었다. 하지만 불과 몇 년 뒤에 그 주장은 번복되었다. 1999년 출간한 『대붕괴 신질서』(*The Great Disruption*)에서 후쿠야마는 역사는 끝나는 게 아니라 일정한 주기로 붕괴와 재건을 되풀이한다고 자신의 입장을 바꾸었기 때문이다.

몇 십 년이 지난 후 한국에서도 대한민국 역사가 완성되었다는 식의 일종의 역사적 '종말론'이 집권 세력 내부에서 유행하기 시작했다. 2007년 대선과 2008년 총선에서 승리한 이명박 정부와 한나라당은 마치 대한민국 역사가 자신들에 의해 완성되고 있다는 식의 태도를 보였다. 대한민국이 산업화와 민주화를 넘어 이제 선진화의 시대에 들어섰고, 자신들이 대한민국 역사의 종언을 이룰 최후의 인간이라는 자신감에서였다. 여기에 이론적 무기를 제공해 준 것은 서울대 박세일 교수였다. 그가 내건 '선진화'라는 비전과 '공동체 자유주의'라는 철학은 대한민국 역사의 종언을 이룰 최후의 인간들에게는 피가 되고 살이 되고, 신념이자 무기가 되었다(박세일 2006).

2007년 대선 : 역대 최다 차이 승부

2007년 대선과 2008년 총선 결과는 이명박 정부와 한나라당에게 마치 대한민국 역사를 자신들이 완성해 낼 것 같은 착각을 주기에 충분했다. 2007년 제17대 대통령 선거는 역대 대통령 선거들 가운데 당선자와 차점자 간의 차이가 가장 큰 선거였다. 48.7%를 얻은 이명박 후보와 26.1%를 얻은 정동영 후보의 차이는 22.6%p(530만 표의 차이)로 거의 더블 스코어 수준이었다.

표 1-1 역대 대통령 선거 개요

(단위 : %)

선거 시기(방법)	후보별 득표율						투표율
1대(간선) 1948년 7월 20일							
2대(직선) 1952년 8월 5일	이승만 74.6	조봉암 11.4	이시영 10.9	신흥우 3.1			88.1
3대(직선) 1956년 5월 15일	이승만 70.0	신익희 사망	조봉암 30.0				94.4
4대(직선) 1960년 3월 15일	이승만 100	조병옥 사망					97.0
5대(직선) 1963년 10월 15일	박정희 46.6	윤보선 45.1	오재영 4.1	장이석 2.0	변영태 2.2	송요찬 사퇴 / 허정 사퇴	85.0
6대(직선) 1967년 5월 3일	박정희 51.4	윤보선 40.9	오재영 2.4	전진한 2.1	김준연 2.2	이세진 0.9	83.6
7대(직선) 1971년 4월 27일	박정희 53.2	김대중 45.3	진복기 1.0	박기출 0.4	이종윤 0.1		79.8
8~12대(간선)							
13대(직선) 1987년 12월 16일	노태우 36.6	김영삼 28.0	김대중 27.0	김종필 8.1	신정일 0.2		89.2
14대(직선) 1992년 12월 18일	김영삼 42.0	김대중 33.8	정주영 16.3	박찬종 6.4	백기완 1.0	김옥선 0.4 / 이병호 0.2	81.9
15대(직선) 1997년 12월 18일	김대중 40.3	이회창 38.7	이인제 19.2	권영길 1.2	신정일 0.2	김한식 0.2 / 허경영 0.2	80.7
16대(직선) 2002년 12월 19일	노무현 48.9	이회창 46.6	권영길 3.9	이한동 0.3	김영규 0.1	김길수 0.2	70.8
17대(직선) 2007년 12월 19일	이명박 48.7	정동영 26.1	이회창 15.1	문국현 5.8	권영길 3.1		63.0

자료 : 중앙선거관리위원회 .

이게 얼마나 전례 없는 일인지는 역대 대선 결과를 살펴보면 분명히 알 수 있다〈표 1-1〉〉. 제17대 대선까지 총 열일곱 번의 대선 가운데 직선으로 이루어진 선거는 열한 번이었는데, 그중 사실상 단독 출마였던 이승만 대통령 시절의 세 번의 선거를 제외하면, 제대로 치러진 직선제 대통령 선거는 총 여덟 번이었다. 그리고 그 가운데 17대 대선을 제외하고 가장 큰 격차를 보인 대선은 1967년 제6대 대선으로, 당시 박정희(51.4%)와 윤보선(40.9%)의 격차는 10.5%p였다. 그러니 이보다 두 배도 넘는 차이를 보인 2007년 대선의 패배는, 상상할 수 있는 최악의 패배였다고 할 만했다. 한국 정치사에서 한 축을 유지해 온 민주개혁 세력은 완전히 몰락한 듯 보였다.

이와 같은 민주 진영의 참패는 바로 이전의 2002년 제16대 대선과 비교해 보면 더욱 두드러진다. 2002년 대선에서 민주당 노무현 후보가 얻은 표가 1,201만 표였던 데 비해, 2007년 제17대 대선에서 정동영 후보가 얻은 표는 고작 617만 표에 불과했다. 거의 반 토막이 나고 말았던 것이다.

2008년 총선 : 수도권의 압도적인 한나라당 지지

이런 선거 결과를 예상하기 어려웠던 것은 아니다. 이와 같은 분위기는 이미 2006년 제4회 지방선거 때부터 계속되었기 때문이다. 정확히 말해 이는 2005년 상·하반기 보궐선거에서부터 시작된 것이었다. 한나라당이 기존의 영남권뿐만 아니라 수도권까지 완전히 석권하는 선거 구도가 형성된 것이다. 이에 따라 민주당은 호남과 충북에서만 겨우 명맥을 유지하는 처지로 완전히 몰락했다.

이 시기 가장 주목해야 할 것은 수도권의 변화다. 대선에서 수도권

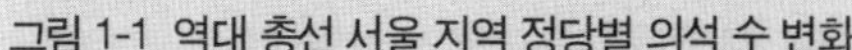

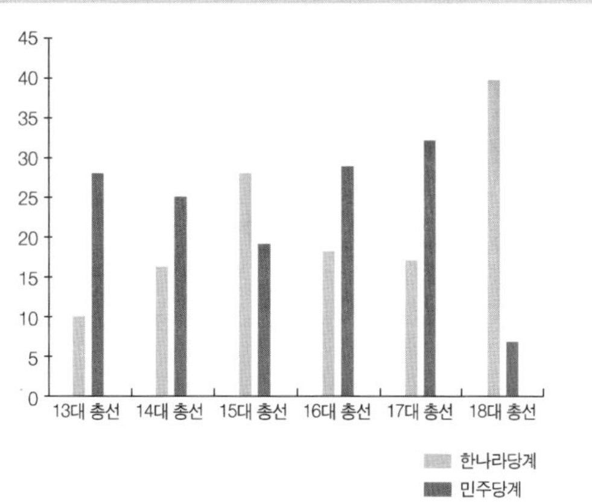

자료 : 중앙선거관리위원회.

은 거의 PK와 비슷한 수준으로 이명박 후보를 지지했다. 노무현 후보에 비해 정동영 후보가 잃어버린 6백만 표 가운데 54%가 수도권에서 잃은 표였다. 수도권은 사실상 독자적인 정치 세력으로 독립해 이명박 후보를 자신의 지역 맹주로 옹립한 듯 보였다.

이런 흐름은 4개월 후 치러진 제18대 총선에서도 마찬가지였다. 이번에도 결과는 한나라당의 압승이었다. 특히 한나라당은 서울을 비롯한 수도권에서 압승을 거뒀는데, 서울의 경우 48개 지역구 가운데 민주당이 당선된 곳은 7곳에 불과했다. 1987년 민주화 이후 역대 총선을 살펴볼 때 서울 지역에서는 (1996년 15대 총선을 제외하고) 한나라당계보다는 민주당계가 우위를 점하고 있었다(〈그림 1-1〉). 그러나 2008년 18대 총선에서 한나라당은 전체 서울 의석 가운데 83%를 확보해 이런 경향을 완전히 역전시켜 버렸다. 그러면서 많은 사람들이 '이제 보수 장기 집권 시대로 접어든 것이 아닌가' 걱정하기 시작했다.

세대 구도의 등장,
2010년 지방선거

2008년 산업은행의 리먼 브러더스 인수 시도

한국의 국책은행인 산업은행이 미국에서 서열 4위의 투자은행인 리먼 브러더스(Lehman Brothers Holdings Inc.) 인수를 추진 중이라는 것이 언론에 처음 공개된 것은 2008년 8월 20일이었다. 리먼 브러더스의 파산으로 세계 금융 위기가 발발하기 불과 25일 전이었다. 영국의 『파이낸셜 타임스』(*Financial Times*)는 뉴욕의 소식통을 인용해 산업은행이 리먼의 지분 50%를 인수해 경영권을 확보하려는 협상이 결렬됐다고 보도했다.

하지만 바로 다음날 로이터통신이 다시 불을 지폈다. 통신은 "리먼 인수 등 모든 가능성을 열어 두고 있다"는 민유성 당시 산업은행장의 입장을 타전했다. 그리고 『조선일보』는 27일자 칼럼 "월스트리트를 울리고 웃긴 산은"에서 강력한 어조로 산업은행에 리먼 브러더스를 인수하라고 요구했다.

이 칼럼에서 김기훈은 "인수 후 경영 정상화에 성공하면 전리품은 엄청나다"며 "서울과 월스트리트를 직접 연결하는 '금융 고속도로'가 생긴다"고 단언했다. 또 "한국 금융기관들의 눈높이가 일제히 월스트리트 수준으로 높아지면서 말로만 외치던 금융 세계화의 문이 열릴 것"이라며 "일본이나 중국도 하지 못한 일"이라고 산업은행의 리먼 브러더스 인수 계획을 예찬했다.

『조선일보』는 급기야 파산 11일 전인 9월 4일 사설에서도 재차 리먼 브러더스 인수를 촉구했다. 사설은 "중요한 것은 산은의 마음가짐"이라며, "민간 은행보다 더 철저하게 득실을 따져 인수를 결정하고, 그 결정에 끝까지 책임을 지겠다는 자신이 섰다면 해볼 만한 투자"라고 주장했다.

그러나 다행히도 파산 불과 닷새 전인 9월 10일, 산업은행이 리먼 인수를 공식 포기했고, 9월 15일 리먼 브러더스는 파산했다. 그리고 그것은 세계 자본주의의 중심이자 세계 금융의 심장인 월스트리트에서 경제 위기가 발발했음을 뜻했다.

만약 정부(산업은행)와 『조선일보』의 주장대로 리먼 브러더스 인수가 성사되었더라면 어떻게 되었을까? 산업은행은 당시 국책은행이었다. 결국 리먼 브러더스의 부실을 국민의 세금으로 부담해야 하는 일이 벌어지지 않았을까? 그야말로 불나방이 온 국민의 운명을 걸머지고 횃불 속으로 날아 들어가는 꼴이 아니었을까?

더욱 문제는, 민유성 당시 산업은행장이 취임 직전 리먼 브러더스 서울 지점 대표로 있었고, 스톡 어워드(Stock Award, 주식 무상 제공)를 보유한 상태에서 리먼 브러더스와 인수 협상을 벌였다는 것이다. 당시 민 행장과 리먼 브러더스는 특수 관계였는데도 인수 협상을 벌인 것이다. 이는 공직자윤리법의 이해충돌 방지 의무를 위반한 것이었다. 인수 협상이 타결되었다면 민 전 행장은 가지고 있던 주식의 가격이 상승해 상당한 이득을 보았겠지만, 파산의 뒷감당은 국민이 맡아야 했을 것이다. 그런데도 민 전 행장은 그 뒤에도 "리먼을 놓친 건 한국 금융과 한국 자본시장 전체가 세계 수준으로 성장할 수 있는 기회를 놓친 것"이라는 무책임한 주장을 반복했다.

이명박 정부, 3대 프로젝트의 시작

2008년 9월, 미국에서 금융 위기가 발생했을 때 이명박 정부는 출범 8개월째에 접어들었다. 당시 한나라당은 2006년 지방선거, 2007년 대선, 2008년 총선에서의 연이은 승리로 행정부·입법부·지방 권력까지 완전히 장악해 뭐든 할 수 있는 정치적 조건을 갖추고 있었다. 이런 조건 속에서 이명박 정부는 세계경제의 변화에도 아랑곳하지 않고 계획하고 있던 3대 프로젝트를 시작했다.

첫 번째 프로젝트는 4대강 사업이었다. 이명박 정부는 2008년 12월 건설기술연구원 주관으로 4대강 사업 마스터플랜 수립 작업에 들어갔다. 불과 6개월 전 촛불집회 당시 중단하겠다고 약속한 대운하 사업을 이름만 바꿔 본격적으로 추진해 가기 시작한 것이다.

두 번째 프로젝트인 부자 감세안도 2008년 12월 국회에서 통과되었다. 매년 20조 원 이상의 세수 부족을 일으키고 주로 부자들에게 혜택이 돌아가는, 두고두고 논란이 될 일이었다.

세 번째 프로젝트도 그 무렵 시작되었다. 국세청이 넉 달가이나 태광실업을 먼지 털 듯 조사했고, 검찰이 가세해 노무현 전 대통령의 주변을 샅샅이 뒤졌다. 2009년 초, 검찰은 연일 생중계하듯 본질과 무관한 혐의 사실을 언론에 흘려 노 전 대통령을 압박해 갔다. 노 전 대통령이 가족의 달러 수수 사실을 알았고, 이는 '포괄적 수수죄'에 해당된다는 기사가 언론을 도배했다. 이에 질세라 국정원도 노 전 대통령이 고급 시계를 받았다는 이야기를 언론에 흘렸다. 3대 권력기관인 국세청, 검찰, 국정원이 동원되어 경쟁적으로 전직 대통령 망신 주기에 나선 것이다. 그러나 검찰은 노 전 대통령을 소환 조사하고도 증거를 제시하지 못했다. 사건은 2009년 5월, 노무현 전 대통령의 자살로 이어졌다. 이 불행한 일에 애통해 하던 김대중 전 대통령도 그해 8월 우리 곁을 떠났다.

민심이 본격적으로 바뀌기 시작한 것은 이 무렵부터였다.

2010년 지방선거의 세 가지 특징

2010년 제5회 지방선거의 첫 번째 특징은 예상과는 달리 민주당과 야권이 승리했다는 데 있었다. 투표가 끝나고 출구 조사가 발표되기 전까지 모든 언론은 한나라당의 압승을 예상했으나 뚜껑을 열고 보니 결과는 달랐다. 민주당과 야권은 전체 16곳 시·도지사 선거 가운데 인천시장, 강원도지사, 충청남도지사, 충청북도지사, 경상남도지사, 광주시장, 전라남도지사, 전라북도지사, 제주도지사 등 10곳에서 승리를 거뒀다. 반면 한나라당은 서울시장, 경기도지사, 부산시장, 대구시장, 울산시장, 경상북도지사 등 6곳에서 이겼고, 자유선진당이 대전시장 1곳에서 승리를 거뒀다. 민주당 한명숙 후보가 0.6%p 차이로 석패한 서울시와 국민참여당 유시민 후보가 패배한 경기도 선거에서도 기초단체장 선거는 민주당 후보들이 석권했다. 전체적으로 민주당과 야권의 승리였다. 이는 2006년 지방선거부터 2007년 대선, 그리고 2008년 총선까지 이어 온 한나라당 압승, 특히 수도권에서의 한나라당 압승 흐름이 또다시 역전되었음을 의미했다.

두 번째 특징은 지역 구도의 변화 조짐이었다. 경남도지사 선거에서 무소속 김두관 후보가 당선되었고, 부산시장 선거에서 민주당 김정길 후보가 45%나 득표했다. 이는 민주당 후보가 부산시장 선거에서 득표한 역대 최대치였다. 그 이전까지는 1995년 제1회 지방선거에서 당시 민주당 후보였던 노무현이 획득한 37%가 최고였다.

셋째, 2010년 지방선거의 가장 큰 특징은 세대 구도의 본격적인 시작이었다. 이는 바로 앞서 설명한 두 가지 특징(야권 승리와 지역 구도의 변화)을 가능케 한 원동력이었다. 지방선거에서 나타난 세대 구도의 실체를 보려면 16개 광역단체장 선거의 세대별 득표율을 하나하나 구체적으로 살펴봐야 한다(방송협회 2010).[■]

① **수도권 : 서울·경기·인천**

수도권 광역단체장 선거에서의 세대별 득표율을 살펴보면, 20~40대는 민주당 또는 국민참여당 후보를 지지한 반면, 50대와 60세 이상은 한나라당 후보를 지지했음을 알 수 있다.

서울시장 선거는 가장 전형적인 세대 구도를 보여 준다(〈그림 1-2〉).

[■] 중앙선거관리위원회는 지역별·투표구별로만 득표율을 집계할 뿐 세대별로는 집계하지는 않기 때문에 세대별 득표율 파악하는 방법은 출구 조사뿐이다. 하지만 2010년 지방선거에서 KBS·MBC·SBS 지상파 3사가 공동으로 실시한 출구 조사는 대단히 정확했기 때문에, 이 출구 조사에 근거한 세대별 득표율 분석은 실제와 거의 차이가 없을 것으로 판단된다. 전체 16개 시도지사 선거의 세대별 득표율이 언론·출판을 통해 공개되는 것은 이 책이 처음이다.

20~40대에서는 민주당 한명숙 후보가, 50~60세 이상에서는 한나라당 오세훈 후보가 승리했다. 재미있는 점은 한명숙 후보가 당시 66세, 오세훈 후보가 당시 49세였는데, 지지 세대는 정반대였다는 것이다. 오세훈 후보는 0.6%p 차이로 그야말로 신승을 거뒀다(오세훈 47.4%, 한명숙 46.8%).

경기도지사 선거의 경우 세대별 구도는 분명하지만, 야권에는 불리한 특징을 보여 준다(〈그림 1-3〉). 즉, 20대와 30대에서는 야권이 더 높은 지지율을 보이나 40대에서는 엇비슷하고 50대와 60세 이상에서는 압도적으로 지지율이 낮은 것이다. 유시민 후보의 경우 40대 이상에게는 호감이 덜 하고, 특히 50대 이상은 그에게 거의 비토 감정에 가까운 모습을 보여 준다. 유시민 후보가 김문수에 4.4%p 차이로 석패한 것은(김문수 52.2%, 유시민 47.8%), 그가 민주당 지지층의 지지를 확보하지 못한 측면도 있지만, 40대 이상의 지지를 이끌어 내지 못하고 지지층이 20·30대에 국한되어 있었기 때문이었다.

인천시장 선거의 경우 세대별 구도는 분명하되, 야권에 유리한 구도를 나타냈다(〈그림 1-4〉). 이 점은 경기도지사 선거와 대비된다. 즉, 민주당 송영길 후보는 20·30대에서 크게 이겼을 뿐만 아니라 40대에서도 상당한 차이로 이겼다. 60세 이상에서는 압도적으로 졌지만 50대에서는 엇비슷했다. 그 결과 송영길 후보는 안상수 후보에 8.3%p 차이로 승리했다(송영길 52.7%, 안상수 44.4%). 경기도지사 선거와 비교해 볼 때, 20~30대가 야당을 지지하고 60세 이상이 한나라당을 지지하는 경향은 같은데, 여권에 대한 지지와 야권에 대한 지지가 엇비슷해지는 세대가 유시민 후보는 40대였고, 송영길 후보는 50대인 것이 큰 차이였다.

이처럼 수도권 세 곳의 특징만을 비교하자면 결국 40대가 승패를 갈랐다고 할 수 있다. 송영길 인천시장 후보의 경우 40대에서 무려

그림 1-2 서울시장 선거
90
80
70
60
50
40
30
20
10
0
20대 30대 40대 50대 60세 이상
한나라당 오세훈
민주당 한명숙

그림 1-3 경기도지사 선거
90
80
70
60
50
40
30
20
10
0
20대 30대 40대 50대 60세 이상
한나라당 김문수
국민참여당 유시민

그림 1-4 인천시장 선거
90
80
70
60
50
40
30
20
10
0
20대 30대 40대 50대 60세 이상
한나라당 안상수
민주당 송영길

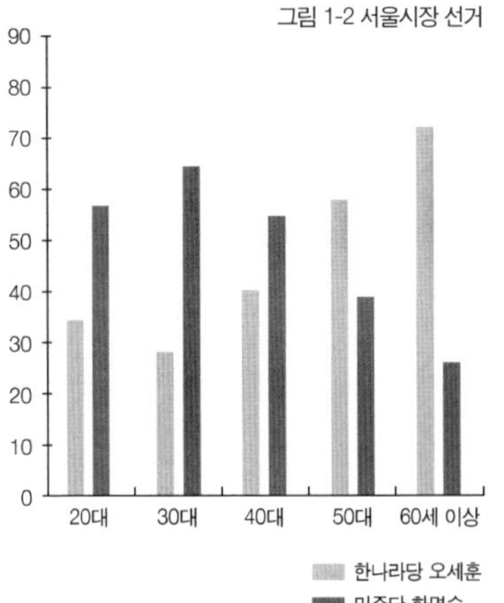

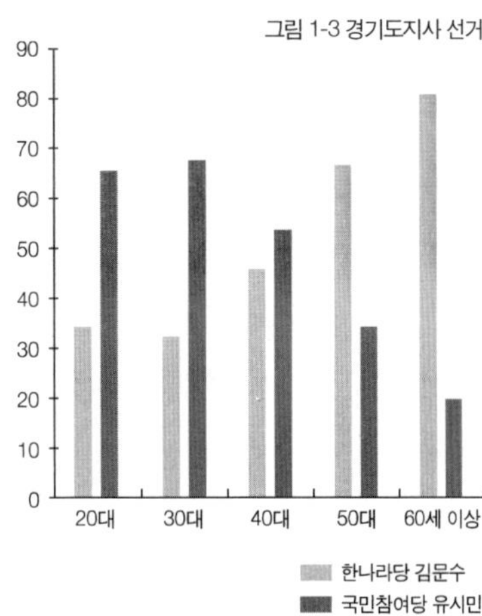

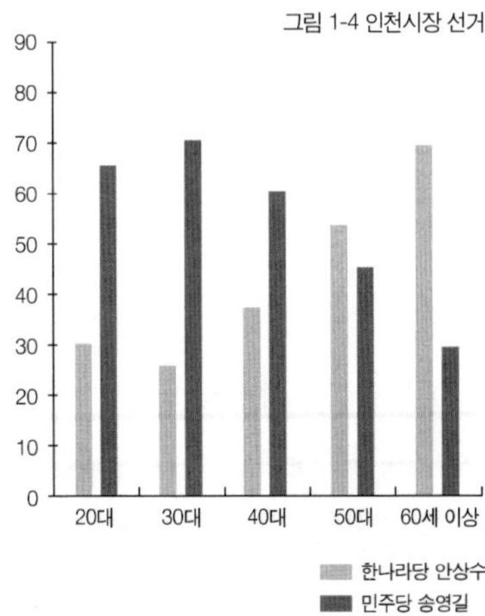

자료 : 방송 3사 출구 조사.

23.1%p로 크게 이겼으나 한명숙 서울시장 후보는 14.4%p 차이로 이겼고, 유시민 경기도지사 후보는 겨우 7.6%p 차이로 이겼다. 이 점이 향후 세대 구도에서 민주진보 진영이 승리할 수 있는 후보의 핵심 요건이라고 할 수 있다. 이는 다른 광역단체 선거에서도 드러난다.

② **중부권 : 강원·충청·대전**

중부권도 전반적으로 20~40대의 민주당 지지와 50~60세 이상의 한나라당 지지 성향을 확연하게 보여 준다.

강원도지사 선거는 그야말로 세대 구도를 확연하게 보여 주었다. 특히 40대에서도 민주당 이광재 후보가 더블스코어 이상으로 압승하고, 50대에서는 거의 엇비슷하게 득표해 선전했다. 그 결과 이광재 후보가 이계진 후보를 8.8%p 차이(이광재 54.4%, 이계진 45.6%)로 크게 압도했다(〈그림 1-5〉).

충북도지사 선거에서 민주당 이시종 후보는 한나라당 정우택 후보에게 5.3%p 차이(이시종 51.2%, 정우택 45.9%)로 승리했다(〈그림 1-6〉). 그런데 강원도지사 선거와 비교할 때, 충북도지사 선거는 세대별 구도가 약하게 작용했다. 20~40대나 60세 이상에서 두 후보 간 차이는 크지 않았다.

민주당 안희정 후보가 자유선진당 박상돈 후보를 2.4%p 차이(안희정 42.3%, 박상돈 39.9%, 박해춘 17.8%)로 누른(민주당 후보의 최초 승리였다) 충남도지사 선거는 삼파전이어서 좀 복잡하지만 세대별 구도는 확연했다(〈그림 1-7〉). 20~40대에서 안희정 후보의 지지는 뚜렷하다. 득표가 작았어도 한나라당 박해춘 후보도 세대별 표 차이가 큰 편이다.

그림 1-5 강원도지사 선거
80
70
60
50
40
30
20
10
0
20대 30대 40대 50대 60세 이상
한나라당 이계진
민주당 이광재

그림 1-6 충북도지사 선거
80
70
60
50
40
30
20
10
0
20대 30대 40대 50대 60세 이상
한나라당 정우택
민주당 이시종

그림 1-7 충남도지사 선거
80
70
60
50
40
30
20
10
0
20대 30대 40대 50대 60세 이상
한나라당 박해춘
민주당 안희정
자유선진당 박상돈

그림 1-8 대전시장 선거
80
70
60
50
40
30
20
10
0
20대 30대 40대 50대 60세 이상
한나라당 박성효
민주당 김원웅
자유선진당 염홍철

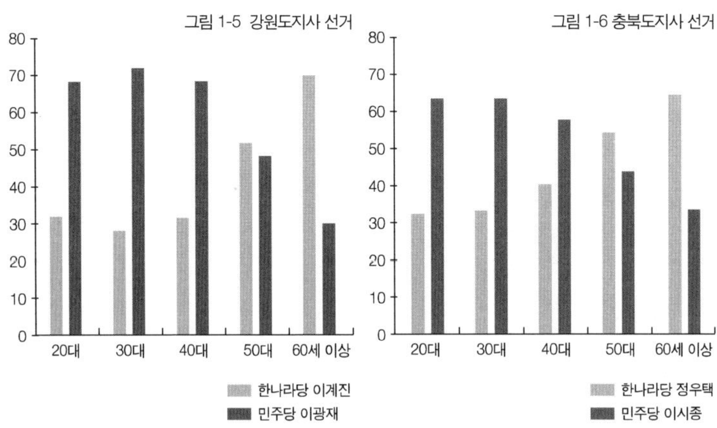

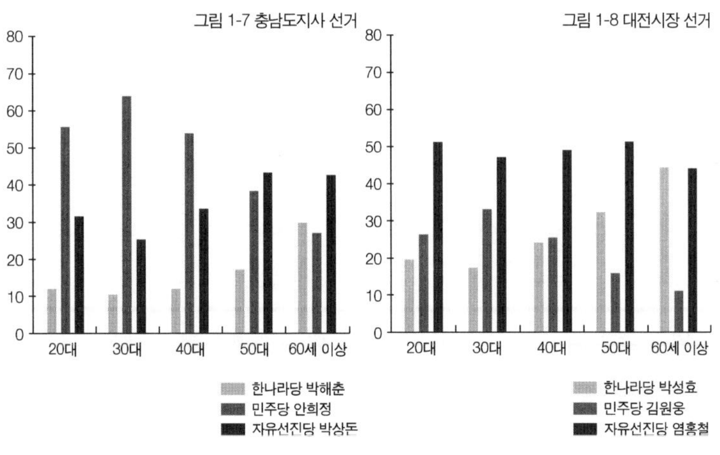

자료 : 방송 3사 출구 조사.

자유선진당 염홍철 후보가 압승(염홍철 46.7%, 한나라당 박성효 28.5%, 민주당 김원웅 23.3%)한 대전시장 선거에서 염홍철 후보는 전 세대에 걸쳐 고르게 득표했다〈그림 1-8〉. 반면 민주당 김원웅 후보는 20~40대에서 많은 표를 얻었고, 한나라당 박성효 후보는 50대와 60세 이상에서 많은 표를 얻었다. 60세 이상에서는 한나라당 박성효 후보가 자유선진당 염홍철 후보를 0.3%p 차이로 이겼다.

③ 경상남도·부산·울산(PK)

2010년 지방선거에서 가장 주목해서 봐야 할 곳은 PK다. 과거 지역 구도가 확연했던 곳이지만 2010년 지방선거에서는 일정하게 지역주의를 극복하면서 세대 구도가 자리 잡았다. 이는 1987년 민주화 이후의 선거 가운데 처음 있는 일로, 대단히 중요한 사건이라 할 수 있다.

무소속 김두관 후보가 5.0%p 차이로 승리(김두관 53.5%, 이달곤 46.5%)한 경남도지사 선거도 확연한 세대 균열 구도를 보여 준다(〈그림 1-9〉). 20~40대에서는 김두관 후보가 크게 앞섰고, 60세 이상에서는 이달곤 후보가 크게 앞섰으며, 50대에서는 이달곤 후보가 약간 앞섰다. 선거 결과만 놓고 보면 영남이라고는 도저히 생각이 안 될 정도다.

부산시장 선거도 주목해야 한다(〈그림 1-10〉). 민주당의 김정길 후보는 비록 졌지만 45%나 득표했다(한나라당 허남식 후보 55% 득표). 앞에서도 지적한 것처럼 이는 민주당 후보가 부산시장 선거에서 득표한 역대 최대치다. 경남도지사 선거에서의 승리와 마찬가지로 부산시장 선거에서 민주당이 약진할 수 있었던 원동력은 20~40대였다. 부산에서 20~40대는 민주당 후보를 훨씬 더 지지했다. 부산에서도 49세 이

그림 1-9 경남도지사 선거
90
80
70
60
50
40
30
20
10
0
20대
30대
40대
50대
60세 이상
한나라당 이달곤
민주당 김두관
그림 1-10 부산시장 선거
90
80
70
60
50
40
30
20
10
0
20대
30대
40대
50대
60세 이상
한나라당 허남식
민주당 김정길

그림 1-11 울산시장 선거
90
80
70
60
50
40
30
20
10
0
20대
30대
40대
50대
60세 이상
한나라당 박맹우
민노당+진보신당

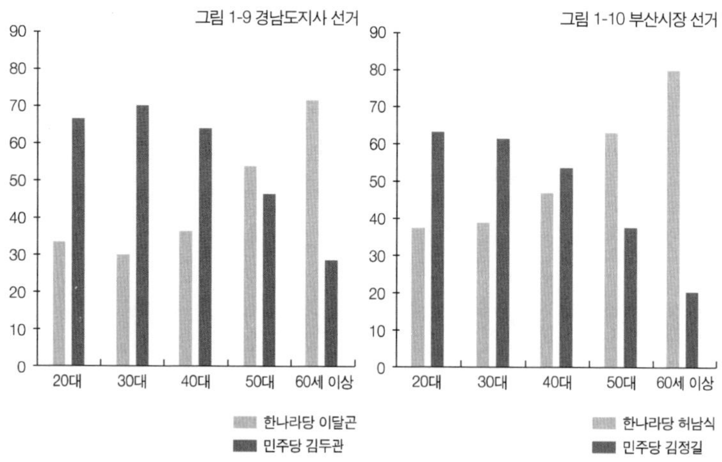

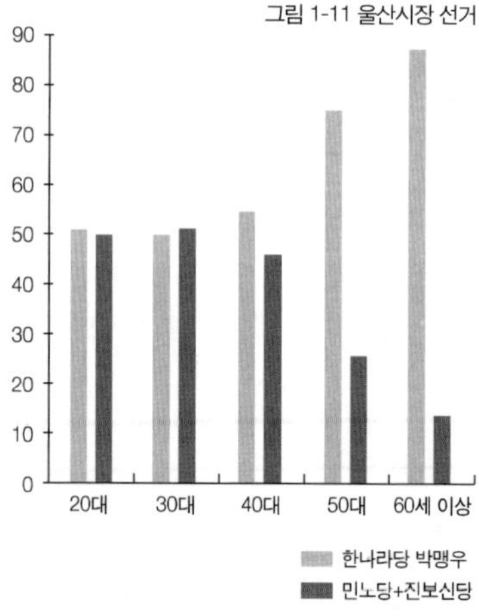

자료 : 방송 3사 출구 조사.

하에서는 민주당 지지자가 한나라당 지지자보다 많은 것이다. 더구나 20~30대에서는 민주당 후보가 크게 이겼다. 그러나 60세 이상에서는 한나라당 후보가 80%의 지지율로 압승을 거뒀다.

울산시장 선거에서는 한나라당 박맹우 후보가 63%의 지지로 압승을 거뒀다(〈그림 1-11〉). 야권의 후보 단일화도, 심지어는 진보 후보 단일화도 없었던(민노당과 진보신당 후보가 각각 출마) 울산시장 선거에서 진보 후보 득표율을 합해 보면, 20~40대에서는 한나라당 후보와 비슷했다. 그리고 30대에서는 0.8%p 차이로 이기기까지 했다. 후보를 단일화했다면 좀 더 많은 표를 얻었을 것이다.

결론적으로, 2010년 지방선거에서 PK의 지역 구도는 크게 약화되고 세대별 구도가 자리 잡았다고 할 수 있다.

④ 대구·경상북도(TK)

대구광역시와 경상북도는 2010년 지방선거에서도 압도적인 한나라당 지지를 보였다. 전국 16개 시·도 중에서 20~40대가 한나라당을 지지한 곳은 대구광역시와 경상북도 단 두 곳뿐이었다. 그러나 야권이 후보 단일화에 실패했음에도 불구하고 야권의 표를 합해 보면 20~40대에서 상대적으로 높았다. 지역 구도의 큰 틀 아래서 세대 구도가 움트고 있는 것이다.

대구시장 선거에서는 한나라당 김범일 후보가 72.9%를 득표해 전체 16개 시·도 중 두 번째로 높은 득표율로 당선되었다. 전 세대에서 한나라당의 지지율이 압도적으로 높았다. 다만 야권이 20대에서 43%, 30대에서 38%의 득표율을 보인 것은 주목할 만하다. 그러나 60

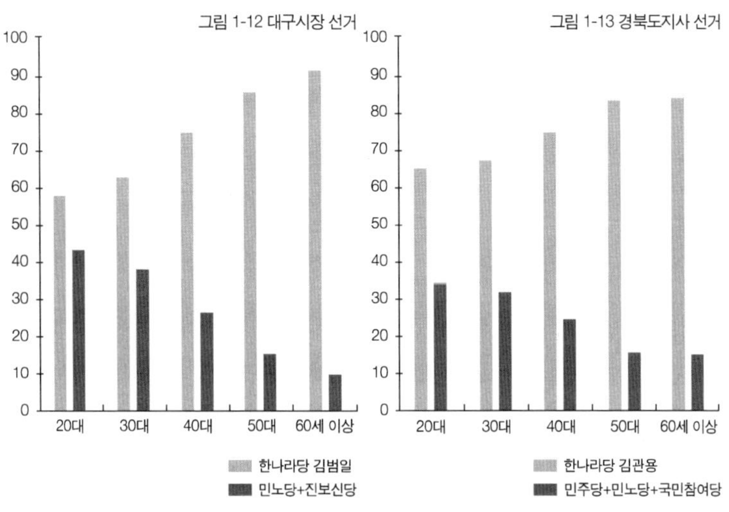

자료 : 방송 3사 출구 조사.

세 이상에서는 한나라당 후보가 91%의 득표율을 보였다(〈그림 1-12〉).

경북도지사 선거에서는 한나라당 김관용 후보가 75.4%를 득표해 16개 시·도 가운데 가장 높은 득표율로 당선되었다. 전 세대에 걸쳐 한나라당 지지율이 압도적으로 높았다. 야권 후보들이 난립했는데, 이들을 모두 합쳐도 20·30대에서 득표율은 30% 초반에 불과했다. 한나라당 후보는 50대에서 84%, 60세 이상에서 85%의 압도적인 지지를 받았다(〈그림 1-13〉).

⑤ 호남권 : 광주·전라·제주도

광주광역시와 전라남·북도의 호남권은 이번에도 압도적인 민주당 지지를 보였다. 16개 시·도 가운데 50대와 60세 이상이 민주당을 지지한 곳은 광주광역시와 전라남·북도 단 세 곳뿐이었다(대전광역시와 충청남도의 50·60대는 자유선진당을 지지했으며, 나머지 모든 곳의 50·60대는 한나라당을 지지했다. 심지어 한나라당 후보가 출마하지 않은 제주도조차 50·60대는 한나라당 출신의 무소속 현명관 후보를 지지했다).

호남에서 한나라당 후보에 대한 지지율은 대단히 낮았다. 다만 민주노동당, 국민참여당, 진보신당과 같은 군소 야당에 대한 지지가 높아서 이 지역에서 민주당 후보의 지지율(광주 56.7%, 전남 68.3%, 전북 68.7%)은 TK에서의 한나라당 지지율(대구 72.9%, 경북 75.4%)보다 낮았다. 또 국민참여당·민주노동당에 대한 지지가 주로 20~40대에서 상대적으로 높게 나타난 점을 보면, 호남의 20~40대에서도 지역주의로부터 벗어나려는 욕구가 일정하게 형성되고 있다고 평가할 수 있다.

제주도지사 선거에서는 민주당 출신의 무소속 우근민 후보(41.4% 득표)가 한나라당 출신의 무소속 현명관 후보(40.6% 득표)를 0.8%p 차이로 이겼다. 당선된 우근민 후보는 세대별 득표 차이가 거의 없다. 반면 현명관 후보는 50·60대에서 많이 득표했고, 민주당 고희범 후보는 20~40대에서 확연히 높은 득표율을 보였다(〈그림 1-17〉). 제주에서도 세대 구도가 나타난 것이다.

그림 1-14 광주시장 선거
90
80
70
60
50
40
30
20
10
0
20대
30대
40대
50대
60세 이상
한나라당 정용화
민주당 강운태
국참당+민노당+진보신당+평민당

그림 1-15 전남도지사 선거
90
80
70
60
50
40
30
20
10
0
20대
30대
40대
50대
60세 이상
한나라당 김대식
민주당 박준영
민노당+평민당

그림 1-16 전북도지사 선거
90
80
70
60
50
40
30
20
10
0
20대
30대
40대
50대
60세 이상
한나라당 정운천
민주당 김완주
민노당+진보신당+평민당

그림 1-17 제주시장 선거
90
80
70
60
50
40
30
20
10
0
20대
30대
40대
50대
60세 이상
민주당 고희범
무소속 현명관
무소속 우근민

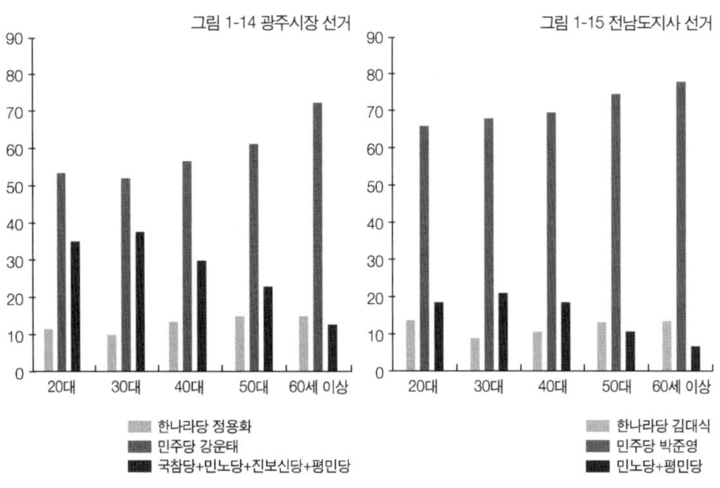

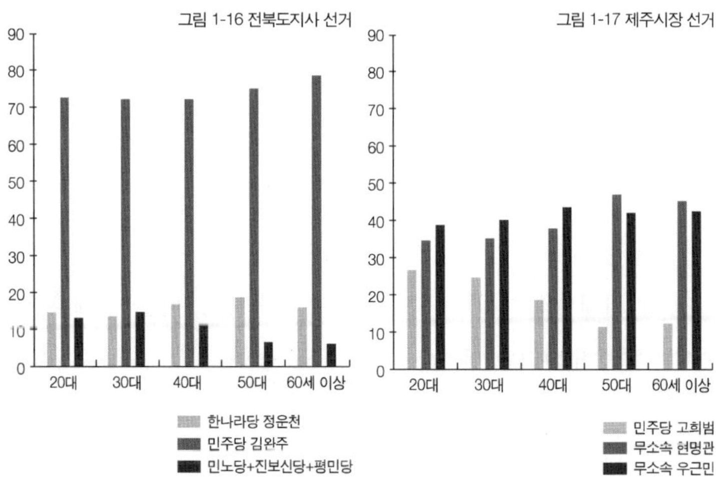

자료 : 방송 3사 출구 조사.

표 1-2 최근 전국 단위 선거의 세대별 투표율 (단위 : %)

선거명	전체	19세	20대 전반	20대 후반	30대 전반	30대 후반	40대	50대	60세 이상
2010년 지방선거	54.5	47.4	45.8	37.1	41.9	50.0	55.0	64.1	69.3
2008년 총선	46.1	33.2	32.9	24.2	31.0	39.4	47.9	60.3	65.5
2007년 대선	63.0	54.2	51.1	42.9	51.3	58.5	66.3	76.6	76.3
2006년 지방선거	51.6	37.9	38.3	29.6	37.0	45.6	55.4	68.2	70.9

자료 : 중앙선거관리위원회.

새로운 세대 구도의 등장

2010년 제5회 지방선거의 구도를 정리하면 지역 구도와 세대 구도가 함께 작용했지만 세대 구도는 전국 전 지역에서 작용한 반면, 지역 구도가 작용한 지역은 경북과 호남에 불과했다고 할 수 있다. 전국의 거의 모든 지역에서 20~40대는 야권 지지 성향을 보였고, 50·60대는 한나라당을 지지하는 성향이 뚜렷했다.

또 20~40대의 투표율이 상승했다. 〈표 1-2〉의 세대별 투표율을 보면, 2008년 총선에 비해 20대는 12.9%p, 30대는 10.3%p, 40대는 7.1%p나 상승했다. 반면 60세 이상과 50대는 3.8%p 상승한 데 그쳤다. 2006년 지방선거, 2007년 대선, 2008년 총선에서의 한나라당 압승은 젊은 층의 투표 불참 때문이었고, 2010년 지방선거에서 야권의 승리는 젊은 층의 투표 참여 때문이라 할 수 있다.

전체적으로 보면, 2010년 지방선거의 투표율은 54.5%로 2006년 지방선거의 51.6%에 비해 약 3%p 상승했을 뿐만 아니라 2년 전 2008년 제18대 총선의 투표율 46.1%에 비해서는 무려 8.4%p나 상승했다. 1987년 민주화 이후 선거에서 계속 하락하던 투표율이 다시 상승세를 타기 시작한 것이다.

이와 같은 20~40대의 적극적 투표 의지와 반한나라당 성향은 대단히 중요한 의미를 가진다. 왜냐하면 이들이 전체 유권자의 63.4%를 차지하고 있기 때문이다(〈그림 1-18〉). 전체 유권자의 3분의 2를 차지하는 다수파인 것이다. 게다가 나이를 먹어 가면서도 여전히 일정하게 진보적 성향을 보이는 우리나라 486세대의 특성을 고려하면 그 정치적 의미는 상당하다고 할 수 있다.

분당에서
더 명확해진
세대 구도

손학규 후보의 승리에 대한 두 가지 해석

2011년 4월 27일 치러진 경기도 성남시 분당구 을 지역구 보궐선거에서 민주당 손학규 후보(51.0%)는 한나라당 강재섭 후보(48.3%)를 제치고 승리했다. 두 후보 간 격차가 2.7%p에 불과한 신승이긴 했지만, 이 지역이 지난 20년간 '한나라당의 땅'이었고, 2008년 총선 당시 한나라당 임태희 후보의 득표율이 무려 71.1%였던 것을 생각해 보면 대단한 일이라고 할 수 있다.

그런데 이 선거 결과를 두고 민주당과 정치평론가, 언론은 완전히 다른 두 가지 해석을 내놓았다.

한편에서는 손학규 후보의 중도적 이미지가 중도 성향의 분당 유권자들에게 주효했기 때문이라고 해석했다. 또한 향후 정권 교체에서 관건은 민주당이 이들 중도층의 지지를 확보하느냐의 여부에 달려 있는 만큼, 민주당도 향후 중도를 강화하는 방향으로 나아가야 한다고 주장했다.

또 한편에서는 '분당 주민'으로 대표되는 중산층조차 삶이 불안하고 민생 문제로 고통 받고 있어 손학규 후보를 선택한 것이라고 해석했다. 즉, 중산층 지역인 분당에서조차 유권자들이 진보화되었다는 것이다. 따라서 민주당은 앞으로 더 진보적인 방향으로 나아가야 한다고 주장했다.

과연 어떤 해석이 맞을까? 이 책은 후자의 입장에 있다. 분당에서 민주당의 승리는 손학규 후보가 고학력과 합리적 성향을 선호하는 그 지역 유권자들의 기호에 맞는 점도 있었지만, 그보다는 중산층 지역인 분당에서조차 유권자들이 진보화되었기 때문이다. 이 점은 분당 보궐선거 유권자의 세대별 지지율을 살펴보면 분명해진다.

부자 동네에서도 확연해진 세대 구도

지방선거와 마찬가지로 분당 선거의 세대별 지지율을 알 수 있는 자료는 출구 조사다.[*] 출구 조사 결과를 보면 분당 유권자는 결코 균일하지 않으며, 세대별로 확연히 다른 투표 성향을 보이고 있음을 알 수 있다.

〈그림 1-19〉에서 볼 수 있는 것처럼 30·40대는 손학규 후보를 압도적으로 지지했고, 60세 이상에서는 강재섭 후보에 대한 지지가 압도적이었다. 20대에서는 손 후보에 대한 지지가 높았고, 50대에서는

---

[*] 이는 YTN에서만 실시했는데, 신뢰도가 낮다는 점을 감안해 자료를 봐야 한다. YTN의 출구 조사는 두 후보 간 차이를 9.8%p로 예측했으나 실제로는 2.7%p에 불과했다.

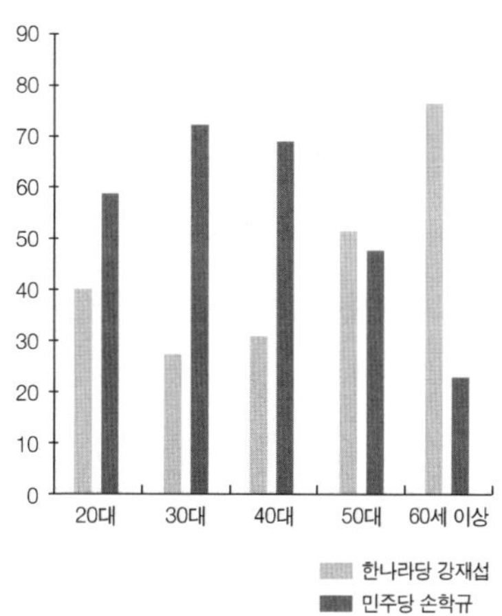

그림 1-19 분당 보궐선거 세대별 득표율　(단위 : %)

자료 : YTN 출구 조사.

엇비슷했다. 2010년 지방선거 경기도지사 선거의 세대별 투표 성향과 비교해 보면, 20대에서 표 차이를 적게 벌린 반면, 40대에서는 차이를 크게 벌렸다.

이는 분당의 20대가 가지는 특성, 즉 부자 부모를 둔 자녀라는 특성과 손학규 후보의 특성, 즉 40대에 소구력이 높은 특성에서 기인한 것으로 분석된다. 어쨌든 놀라운 것은 분당에서조차 세대 구도가 확연하게 나타난 것이다. 소위 '천당 아래 분당'이라 할 만큼 잘사는 도시 분당에서조차 이렇게 심각한 수준의 세대 균열 구도가 자리 잡고 있었던 것이다.

분당의 20~40대는 왜 손학규를 지지했나?

분당은 1991년 신도시 입주가 시작된 이후 형성된 계획도시다. 원거주자는 거의 없고 대부분이 외부에서 유입된 이들이다. 이들의 입주 시기와 아파트 평수는 세대와 긴밀히 연결되어 있다. 즉, 각 세대별 특성과 분당이라는 신도시의 형성 과정이 결합되어 있는 것이다. 그런 점에서 분당은 세대별 특성을 분석할 수 있는 모범 지역이라 할 수 있다.

첫 번째로 분당에 입주한 세대, 즉 1991년 분당 신도시에 첫 입주가 시작될 무렵 유입된 세대는 현재 60대 이상의 세대다. 이들은 주로 대형 평형의 아파트에 거주한다. 이들은 이전부터 압도적으로 한나라당 지지 성향을 보였던 층으로 보궐선거에서도 마찬가지였다.

두 번째로 분당에 입주한 세대, 즉 1990년대 중반부터 2000년대 초반까지 분당에 입주한 세대가 50대다. 이들은 대체로 고학력의, 의사·변호사 등 전문가, 대기업·공사 등의 중견 간부들로 넓은 평수의 아파트나 주상 복합 아파트에 거주한다. 한마디로 경제적으로나 사회적으로 성공한 화이트칼라·전문가들로 보궐선거에서 여야에 대해 반반의 지지 성향을 보였다.

마지막으로 분당에 입주한 세대, 즉 2000년대 중반 이후 분당에 입주했거나 전·월세로 살고 있는 세 번째 세대가 30대와 40대다. 이들은 노무현 정부 시절 한창 집값이 뛸 때 대출을 받아 막차를 탄 사람들이다. 집이 있어도 사실상 무주택자인 하우스 푸어(house poor)이거나 실제 무주택자들이다. 대기업·공사·IT 관련 업체 등에 종사하는 고학력의 중하위 직급인 이들은 손학규 당선의 주역이었다.

네 번째 세대인 20대는 스스로 분당에 입주하지 않은 이들로, 50·60대의 자녀들이다. 이들은 분당에서 어린 시절을 보내고 학교를 다넀다. 어려움 없이 자랐으나 최근 일자리 문제로 고통 받고 있다. 부모의 재산에 기대어 살고 있으나 자신의 미래는 불투명한 세대다.

결론적으로 4·27 분당 보궐선거에서 손학규 후보가 승리한 것은 이들 20~40대의 적극적 투표 참여 때문이었다. 당시 투표율은 49.1%로 2008년 총선 때(45.2%)보다도 높았다. 특히 오후 6시 40.0%였던 투표율이 2시간 만에 49.1%로 9.1%p나 뛰었다. 30대와 40대 넥타이 부대가 퇴근길 투표에 나서면서 손학규 후보가 승리한 것이다. 이처럼 비록 부자 지역에 살고 있으나 실제로는 양극화에 의해 고통 받고 있고, 좀 더 진보적인 정책을 요구하는 20~40대가 보궐선거에서 손학규 후보를 당선시켰다 할 수 있다.

민심의
근본적 변화
세 가지

베스트셀러로 본 사회심리 변화

그 시대의 시대상과 사회심리를 보여 주는 대표적 징표들 가운데 하나가 베스트셀러다. 〈표 1-3〉은 2007년과 2011년 상반기 베스트셀러 5위권을 비교한 것으로 확연한 차이를 보여 준다.

대선이 있었던 2007년, 서점은 '부자 아빠 되기 프로젝트', '부동산 투자', '펀드로 부자 되기' 등의 재테크 관련 책으로 넘쳐 났고, 텔레비전은 '부자 되세요'식의 광고로 가득했다. 베스트셀러 5위권 책들 가운데 네 권이 재테크 서적과 자기 계발서였다.

그러나 2011년에는 뉴타운도, '부자 아빠 되기'도, 부동산 투자와 펀드도 국민들의 관심 밖이 되었다. 서점에서는 『정의란 무엇인가』, 『그들이 말하지 않는 23가지』와 같은 책들이 베스트셀러가 되었다. 광고에서는 '함께하는 세상', '나누면 행복해집니다'와 같은 카피가 등장했다.

표 1-3 2007년과 2011년 상반기 베스트셀러 비교

	2007년 전체		2011년 상반기	
1위	론다 번, 『시크릿』	(자기 계발)	김난도, 『아프니까 청춘이다』	(에세이)
2위	베르나르 베르베르, 『파피용』	(소설)	마이클 샌델, 『정의란 무엇인가』	(인문 철학)
3위	정철진, 『대한민국 20대, 재테크에 미쳐라』	(재테크)	장하준, 『그들이 말하지 않는 23가지』	(경제)
4위	전옥표, 『이기는 습관』	(자기 계발)	코이케 류노스케, 『생각 버리기 연습』	(자기 계발)
5위	신웅진, 『바보처럼 공부하고 천재처럼 꿈꿔라』	(자기 계발)	신경숙, 『엄마를 부탁해』	(소설)

자료 : 교보문고.

2011년 베스트셀러에 나타난 세대 구도

2011년 상반기 베스트셀러 시장에는 '정의', '분배' 외에 새로운 키워드가 등장했다. 바로 세대다. 2011년 상반기 베스트셀러에서 3대 키워드는 '좌절한 청춘, 불안한 30대, 분배와 대안'이다(『조선일보』 2011/06/25).

① 좌절한 청춘 : 2011년 상반기에 가장 많이 팔린 『아프니까 청춘이다』 외에도, 좌절한 20대 청춘을 겨냥한 책들이 여럿 베스트셀러에 올랐다. '청춘'이라는 단어가 그 어느 때보다 더 강한 호소력을 발휘한 해였다. '우리는 88만원 세대다. 우리만큼 불쌍한 세대는 없다'는 정서와 '자기 연민'이라는 코드가 '청춘'이라는 단어를 부활시켰다.

② 불안한 30대 : 『서른 살이 심리학에게 묻다』, 『서른 살엔 미처 몰랐던 것들』, 『서른과 마흔 사이』 등 '서른 살'을 직접 거명한 책 세 권이 베스트셀러가 되었고, 200위권 베스트셀러 가운데 서른 살을 직접 거명한 책이 다른 어떤 연령대보다 많았다. 30대는 486세대와 달리 경쟁에 익숙하고 저항의 경험보다는 순응의 기억이 많다. 그런데 지나고 보니 보상 없는 순응이었다. 애들은 크는데 집은 못 샀고 미래는 불

투명하다. 이제 와서 저항하자니 마흔이 목전이다. 이런 30대들의 불안한 심리가 서른 살을 직접 거명한 책들을 베스트셀러로 만들었다.

③ 분배와 대안 : 마이클 샌델의 『정의란 무엇인가』가 베스트셀러 2위, 장하준의 『그들이 말하지 않는 23가지』가 3위에 올랐다. 그 외에 분배와 대안을 키워드로 하는 베스트셀러가 열 종이나 되고 총 37만 권 이상이 팔렸다. 사람들이 『정의란 무엇인가』를 집어든 것은 정말 정의가 뭔지 궁금해서가 아니라, 그 책을 사는 행위 자체가 '지금 우리 사회는 정의롭지 못하다'는 반항 행위이기 때문이었다.

2011년 여론조사에서 나타난 세 가지 근본적 변화

2011년 4월 분당 선거 이후 실시된 여론조사는 대한민국 국민의 마음속에 근본적인 변화가 진행되고 있음을 보여 준다. 이는 세 가지로 정리해 볼 수 있다.

① 세대 균열 구도의 심화

2010년 6월 지방선거와 2011년 4월 분당 보궐선거가 잘 보여 주듯이, 세대 균열 구도가 갈수록 심화되고 있다. 이는 모든 여론조사에서 일관되게 나타나는 현상인 만큼 그 예도 많다. 여기서는 그 한 예로 2011년 5월 1일 『내일신문』이 조사한 결과를 살펴보자.

2012년 대선에서 '한나라당 후보와 야권 단일 후보가 맞붙을 경우 누구에게 투표하겠냐'는 질문에 20~40대에서는 범야권 단일 후보에 대한 지지도가 높게 나타났고, 50대에서는 엇비슷했으며, 60세 이상

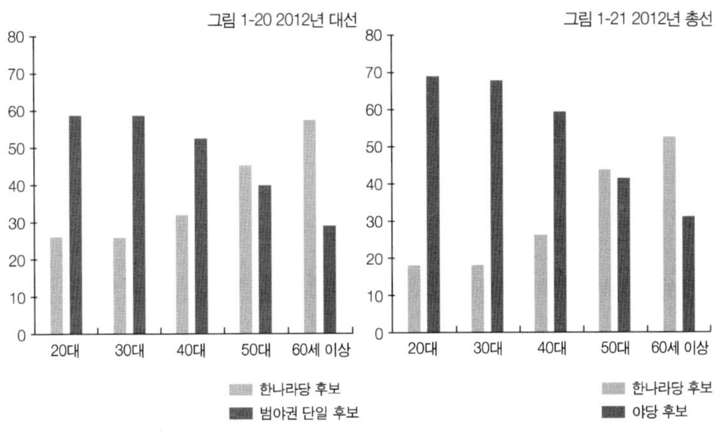

에서는 한나라당 후보에 대한 지지가 높게 나타났다. 20대의 58.8%, 30대의 58.6%, 40대의 52.4%가 '범야권 단일 후보'를 선택한 반면, 50대 이상의 45.4%, 60세 이상의 57.3%가 '한나라당 후보에게 투표하겠다'고 밝혔다(〈그림 1-20〉).

2012년 총선 교체 지수에 대한 응답은 그 정도가 더욱 심했다. 20대의 68.6%, 30대의 67.8%, 40대의 59.3%가 '야당 후보 지지 의견이 높을 것'이라고 전망한 반면, 50대 이상의 43.6%, 60대 이상 연령층의 52.7%가 '한나라당 후보 지지 의견이 높을 것'이라 전망했다(〈그림 1-21〉).

② 지역주의의 쇠퇴, '대구·경북마저도'

부산·경남에 이어 이제는 대구·경북에서조차 지역 구도가 약화되고 있다. 앞에서 살펴본 것처럼 2010년 지방선거 때 부산·경남 지역에서는 이미 지역주의가 상당히 쇠퇴하고 그 자리를 세대 구도가 대체하고 있었다. 그런데 2011년의 여론조사는 그런 흐름이 대구·경북에서도 나타나고 있음을 보여 준다. 한나라당의 '마지막 텃밭' 대구에서조차 2012년 총선에서 야당 후보를 찍겠다는 여론이 한나라당을 찍겠다는 여론보다 8.6%p나 높게 나타난 것이다.

2011년 6월 『시사저널』과 한국사회여론연구소(KSOI)가 공동으로 실시한 여론조사에 따르면, 대구 시민들 가운데 '2012년 4월 총선에서 야당 후보를 지지하겠다'라는 응답이 48.5%를 기록, '여당 후보를 지지하겠다'는 응답(39.9%)보다 8.6%p나 높게 나타났다. 사상 처음으로 대구에서 야당 후보 지지율이 더 높게 나온 것이다. 특히, 20대(한나라 34.1%<야당 55.9%), 30대(36.8%<46.2%), 40대(40.0%<51.2%) 등 20~40대가 야당으로 완전히 돌아섰고, 50대와 60대 이상에서만 한나라당에 대한 지지가 높았다.

대구 지역의 심상찮은 민심을 보여 주는 여론조사는 그 외에도 많다. 리서치뷰가 2011년 5월 실시한 여론조사에서도 대구 시민 가운데 2012년 총선에서 야권 단일 후보를 지지하겠다는 응답은 45.2%로 한나라당 후보를 지지하겠다는 응답(33.9%)보다 높았다.

대구·경북 지역 전체를 대상으로 한 여론조사인 『내일신문』의 2011년 7월 정례 여론조사에서는 2012년 총선에서 야권 단일 후보를 지지하겠다는 응답이 43.1%인 반면, 한나라당 후보를 지지하겠다는 응답은 43.3%로 거의 비슷했다. 이제는 대구·경북 지역에서도 한나라당의 아성이 무너지고 있는 상황이 된 것이다.

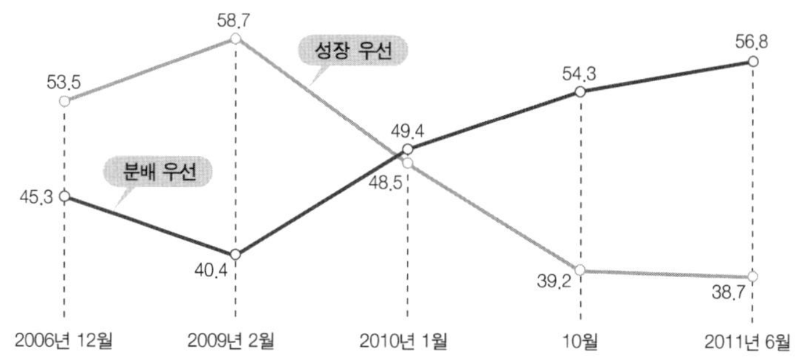

자료 : 『한국일보』·동아시아연구원 여론조사 결과(2011/06/10).

③ 성장주의와의 결별

여론의 근본적 변화를 보여 주는 세 번째 징표는 성장 우선주의의 쇠퇴와 분배 우선 의식의 확산이다. 양극화가 심화됨에 따라, 이명박 정부 출범 때 성장을 중시하던 여론은 2010년부터 분배를 중시하는 쪽으로 급선회, 국민 10명 중 6명이 성장보다는 분배를 중시해야 한다고 생각하는 것으로 나타났다.

2011년 6월, 『한국일보』와 동아시아연구원(EAI), 한국리서치가 조사한 결과에 따르면, 응답자의 56.8%는 '분배가 성장보다 더 중요하다'고 답했다. 이는 2006년 12월(45.3%)과 2009년 2월(40.4%)의 조사와 비교하면 각각 11.5%p, 16.4%p나 급증한 수치다. 반면 '성장이 분배보다 더 중요하다'는 의견은 38.7%로 나타나 2009년 2월의 58.7%와 비교하면 20%p나 급감했다(〈그림 1-22〉). 박정희 대통령 이래 거의 50년간 언제나 60% 수준의 지지를 받아 오던 성장 우선주의가 이명박 정부 중반이 넘어서면서 역전된 것이다.

무엇보다 중요한 것은 젊은 연령층일수록 '분배 우선'을 강조하는 성향이 뚜렷하다는 점이다. 20대와 30대의 경우 각각 70.6%와 65.3%가 '분배 우선'을 지지했다. 20~30대가 분배를 우선시하는 경향을 이끈 주역이었던 것이다. 이는 세대 균열이 성장과 분배의 대결을 그 내용으로 하고 있음을 보여 준다.

이와 같이 20~40대가 성장주의와 결별하고, 분배를 중요시하게 된 이유에 대해서는 다음 2장과 3장에서 자세히 살펴보자.

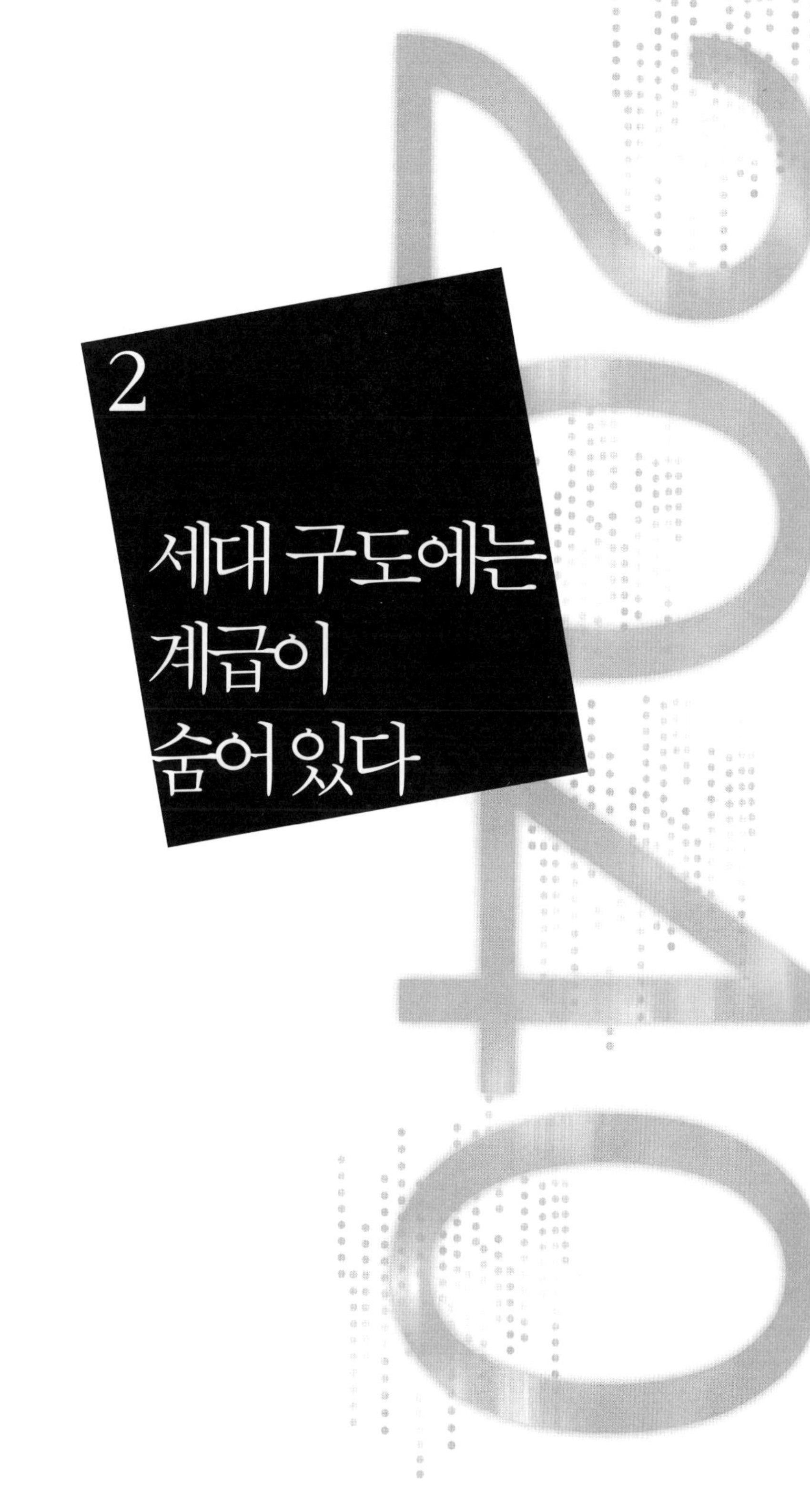
2
세대 구도에는
계급이
숨어 있다

기존의 세대 구도
: 산업화 대 민주화

정치적 성향과 나이의 상관관계

지금으로부터 무려 5천여 년 전에 세워진 고대 이집트의 피라미드 벽에는 이런 말이 새겨져 있다고 한다. "요즘 젊은 것들은 버릇이 없다. 우리 때는 안 그랬는데……. 이 나라의 장래가 걱정된다." 기성세대가 보기에 '젊은 것들'은 언제나 버릇이 없어 보이나 보다. 세대 차이와 세대 갈등이 어느 시대에나 존재하는 보편적 현상임을 보여 주는 그야말로 고전적인 에피소드다.

세대와 정치적 성향의 관련성에 대해 윈스턴 처칠은 이런 말을 남겼다. "20대 때 진보가 아니면 심장이 없는 것이요, 40대 때 보수가 아니면 뇌가 없는 것이다." 젊은 시절에는 정의감에 진보적 성향을 가지기 마련이지만 나이를 먹고 세상을 알아 감에 따라 점차 보수화된다는 의미다. 여기서 처칠이 비판하고 싶었던 대상은 심장이 없는 20대(즉, 보수적인 20대)가 아니라 뇌가 없는 40대(즉, 진보적인 40대)이다.

그런데 1장에서 살펴보았듯이 최근 한국에서는 20~40대가 진보적 흐름을 주도하고 있다. 만일 처칠의 비판이 옳다면 대한민국의 미래는 암울하다고 할 수밖에 없다. 왜냐하면 지금 대한민국에서 가장 열심히 일하고 가장 많은 생각을 해야 할 40대들에게 뇌가 없는 것이기 때문이다. 그렇다면 정말 큰일이 아닌가?

그런데 역사를 살펴보면 나이를 먹는다고 해서 보수화되는 것은 아니라는 것을 보여 주는 사례가 많다. 서구에서 대공황과 제2차 세계 대전을 경험한 세대는 전후 복지국가를 만들었으며, 1980년대 신자유주의 시대가 되어도 계속해서 복지국가를 지지했다.

이쯤에서 정치적 성향과 나이의 상관관계에 대한 케인스의 명언을 살펴볼 필요가 있다. 한 사람의 정치적 성향은 20대 후반 내지 30대 초반에 결정되어 대체로 평생 크게 변하지 않는다는 것이다. 그래서 세상의 변화에 개인이 적응한다기보다는, 개인은 자기 성향을 유지하고 있는데 세상이 변화해 그 사람의 생각이 쓸모 있어지기도 하고, 쓸모없어지기도 한다는 것이다.

1장에서 분석한 선거 결과와 여론조사를 보면 한국의 40대, 소위 486세대의 대부분에게는 이런 케인스의 말이 더 타당해 보인다. 처칠의 지적대로라면 이제는 보수화되어야 할 한국의 486세대가 여전히 진보적 성향을 유지하고 있기 때문이다.

486, 민주화 세대

현재 40대이고, 80년대에 대학을 다녔고, 60년대에 태어난 세대를 가리켜 흔히 '486세대'라고 한다. 이들은 독재에 저항하고, 민주주의의 승리를 경험한 세대다. 1980년 5월 신군부에 의한 쿠데타와 광주 민주화 운동의 충격 속에서 20대 젊은 시절을 보냈고, 1987년 민주화 운동을 승리로 이끌었으며, 결국 대한민국의 민주화를 실현한 세대다.

한국의 486세대에게 20대 때의 정치적 경험은 이후에도 그들이 민주주의와 진보적 성향을 지탱하게 만든 힘이었다. 1987년 민주화 운동의 승리가 지역주의 체제로 귀결되는 것에 실망하기도 했지만 이후에도 이들은 1997년 김대중 대통령 당선과 2002년 노무현 대통령 당선을 이끈 주역으로 활약했다. 이들은 상대적으로 탈지역주의적 성향을 가지고 있으며, 여전히 20·30대와 더불어 진보적 정치 성향을 보이고 있다. 대체로 이들의 60% 정도가 야당을 지지한다.

486세대는 IMF 외환 위기 이전에 이미 사회 진출을 마친 연공서열의 마지막 세대다. 이들 세대만 해도 대학 졸업장만 가지고 직장을 골라서 들어갈 수 있었다. 그런데 직장에 들어가서 얼마 되지 않아 IMF 경제 위기를 맞았다. 이로 인해 제대로 경제적 기반을 마련하기도 전에 여러 가지 어려움을 겪게 된 세대다. 사다리를 타고 올라가다가 갑자기 사다리가 사라진 세대인 셈이다.

40대 강남 좌파는 왜 진보적인가?

그렇다면 40대가 진보적인 이유는 무엇인가? 가치·문화적 요인 때문인가, 아니면 계층적·경제적 요인 때문인가?

우리의 40대가 진보적인 이유는 계층적·경제적 요인보다는 가치·문화적 요인이 더 크다. 물론 계층적·경제적 요인도 존재한다. 사회에 진출해서 경제적 기반을 마련하기도 전에 IMF 경제 위기를 맞았고 이로 인해 현재의 양극화 사회와 신자유주의적 경제 질서를 반대하는 것은 분명하기 때문이다. 그러나 우리의 40대가 진보적인 좀 더 근본적인 이유는, 그들이 젊은 날 겪었던 뜨거운 체험 때문이다. 시민이 나라의 주인이며, 시민의 단결된 힘으로 더 좋은 세상을 만들 수 있다는 생각이 그들 의식 세계의 심연에 자리 잡고 있기 때문에 그들은 진보적인 것이다.

그래서 40대 중에서도 더 많이 배우고, 더 사회적 여건이 좋은 사람들이 오히려 더 진보적인 현상이 나타난다. 최근에 논란이 되고 있는 소위 '강남 좌파'의 전형이 바로 486세대와 일부 50대다. 강남에 거주하는 중산층이라는 계급에 속하면서도 정치사회의식이 진보적인 것은 이런 가치·문화적 요인 때문인 것이다. 그것은 바로 한국 정치의 역사가 그들의 정치의식에 남긴 기록이다. 486세대가 같은 진보 세대이면서도 20~30대와는 다른 측면이 바로 여기에 있다.

60대 : 지역주의·산업화 세대

40대가 민주화 가치의 중심 세력이라면 성장 우선주의와 지역주의의 중심 세력은 60대다. 1987년 민주화가 지역 구도로 귀결되는 데 결정적인 역할을 한 세대도 바로 이들 60대다. 이들은 한국전쟁 이전인 1940년대에 태어나 식민지 시대, 해방, 전쟁의 혼란 속에서 어린 시절을 보냈다. 이 과정에서 이 세대는 반공을 체화했다.

그리고 산업화가 본격화되는 1960년대와 1970년대에 20대와 30대를 보냈는데, 이 시기는 농촌에서 도시로의 사회적 이동이 대단히 활발했던 시기였다. 지금 60대의 상당수가 고향을 떠나 외지로 옮겨가는 사회적 이동을 경험했으며, 그 과정에서 '고향 사람'에 대한 강한

	정치 성향	세대 의식의 형성 시기
60대	지역주의·산업화 세대	1960~70년대 도시화·산업화 시기
50대	중도 세대	1970·80년대 산업화·민주화 시기
40대	민주화 세대(진보 세대 1기)	1980년대 민주화 시기
20·30대	진보 세대(진보 세대 2기)	2000년대 이후 양극화 시기

동지 의식을 갖게 되었다. 따라서 이들 60대는 '지역 정체성'과 산업화 논리에 대해 확고한 지지를 보인다.

1장에서 살펴본 것처럼 이들 60대는 현재 분명한 한나라당 지지층이다. 거의 모든 지역에서 60대 가운데 70~80%가 한나라당을 지지하고 있다. 참으로 압도적인 수치다. 여기에 속하지 않는 60대는 민주당을 지지하는 호남의 60대와 자유선진당을 지지하는 대전·충남의 일부 60대뿐이다. 이들은 야당 지지 성향이 가장 강한 30대의 부모들이기도 하다.

50대 베이비붐 세대 : 보수화되는 중도 세대

기존의 세대 구도에서 40대가 민주화 가치의 중심 세력, 60대가 산업화 가치의 중심 세력이었다면, 그 중간에서 중도적 성향을 가지고 캐스팅보트를 쥐고 있던 세대가 바로 50대다.

이들은 1953년 한국전쟁 휴전 이후 태어난 한국의 베이비붐 세대로, 유신 시대인 1970년대에 대학을 다녔고, 1987년 이후 3저 호황과 민주화·노동자 대투쟁으로 기업의 인건비 비중이 가장 높았던 시절에 직장 생활을 했다.

2002년 대선에서 노무현 후보가 당선될 때 40대였던 이들로, 이 가운데 절반은 노무현을 지지했다. 하지만 이후 노무현을 반대하는 쪽으로 돌아섰고, 2006년 지방선거부터 2007년 대선, 2008년 총선에 이르기까지 한나라당을 지지했다. 노무현을 등진 이들 가운데 핵심 세력이었던 것이다(김헌태 2009).

이들은 40대 때는 중도적 성향을 가졌으나, 50대가 되면서 전반적으로 보수화되어, 지금은 대체로 60대와 비슷한 입장이라고 할 수 있다. 그러나 60대가 확고한 보수인 반면 50대는 여전히 유동층의 특성을 지닌다. 88만원 세대, 좌절한 청춘으로 표상되는 지금 20대의 부모들이기도 하다.

2002년 대선 : 지배적 지역 구도 속의 세대 구도

이와 같은 세대별 정치적 성향, 즉 민주화 가치의 40대와 산업화 가치의 60대, 그리고 캐스팅보트를 쥔 50대가 삼정립하는 선거 구도를 가장 잘 보여 준 선거가 바로 2002년 제16대 대통령 선거이다. 노무현 대통령을 탄생시킨 이 선거는 처음으로 세대 구도가 드러난 선거였다. 비록 지역 구도의 하위 개념 수준이기는 했지만 세대 구도가 우리 사회의 중요한 갈등 축으로 등장했음을 알리는 신호탄이 되었던 선거이다.

당시 출구 조사의 득표율을 보면 노무현 후보는 20대와 30대에서

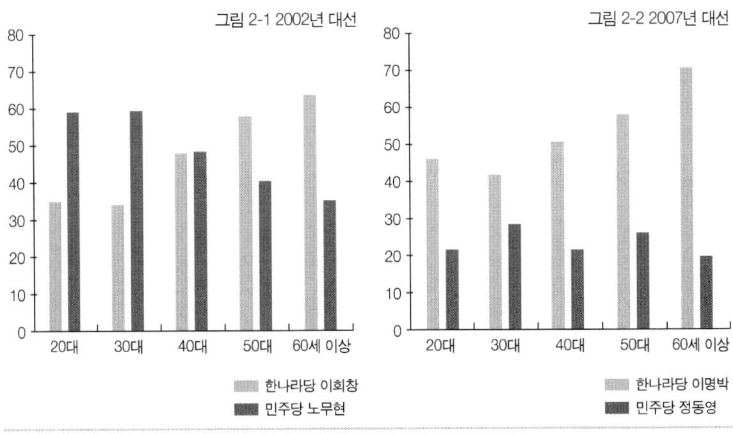

이회창 후보를 이겼고, 이회창 후보는 50대와 60대에서 노무현 후보를 이겼다. 그리고 40대에서는 서로 비겼다(〈그림 2-1〉). 하지만 1장에서 살펴본 2010년 지방선거의 세대별 득표율과 비교해 볼 때, 세대 균열의 정도는 확실히 덜한 수준이었다. 이때는 여전히 지역 구도가 지배적이었다.

그리고 무엇보다 당시 40대(지금의 50대)는 민주당·야권을 지지하는 2010년의 40대, 즉 486세대와는 달리 중립적이었다. 2002년 대선의 세대 구도는 지금처럼 민주진보 세력에게 유리한 상황이 아니었던 것이다. 그래서 당시는 세대 구도가 민주진보 진영의 다수파 전략이 될 수 없었다.

그렇다면 이명박 대통령이 사상 최대의 승리를 거둔 2007년 제17대 대선의 세대별 투표 성향은 어떠했을까? 출구 조사 결과를 보면 모든 세대에서 이명박 후보의 지지율이 정동영 후보를 앞섰다. 특히 주목할 것은 민주당 정동영 후보의 지지율이 20~40대에서나 50·60대에서나 별 차이가 없었다는 점이다. 한마디로 2007년 대선에서 정동영 후보에 대해서는 세대 구도가 존재하지 않았다(〈그림 2-2〉). 애초부터 선거 결과가 정동영 후보의 일방적 패배가 예상되던 상황이어서 기존에 존재했던 세대 구도마저도 표출될 기회가 없었던 것이다.

새로운
세대 구도
: 세대는 계급이다

20~30대 진보의 원천은 계층적·경제적 요인

앞 절에서는 민주화 가치의 40대와 산업화 가치의 60대, 그리고 캐스팅보트를 쥔 50대가 삼정립하는 기존의 세대 구도를 살펴보았다. 그런데 이는 1장에서 살펴본 2010년 지방선거 이후의 세대 구도와는 다르다. 이명박 정부를 거치면서 20~40대 진보 블록과 50·60대 보수 블록이 양립되는 양상으로 세대 구도가 변한 것이다.

이런 세대 구도 변화의 핵심에는 20~30대가 있다. 이들이 바로 한국 정치 변화의 '태풍의 핵'이다. 40대의 민주적 성향이 1980년대 민주화 운동을 겪으면서 형성된 '가치·문화적'인 것이라면, 20~30대의 진보적 성향은 IMF 이후 본격화된 신자유주의와 양극화를 겪으면서 형성된, '계층적·경제적'인 것이라 할 수 있다. '20 대 80의 사회'에서 사회생활을 시작하면서 이에 대한 저항 의식과 세대 정체성을 키워 가고 있는 것이다. 신규로 사회에 편입한 20~30대에게 하위 80% 트랙만이 허용되는 '20 대 80 사회'가 이들을 진보적으로 만든 것이다.

'20 대 80 사회'를 만드는 여섯 개의 이중구조

'20 대 80 사회'라는 말이 있다. 20%의 부자가 전체 부의 80%를 차지하고, 80%의 국민이 남은 20%의 몫을 놓고 경쟁하는 사회라는 뜻이다. 이탈리아 경제학자 빌프레도 파레토(Vilfredo Pareto)가 처음 주창한 이 개념이 1997년 『세계화의 덫』(*Die Globali-sierungsfalle*)(마르틴·슈만 1997)을 통해 유행할 때만 해도 이는 진보 진영이 던지는 일종의 정치적 수사 내지 구호에 불과했다. 하지만 오늘날 이는 우리 사회를 가장 정확히 드러내는 수치다.

지금 한국에서는 모든 분야에서 '20 대 80의 이중구조'가 구조화되어 있다. 이런 이중구조는 우리 사회 전체를 지배하고 있지만 특히 다음의 여섯 가지 분야에서 두드러진다.

① 자본소득분배율과 노동소득분배율의 양극화

전체 국민소득에서 근로자들에게 돌아가는 몫이 얼마나 되는지를 보여 주는 노동소득분배율은 갈수록 줄어들고 있는 반면, 자본소득분배율은 갈수록 늘어나고 있다. 선진국들의 노동소득분배율은 대부분 70~72% 수준인 반면, 우리나라는 2009년 기준 60.9%에 불과했다. 그나마도 2010년에는 59.2%로 떨어졌다. 개별 근로자의 임금은 거의 오르지 않았다는 뜻이다.

② 중심부 일자리와 주변부 일자리의 이중구조

지금 우리 사회의 노동시장은 중심부 일자리(정규직, 대기업, 공공 기관)와 주변부 일자리(비정규직, 저임금 근로, 중소기업)로 이중구조화되어 있다.

노동인구의 20%는 중심부 일자리의 정착민으로, 80%는 주변부 일자리의 유목민으로 존재하는 것이다. 조사에 의하면, 이들 두 노동시장 간의 이동은 거의 없다. 중심부 일자리는 막혀 있고, 한번 주변부 노동시장에 들어서면 평생 주변부 일자리를 전전해야 한다. 그 결과 정규직은 고령화되고, 신규로 노동시장에 진입하는 청년들은 대부분 주변부 노동시장에 편입되는 실정이다.■

③ 중산층 노동자를 위한 복지와 넓은 복지 사각지대의 이중구조

우리의 복지 제도는 시민권을 바탕으로 하는 보편주의에 입각해 있는 것이 아니라, 근로와 연계된 혜택과 기여도를 중심으로 설계되어 있다. 따라서 복지 혜택을 받기 위해서는 안정적 일자리를 가지면서 보험료를 납부하는 등 제때 제대로 기여를 해야 한다. 이는 20%의 중심부 일자리에 종사하는 중산층 노동자들에게 유리한 복지 제도다. 그래서 우리의 복지 제도는 분배 구조를 향상시키기보다는 오히려 악화시키는 역진성을 가진다.

④ 대기업과 중소기업의 이중구조

일자리의 8%를 담당할 뿐인 대기업은 갈수록 성장하는 반면, 일자리의 88%를 담당하는 중소기업은 갈수록 허리띠를 졸라매고 있다. 특히 친재벌을 표방한 이명박 정부 들어 친재벌 정책(법인세 최고세율 인하,

---

출자총액제한제도 폐지, 금산 분리 완화, 지주회사 규제 완화 등)이 도입되었고, 이로 인해 재벌들은 눈부시게 성장한 반면, 중소기업과 자영업자들은 갈수록 어려워지고 있다.

⑤ 교육투자와 일자리 : 과다 투자와 과소 회수

현재 청년층은, 대학에 들어가기 전까지 막대한 사교육비와 학비(일반 고등학교의 경우 연간 145만 원, 자율형 사립고의 경우 연간 1,200만 원)를 지불해야 하고, 대학에 들어가서는 세계 최고 수준의 대학 등록금(2010년 사립대 평균 등록금 754만 원)과 취업 과외비(연평균 200만 원)를 지불해야 한다. 하지만 신규로 노동시장에 진출하는 이들은 대부분 주변부 노동시장에 편입되기 때문에 이런 투자를 보상받지 못한다.

⑥ 부동산 소유의 이중구조

한국의 부동산 가격은 이미 과도하게 올라 있어서 청년 세대가 살 집을 구하기란 하늘의 별 따기다. 집을 사는 것은 고사하고 전세를 구하기도 쉽지 않은 상황이다. 도시 근로자 가구의 저축 가능액(80만 원)을 매년 모았을 때 30평대 아파트를 마련하기 위해서는 47년이 넘게 걸린다. 2010년 통계청 조사에 따르면, 상위 20%와 하위 20% 간 보유 자산의 격차는 무려 474배에 달한다.

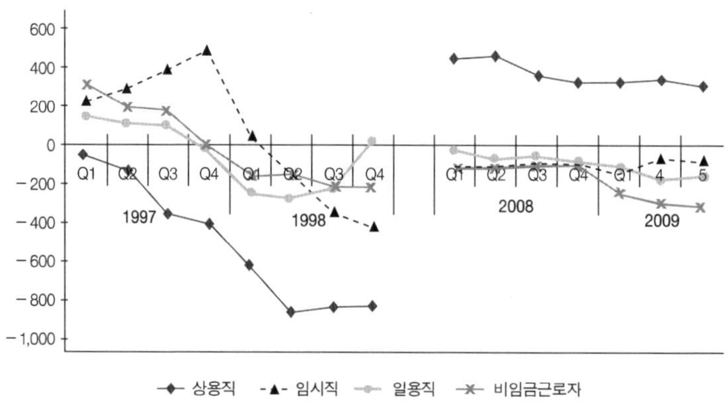

자료: 이병희(2009); 이상이(2010)에서 재인용.

주변부 노동시장에 자동 편입된 20~30대의 고통

이와 같은 이중구조 속에서 새롭게 사회에 진입하는 20·30대가 20%
의 소수 부자 트랙에 편입할 수 있는 기회는 거의 없다. 이들은 주변
부 노동시장에서 중심부 노동시장으로의 상승을 기대하며 일하지만,
주변부 노동시장에서 벗어날 기회는 거의 주어지지 않는다.

300인 이상의 대규모 사업체(즉, 대기업)에서 청년층이 차지하는 비
중은 1993년 40%에서 2008년 24%로 절반 가까이가 줄어들었다. 공
공 부문의 청년 고용은 더 형편없어서 2008년 현재 12% 수준이다. 한
마디로 거의 신규 채용을 하지 않는다는 뜻이다. 대기업은 이를 사내
하청으로 돌리고 있다.

1997년의 IMF 위기 때와 2008년 금융 위기 때의 가장 결정적인

차이는 2008년 금융 위기의 부담이 거의 대부분 청년층에게 전가되었다는 데 있다(은수미 2010). 〈그림 2-3〉에서 볼 수 있듯이 1997년 외환 위기 때는 위기를 국민의 상당수가 공유했다. 상대적으로 고용이 안정적인 상용직(1년 이상 계속 근로자)부터 일자리가 줄어들었으며, 일용직, 자영업(비임금근로자), 임시직이 그 뒤를 따랐다. 여기에는 대기업의 도산 등 기업의 구조 조정이 불가피한 탓도 있었지만, 결과적으로는 위기를 국민의 상당수가 공유한 셈이다.

그러나 2008년 금융 위기 때는 위기의 양극화가 뚜렷해져 취약 집단만 큰 피해를 보고, 위험에 더 쉽게 노출되었다. 상용직의 일자리는 줄어들지 않은 데 반해, 비정규직이 대부분인 임시직(1년 미만 1개월 이상 계속 근로)과 일용직, 자영업의 일자리만 줄어들어 경제 위기가 특정 집단에 집중되었다. 성별 차이도 커서 2009년 6월, 남성 대비 여성의 일자리 감소가 무려 100배나 컸다. 연령별로는 20·30대 청년층의 일자리가 대폭 감소했다.

20대 청춘의 슬픈 자화상 : 88만원 세대의 좌절

2011년 5월부터 6월까지 반값 등록금을 요구하는 대학생들의 촛불집회가 이어졌다. 대학생들은 세계에서 두 번째로 비싼 등록금의 조건 없는 인하를 요구했다. 그동안 '행동할 줄 모른다'는 지적을 받아 왔던 20대가 스스로 일어났다는 점에서 주목할 만한 사건이었다.

사실 지금 20대의 경제적 처지는 대단히 억울하다. 어려서는 학원을 전전하며 협동보다는 경쟁만을 배운다. 대학에 들어가서는 휴학과 복학을 반복하며 등록금 빚이 쌓이고, 대학을 졸업해도 청년 실업의 벽에 직면한다. 취직도 하기 전에 신용 불량자로 전락하는 경우도 적지 않다. 열심히 스펙을 쌓고 발이 부르트도록 뛰어다녀 어렵게 취직해도 비정규직이 반이다(우석훈 2007).

30대가 포기해야 할 세 가지

1970년대에 태어난 30대는 어린 시절을 경제 호황기와 정치적 민주화 시기에 보내 미래에 대한 낙관과 기대를 가지고 있었다. 이들은 이전 세대와 달리 경제적 혜택과 부모의 보호 속에서 성장한 세대다. 그러나 1997년 외환 위기와 2008년 글로벌 금융 위기는 이들의 삶을 송두리째 바꿔 놓았다. 외환 위기 때 이들은 아버지의 실직을 지켜봐야 했고, 경제적으로 자립하려던 시기에 글로벌 금융 위기로 또 한 번 직격탄을 맞으면서 자신의 취업도 어려워졌다. 두 차례 경제 쇼크를 겪으면서 냉엄한 현실을 체험하게 된 것이다.

이런 30대의 처지를 두고 최근에는 '삼포(三抛) 세대'라는 표현까지 등장했다. 세 가지를 포기한 세대라는 뜻인데, 여기서 세 가지는 연애, 결혼, 출산이다. 불안정한 일자리, 치솟는 집값 등 과도한 삶의 비용으로 인해 이들은 연애도, 결혼도, 출산도 기약 없이 미루고 있다. 생존을 위한 삶의 비용이 너무 버거워서 가족도 사치인 것이다. 삶이 버거워 자신감을 잃고 대인관계를 기피하면서 결국 이런 자기 삶을 '대물림 하느니 차라리 포기'하는 사람들이 속출하고 있다.

1장에서 살펴본 것처럼 2010년 이후 세대 구도에서 30대는 가장 강한 야당 지지 성향을 보여 주고 있다. 이는 20·30대가 비슷하지만 특히 30대가 더 야당 지지 성향이 강하다. 경쟁과 사교육 속에서 어린 시절을 보내고, 신자유주의의 폐해 속에서 젊음을 보내고 있는 이들이 성장 우선주의와 지역주의의 우상을 깨고, 복지와 분배·진보를 요구하는 첨병이 된 것이다. 이들 30대의 부모는 산업화와 성장 우선, 지역주의 가치의 중심인 60대다. 세대 간 갈등의 주축인 60대와 30대가 부모와 자녀 관계인 것이다.

세대 구도 : 구조적이고 본질적인 구도

민주주의란 갈등에 기반을 둔 정치체제다. 정치 구도나 정당 구조는 결국 사회적 갈등 구조에 기반하고 있어야 한다. 그리고 집권당과 반대당 사이의 여야 균열도 그 사회 최대의 사회 균열을 반영하고 있어야 한다. 그렇다면 2010년 이후 심화되고 있는 세대 갈등은 과연 대한민국의 구조적이고 본질적인 균열에 해당되는 것인가?

분당 보궐선거에서 세대 균열이 드러나자 언론의 많은 보도가 있었다. 하지만 언론은 이를 대체로 일시적인 현상으로 바라보았다. 단순히 비슷한 시기에 태어나 비슷한 시대를 경험하면서 갖게 된 정서적 동질성에 근거한 집단으로만 파악하는 것이다. 그리고 최근 젊은 세대가 이명박 정부에 등을 돌린 이유를 이명박 정부의 실정과 SNS(Social Network Service) 등 젊은 세대의 소통 방식 변화에서 찾는다. 경제적 이유라기보다는 문화적 차이에 주목하는 것이다.

그러나 지금 젊은 세대가 이명박 정부에 등을 돌리고, 성장보다는 분배를 선호하고, 나아가 '탈지역주의' 색깔을 분명히 하게 된 것은, 경제적 이해관계와 밀접한 관계가 있다. 2011년 대한민국에서 '세대'는 경제적 이해관계와 밀접한 관계를 맺고 있는 단위인 동시에, 정치적 성향과 선호가 분명한 집단이다. 2011년 현재, 세대는 계급이다. 그리고 세대 갈등 내지 세대 전쟁처럼 보이는 것들도 그 본질은 계급투쟁이다. 보수 세력은 그것을 세대 갈등으로 왜곡하지만 그 본질은 신자유주의 질서에 의한 갈등이요, 계급투쟁인 것이다. 따라서 세대 구도는 향후 정치 갈등을 압도하는 균열로 자리 잡을 수 있을 것이다.

희망의 사다리가
있던 시절

사다리의 관점에서 본 세대 구분

장하준 교수의 책으로 잘 알려진 '사다리 걷어차기'는 원래 19세기 독일 경제학자 프리드리히 리스트(Friedrich List)가 유치산업 보호론을 주장하면서 사용한 표현이다. 리스트는 『정치경제의 국민적 체계』(*Das nationale System der politischen Ökonomie*)에서 다음과 같이 역설했다. "사다리를 타고 정상에 오른 사람이 그 사다리를 걷어차 버리는 것은 다른 이들이 그 뒤를 이어 정상에 오를 수 있는 수단을 빼앗아 버리는 행위로, 매우 잘 알려진 교활한 방법이다"(장하준 2004).

하지만 한 국가가 후진국에서 선진국으로 올라갈 때만 사다리가 필요한 것이 아니다. 개인이 서민에서 중산층으로, 자영업이 중소기업으로, 중소기업이 대기업으로 올라갈 때도 사다리는 필요하다. 우리 국민에게는 이런 사다리가 더 중요하다. 그것이야말로 '희망의 사다리'이기 때문이다.

'희망의 사다리'란 개인적으로 보면 계층 상승의 가능성을 의미하지만, 사회 전체로 보면 분배가 잘되고 성공의 기회가 열려 있는 사회를 의미한다. 그것은 기회의 평등이 열려 있고, 노력한 만큼 잘사는 구조가 자리 잡힌 사회를 의미한다. 따라서 '희망의 사다리'가 있는 사회는 분배가 잘된 사회요, 함께 잘사는 사회를 의미한다. 소수만 잘사는 사회에는 '희망의 사다리'가 없다. 그런데 언젠가부터 우리 사회에는 희망의 사다리가 사라졌다. 사회가 '20 대 80의 이중구조'로 나뉘어져 일반 서민과 중산층은 아무리 일해도 80%의 하위 트랙만 돌 뿐이기 때문이다.

특히 심각한 것은 젊은 시절 열심히 공부하고 일해서 자신의 미래를 개척해야 하는 20~30대에게 20%로 편입될 수 있는 사다리가 존재하지 않는다는 것이다. 아무리 찾아봐도 사다리가 보이지 않는다고 이들은 말한다. 젊어서 고생은 사서도 한다는데, 이제는 젊어서 고생하는 사람은 평생 고생하고, 젊어서 고생하지 않는 사람은 평생 고생하지 않는 세상이 되었다는 한탄이 들린다.

40대는 어떤가? 486세대는 IMF 외환 위기 이전에 이미 사회 진출을 상당 부분 마친 연공서열의 마지막 세대다. 이들 세대만 해도 대학 졸업장만 가지고 직장을 골라서 들어갈 수 있었다. 이들이 처음 사회에 들어설 때 희망의 사다리는 있었다. 그런데 어느 순간 사다리가 사라져 버렸다. 사다리가 사라지기 전에 올라간 사람들은 다행이지만 40대 중에 그런 사람은 많지 않다. 이들 세대에게도 희망의 사다리는 존재하지 않는다.

그러면 50대와 60대는 어떤가? 그들이 젊은 시절, 한창 일하던 시절 기회의 사다리는 있었다. 사다리가 있던 시절, 우리 경제는 높은 성장률과 좋은 분배 구조를 가지고 있었다. 그로 인해 그들 중 일부는 그 시절 사다리를 타고 올라갔다.

이처럼 '희망의 사다리'의 관점에서 보면, 한국 사회의 세대는 ① 사다리가 없는 세대(20~30대), ② 중간에 사다리가 사라진 세대(40대), ③ 사다리가 있었던 세대(50~60대)로 구분할 수 있다.

그럼 도대체 우리에게 사다리가 사라진 것은 언제인가? 만일 있다가 사라졌다면 도대체 누가 사다리를 걷어찼는가?

박정희 때는 사다리가 있었나?

2007년 대선에서 이명박·박근혜 후보는 '747' 공약[■]과 '줄푸세'(세금과 정부 규모를 '줄'이고, 불필요한 규제를 '풀'고, 법질서를 '세'우자는) 공약을 내걸면서 신자유주의가 경제 회복의 길이요, 성장이 곧 분배임을 강조했다. 또한 그들은 좌파 정부 10년 내내 분배 우선 정책 때문에 경제가 엉망이었고, 기업의 투자가 이뤄지지 않아 경제가 제대로 돌아가지 않았다고 공격했다. "성장이 곧 분배다. 독재 시절에는 분배가 좋았는데, 민주 정부 10년 동안 분배가 나빠졌다. 성장 위주 정책이 오히려 역설적으로 분배를 좋게 한다"는 것이었다. 이에 대해 김대중·노무현 정부의 주역들은 차라리 제대로 좌파 정책, 분배 우선 정책이나 펼쳐 봤더라면 그런 비난을 받는 게 억울하지나 않겠다고 항변했다.

그런데 과연 실제로 박정희 대통령 때 더 분배가 좋았는가? 친기업 성장 위주 정책을 펼칠 때 더 분배가 좋았는가? 성장이 곧 분배인가?

한국개발연구원(KDI)과 정부 사회통계조사의 추계에 따르면[■■] 우

[■] 한국 경제를 매년 7% 성장시키고, 국민 1인당 소득을 10년 내 4만 달러로 증가시켜 세계 7위의 나라로 만들겠다는 이명박 대통령의 선거 공약.

[■■] 우리나라의 인적 소득분배에 관한 연구에서 가장 큰 문제는 믿을 만한 소득분배 통계를 구하기 어렵다는 점이다. 그럼에도 불구하고 한국개발연구원 주학중 박사의 추계(〈표 2-2〉)가 가장 신뢰할 만하며, 널리 알

년도	1965	1970	1976	1982	1986	1990
지니계수	0.344	0.332	0.391	0.357	0.337	0.323

자료 : 주학중·윤주현(1984); Choo(1992); 이정우(2010)에서 재인용.

표 2-3 한국의 지니계수 추이(사회통계조사 추계)

년도	1980	1985	1988	1993	1996
지니계수	0.388	0.345	0.336	0.310	0.295

자료 : 이정우(2010)에서 재인용.

리나라의 소득분배는 1960년대 후반에 좋아졌다가 1970년대 전반에는 나빠졌으며, 1980년 초반까지는 계속 나빴다가 1980년대 중반 이후 1996년까지는 지속적으로 개선되었다. 한마디로 박정희 대통령 때 소득분배가 좋았다는 것은 사실이 아니다. 1960년대 후반에는 좋아졌으나 박정희 경제개발이 본격화된 1970년대, 유신 체제 때는 소득분배가 극히 나빴다.

우리나라는 소득 불평등보다 자산 불평등이 심한 나라다. 특히 부동산에 의한 불평등이 심한 나라다. 그런데 〈표 2-4〉에 의하면 역대 대통령 재임 기간 가운데 연평균 지가 상승률이 가장 높았던 때가 박정희 대통령 재임 시절이었다. 생산 소득 대비 불로소득의 비율이 가장 높았던 때도 압도적으로 박정희 대통령 재임 시절이었음을 알 수 있다.

려져 있다. 세계은행도 그의 연구 결과를 그대로 받아들였다. 이외의 신뢰할 만한 자료로는 '사회통계조사'가 있다(〈표 2-3〉). 이는 1980년부터 몇 차례에 걸쳐 정부가 실시한 조사로, 표본 크기가 3만 가구에 달해 규모면에서는 꽤 본격적인 소득분배 자료라 할 수 있다.

표 2-4 역대 정부의 토지 가격 상승률 비교

	이승만	박정희	전두환	노태우	김영삼	김대중	노무현
기간	1953~60	1963~79	1980~87	1987~92	1992~97	1997~2002	2002~07
정권 초기 전국 지가 총액(조 원)	0.176	3	367	735	1661	1558	1540
정권 말기 전국 지가 총액(조 원)	0.690	329	735	1661	1558	1540	1905
지가 상승 불로소득(조 원)	0.514	326	368	926	−103	−18	365
연평균 지가 상승률(%)	21.6	33.1	14.9	17.7	−1.2	−0.6	4.3
지가 총액 / GDP 비율(배)	3.1	12.0	7.2	7.3	4.1	2.5	2.0
불로소득/생산 소득 비율(%)	43.2	248.8	67.9	96.3	−5.2	−0.6	8.4
경제성장률(%)	4.7	9.1	8.7	8.3	7.1	4.2	4.3

자료 : 이정우(2010).

결론적으로 박정희 대통령 시절에 소득분배는 아주 나빴다. 비록 성장률이 높아 일자리가 늘어나긴 했지만 정부가 주도한 재벌 위주의 경제성장으로 빈익빈 부익부가 심화된 시기였다. 이 시기는 결코 사다리가 있던 시절이 아니다. 우리가 '사다리의 복원'을 다시 목표로 할 때, 이 시대는 결코 참고할 수 있는 시대가 아니다.

희망의 사다리 : 1987년 민주화와 노동자 대투쟁의 결과

그렇다면 무슨 근거로 이명박 후보와 박근혜 후보, 그리고 보수 언론은 독재 시대, 즉 성장 위주의 경제정책을 펼 때 분배가 더 좋았다고

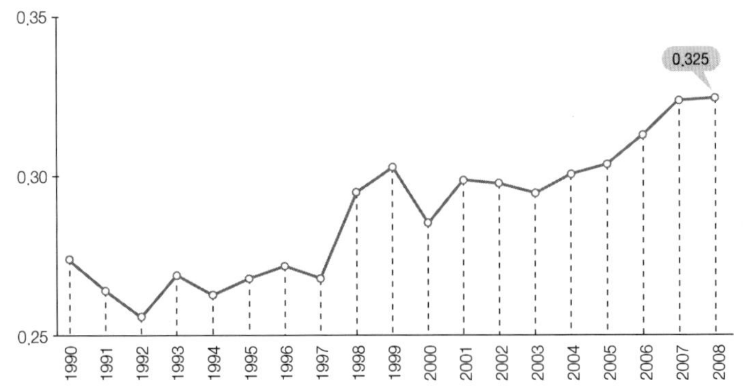

주 : 2인 이상 도시 가구 대상. 시장 소득 기준.
지니계수=0과 1 사이의 값을 가지는데 값이 1에 가까울수록 소득분배의 불평등 정도가 높다는 의미이며,
통상 0.35 이상이면 소득분배가 매우 불평등하다고 평가한다.
자료 : 통계청.

말하는 것일까? 결론적으로 말해 그것은 착시 현상이다. 자료를 살펴보면 우리나라 현대사에서 성장과 분배가 함께 좋았던 시절이 있었다. 그것은 박정희 시대가 아니라 1987년 민주화와 노동자 대투쟁 이후 1980년대 후반~1990년대 중반(1988~96년)의 시기였다.

1990년 이후의 조사 결과를 보면[■] 1992년에 가장 분배가 좋았으며 IMF 외환 위기 직후인 1998년부터 분배 상황은 급속히 악화되었음을 알 수 있다(〈그림 2-4〉).

그렇다면 1980년대 중반 이후 양극화가 완화되고 소득분배가 좋

■ 통계청이 2인 이상 도시 가구의 시장 소득을 기준으로 지니계수를 조사하기 시작한 해가 1990년이다.

74

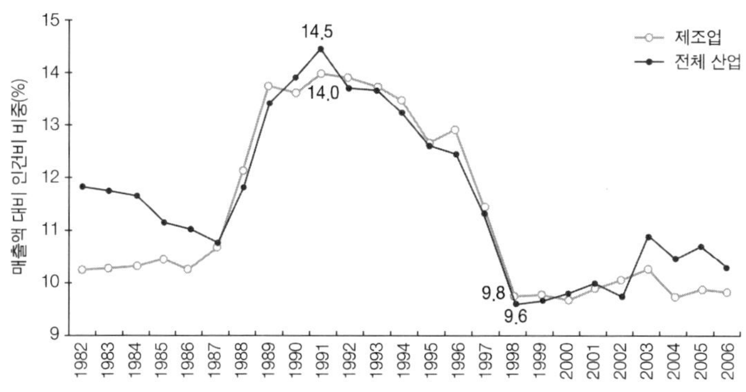

자료 : 한국은행, 기업경영분석 자료; 정무권(2009, 318)에서 재인용.

아진 이유는 무엇일까? 이는 1987년 민주화와 이후의 노동자 대투쟁으로 노동자들의 임금이 상승했기 때문이다.

그리고 그 배경에는 3저 호황이 있었다. 1985년 선진국들의 환율 조정 회의였던 플라자 합의 이후 1986~88년 사이에 '저금리·저달러·저유가'라는 3저 호황 시대가 열렸다. 거기에 1987년 민주화와 노동자 대투쟁이 결합되면서 노동자의 임금이 상승하고 소득 불평등 정도가 완화(노동소득분배율 상승)되는 동시에, 국민소득 향상으로 내수 시장이 팽창하고, 높은 경제성장률을 기록하는 시대가 열린 것이다.

〈그림 2-5〉는 1982년부터 2006년까지 전체 산업과 제조업에서 '기업의 매출액 대비 인건비 비중'을 나타낸 것이다. 1987년 이후 인건비 비중은 급속히 상승해 1991년(전체 산업 14.5%, 제조업 14.0%)에 이르러 최고 수준에 도달했다. 그 결과 양극화 지수인 지니계수가 완화되었다.

또한 1987년 민주화와 노동자 대투쟁의 결과 많은 복지 제도가 시행되거나 개정되었다. 이는 집권 세력의 주체적 대응이라기보다는 아래로부터의 요구에서 비롯된 것이었다. 1988년 1월, 국민연금이 시행되었고, 1989년 8월, 전 국민 의료보험이 달성되었다. 1992년에는 세 가지 사회보험의 적용 범위가 5인 이상 사업장까지 확대되었고, 1993년 고용보험의 도입이 결정되기도 했다(안상훈 2010).

내수 시장의 확대와 높은 경제성장률

이런 노동소득의 증가와 분배의 향상은 이 시기 내수 시장의 확대라는 거시 경제적 변화를 일으켰다. 이 시기는 〈그림 2-6〉에서 볼 수 있듯이 상당한 정도로 수출보다는 민간 소비지출에 의한 내수의 성장 기여도가 높았던 시기라 할 수 있다.

분배가 좋았던 이 시기에 경제성장률도 높았다. '소득 증가 → 분배 향상 → 내수 시장의 확대'로 인해 경제성장률이 상승하는 선순환 구조가 형성되었기 때문이다. 이 기간 동안(1988~96년) 연평균 실질 경제성장률은 8.3%에 달했다. 이는 신자유주의 시대 2001~2010년의 평균 경제성장률 4.2%의 거의 두 배에 해당하는 수치일 뿐만 아니라 박정희·전두환 시절 재벌 중심의 수출드라이브 정책을 펼쳤던 1970~86년의 평균 성장률 7.6%보다도 높은 수준이다.

이처럼 현대사에서 성장과 분배 모두가 가장 좋았던 시절은 1987년 민주화와 노동자 대투쟁이 결실을 맺은 1988~96년의 시기였다. 10년이 채 안 되는 이 짧았던 시기가 바로 대한민국에서 희망의 사다

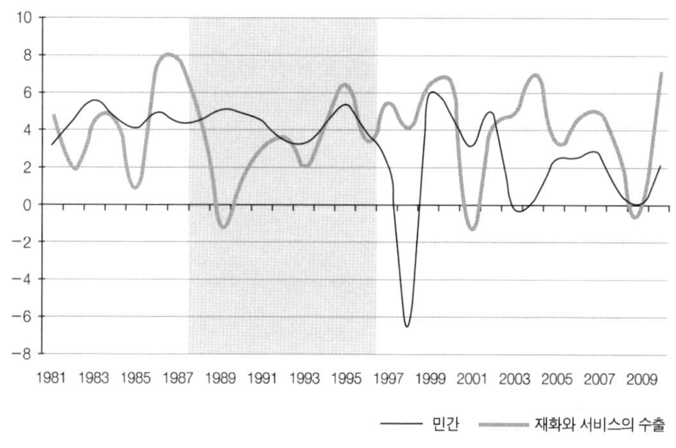

자료 : 한국은행 국민 계정.

리가 있었던 시대요, 서구의 복지국가 모델과 가장 근접했던 시기였다. 이 시기는 한국 경제의 전 역사를 통틀어 부정적인 측면이 최소화되고 자본주의 틀 안에서 긍정적인 모습들이 나타났던 시기라고 할 수 있다.

그리고 우리가 '사다리의 복원'을 목표로 참고해야 할 시기도 바로 이 시기이다. 무엇보다 중요한 것은 이 시기가 1987년의 민주화와 노동자 대투쟁을 통해 국민의 힘으로 만들어 낸 시기였다는 점이다.

누가 언제
사다리를 걷어찼나?

1997년 외환 위기는 왜 발생했나?

희망의 사다리가 있던 시절은 1997년 외환 위기를 시작으로 끝이 났다. 그렇다면 1997년 외환 위기는 왜 발생한 것일까?

당시 미국 정부 경제자문위원회 소속으로 백악관에서 근무했던 스티글리츠는 "미 재무부와 IMF가 강력하게 추진했던 정책, 그중에서도 특히 성급한 자본시장 자유화 정책이 바로 금융 위기의 근본 원인"이라며, "자본시장 자유화로 자금이 홍수처럼 밀려들어 왔지만, 그렇게 쏟아져 들어온 돈은 시장을 황폐화시킨 뒤 일시에 빠져나가 버렸다"고 지적했다(스티글리츠 2008, 31).

지금 생각해 보면 당시 미 재무부와 IMF의 처방은 너무도 부당하고 잘못되었을 뿐만 아니라 불공평한 것이었다. 금리 인상과 엄격한 재정 정책으로 기업과 산업을 붕괴시키고 빈부 격차를 심화시켰으며 우리 국민의 삶을 파탄으로 이끌었기 때문이다. 하지만 이들은 정작 2008년 자국에서 금융 위기가 발생하자 완전히 반대되는 정책을 펼쳤다. 거의 0%에 가까운 저금리와 재정지출 확대로 그야말로 '헬리콥터로 돈을 뿌려 대는' 정책을 실시한 것이다. 우리에게는 금리 인상과 엄격한 재정 정책을 요구해서 위기 상황을 더욱 악화시켰던 그들이 정작 미국의 경제 위기 때에는 우리와 정반대의 정책을 펼쳤던 것이다.

미 재무부와 IMF가 한국에 금융 자유화를 강요하는 압력을 가할 때 스티글리츠는 이렇게 반대했다고 한다. "구태여 한국에 금융 자유화를 요구할 이유는 무엇인가? 참담한 결과가 일어날 것이 불을 보듯 뻔하지 않은가? 급격한 자유화는 한국을 금융 위기로 몰고 갈 것이 뻔하지 않은가? 그리고 한국의 금융 자유화로 미국에 득이 될 게 무엇인가? 미국의 일자리가 증가하는 것도 아니고 미국 경제가 크게 성장할 것도 아니다. 고작 일부 월스트리트 기업들의 배를 불리는 일밖에 되지 않는다. 반면 한국은 금융 위기라는 엄청난 대가를 치러야 한다"(스티글리츠 2008, 28).

하지만 월스트리트는 자신들의 이익에만 골몰했다. 이들은 한국의 공기업들이 경쟁력을 확보하기 전에 급속히 민영화되기를 원했다. 전통적으로 월스트리트의 이익을 대변해 온 재무부 역시 끊임없이 급속한 민영화를 요구했다. 1997년 한국을 비롯한 동아시아 각국의 거시 경제 사정이 특별히 나쁘지 않았는데도 통화위기가 발발한 것은 자본 자유화로 인해 외국자본이 빠르게 유입에서 유출로 전환된 것이 주된 원인이었다.

그러면 이런 외부 조건만이 문제였을까? 당연히 내부적 문제도 결합되어 있었다. 위험한 금융 자유화를 받아들인 김영삼 정부와 이를 요구한 재벌이 바로 그것이다.

당시 김영삼 정부는 한편으로는 금융실명제(1994년), 부동산실명제(1995년), 공평 과세 등 경제개혁을 추진하면서도 다른 한편으로는 1994년 12월 '세계화' 선언을 기점으로 1996년 OECD 가입을 위해 미국이 요구한 금융 자유화를 서둘렀다. 그 정점은 1995년 8월, 15개 투자 금융사를 종합금융회사(종금사)로 전환시키고 이들에게 해외 차입을 허용해 주는 등 금융 규제를 해제한 것이다.

막 시작된 금융 개방 환경은 재벌의 팽창 욕구와 결합해 외환 위기를 불러왔다. 대우의 '세계 경영' 구호에서 알 수 있듯이 당시 재벌들은 해외로 팽창을 서둘렀고, 이를 위해 과잉 차입·과잉투자를 감행했는데, 주요 자금원 중 하나가 바로 종금사를 포함한 금융기관들이 해외에서 저리로 차입해 온 단기 외채였다. 당시 재벌들은 막대한 규모로 부채를 동원해 대규모 투자에 나섰는데, 이를 위해 정부를 부추겨 금융시장을 개방하는 방식으로 외국자본을 끌어들였던 것이다.

놀라운 것은 이때 한국 정부가 단기 외화 차입을 거의 무제한적으로 허용한 반면, 장기 외화 차입에 대해서는 오히려 제한을 두었다는 사실이다. 단기일 경우 이탈이 용이해 유동성 위기를 초래할 위험이 있는데도 이런 난센스 정책을 감행한 것이다. 이는 국제 자본시장에서 단기자본을 조달하는 것이 장기자본 조달보다 훨씬 용이하다며 재벌이 로비를 했기 때문이었고, 또 정부가 아직은 자본자유화에 신중하게 접근하고 있다는 정치적 모양새를 갖추기 위한 것이기도 했다.

재벌들은 사금고의 파이프라인으로 종금사를 주목하고 계열회사로 종금사를 설립해 거의 무제한적으로 외자를 조달했다. 이로써 1990년에는 6개 사에 불과했던 종금사가 1997년에는 30개 사로 늘어났으며, 이 중 16개 사가 재벌 소유였다. 이렇게 외자도입의 통로가 활짝 열리자 재벌들은 해외로부터 단기자본을 마구 끌어들여 과잉 부채·과잉투자로 몸집을 불렸다. 그리고 무제한적인 자본 동원하에서 추진된 재벌의 비효율적인 과잉투자가 마침내 부실을 눈덩이처럼 키우면서 1997년 외환 위기를 만들어 낸 것이다(이찬근 2011).

노동 유연화 정책 : 사다리 걷어차기의 시작

앞에서 살펴본 것처럼 1988~96년 희망의 사다리가 있던 시절에 가장 중요한 사실은, 노동소득분배율이 높았던 것이었다. 그리고 그 분배율이 급격히 나빠진 것은 1998년 외환 위기가 본격화된 이후였다.

그런데 자료를 보면 이미 1990년대 중반부터 대기업과 정부는 노동 쪽에 유리한 분배 상황을 역전시키기 위해 노력했음을 알 수 있다. 앞 절의 〈그림 2-5〉를 보면, IMF 경제 위기의 여파가 확산되기 전인 1997년에 이미 기업의 매출액 대비 인건비 비중이 11.4%(전체 산업)와 11.3%(제조업)로 크게 하락한 상태였음을 알 수 있다. 그리고 경제 위기가 본격화된 1998년에는 9.6%(전체 산업)와 9.8%(제조업)까지 하락했다.

여기서 우리는 의문을 가지게 된다. 도대체 왜 IMF 경제 위기가 본격화되기도 전인 1997년에 기업의 매출액 대비 인건비 비중이 크게 하락했는가? 이는 노동계의 격렬한 반대에도 불구하고 1996년 12월 국회에서 날치기 통과된 노동법과 관련되어 있다. 김영삼 정부와 신한국당이 주도한 노동법 날치기 통과로 정리 해고제와 변형 근로시간제 도입이 확정되었기 때문이다. 근로자파견법의 도입은 당시 무산되었으나 외환 위기를 계기로 정리 해고제가 앞당겨 시행되고 근로자파견법 도입도 결국 확정되었다.

이런 노동시장 유연화 정책은 김영삼 정부의 출범과 동시에 추진되었다. 김영삼 정부는 출범과 함께 '신인력정책'을 노동정책의 중요한 방향으로 설정했는데, 이는 근로자파견법, 파트타임 노동제, 정리 해고제, 변형 근로시간제 등 고용과 노동시간의 유연화를 포괄적으로 추진하려는 것이었다. 이는 대기업의 요구와 결합되어 있었다. 대기업들은 비용 절감적·노동 절약적 구조 조정을 꾸준히 추진했고, 그것

표 2-5 부문별 성장률과 분배율(연평균) (단위 : %)

	1980년대	1990~96	2000~04	2004
경제성장률	8.7	7.9	5.6	4.7
개인소득 증가율	10.6	7.0	2.4	2.6
기업소득 증가율	7.8	6.5	18.9	38.7
노동소득 분배율	81.9	81.6	74.7	68.4
자본소득 분배율	18.1	18.4	25.3	31.6

주 : 개인소득은 임금소득과 소규모 자영업자 소득의 합이며, 노동소득 분배율은 소규모 자영업자 소득을 포함한 것이다.

자료 : 한국은행 (2005).

이 결국은 1996년 12월 노동법 개악을 낳은 것이다.

그 결과 1990년대 중반부터 양극화가 시작되었다. 〈표 2-5〉에서 분명히 알 수 있듯이, 1980년대에 개인소득 증가율은 경제성장률을 상회했고 1990년대 중반까지도 경제성장률에 어느 정도 근접하는 수준이었다. 그러나 경제 위기 이후에는 개인소득 증가율이 경제성장률보다 훨씬 낮아졌다. 또한 소규모 자영업자 소득을 포함한 노동소득 분배율은 80%대에서 70%대로 크게 하락했고, 2004년에는 68%까지 떨어졌다(남찬섭 2009).

중소기업의 사다리는 언제 사라졌나?

기업의 측면에서 본 기회의 사다리는 어떨까? 언제부터 지금과 같은 대기업 지배 구조가 확고해졌을까? 성장의 효과가 중소기업까지 확산

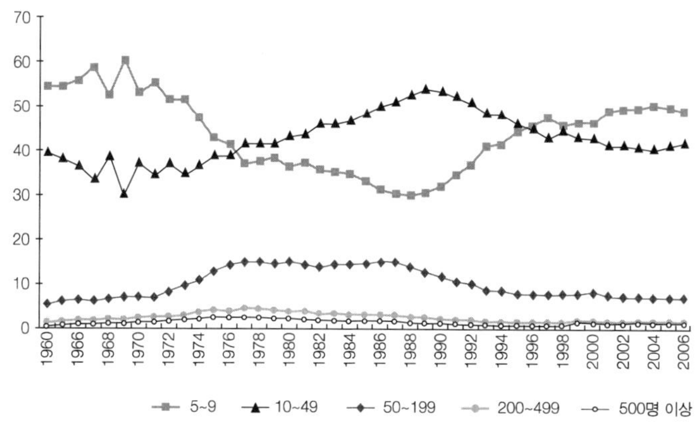

된다는 낙수 효과(trickle-down effect)가 작용했던 적은 있는 걸까? 만약 있었다면 언제 사라진 것일까?

〈그림 2-7〉에서 볼 수 있듯이 1960~70년대에 걸쳐 영세기업(5~9명)의 비중은 대폭 하락한 반면, 중소기업(10~49명, 50~199명)의 비중은 꾸준히 상승했다. 임금을 비롯한 근로조건을 결정하는 중요한 요인 가운데 하나가 기업 규모임을 감안할 때, 1960~70년대에는 기업 규모의 상향 이동과 함께 고용의 양과 질이 모두 개선되었다고 할 수 있다. 이는 당시 경공업에서 중화학공업으로 산업 차원의 구조 조정이 활발히 진행되었기 때문이다. 그러나 이런 추세는 1980년대에 상대적으로 정체 양상을 보이더니 1990년대 들어 반전되었다. 즉, 영세기업의 비중이 다시 급격히 증가하고, 소기업·중기업의 비중은 하락했다.

이런 경향은 〈그림 2-8〉에서도 확인할 수 있다. 1960~70년대에는

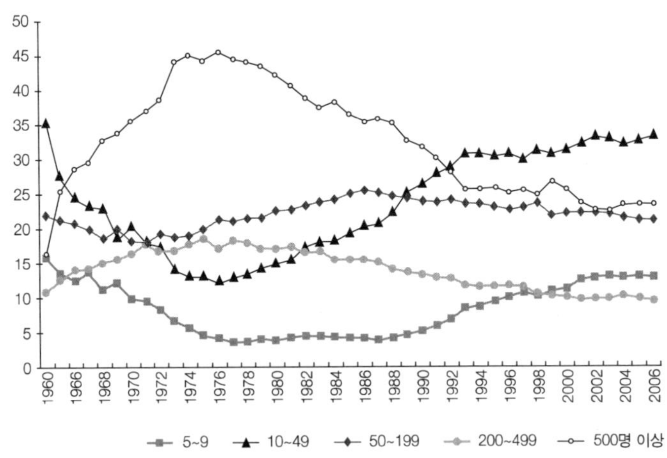

자료 : 김상조(2011b).

영세기업(5~9명) 및 소기업(10~49명)의 고용 비중이 하락한 반면, 중견기업(200~499명)과 대기업(500명 이상)의 고용 비중은 크게 늘어났다. 특히 대기업의 점유 비중 상승은 놀랄 만한 것으로, 1970년대 말에는 광공업 분야 전체 고용의 45%, 생산액의 55% 정도를 차지했다. 그러나 1980년대 이후 대기업의 고용 비중은 두드러지게 하락한 반면, 영세기업과 소기업의 점유 비중은 다시 증가해, 1990년대 말에 이르러서는 고용 비중이 1960년대 수준으로 높아졌다.

이와 같은 변화는, 1980년대를 지나면서 정부 규제와 노동계의 저항에 직면한 재벌계 대기업이 고용과 생산을 직접 확대하기보다는, 중소기업을 하도급 거래 구조에 배치하고 이를 통해 소재·부품 조달 및 노무관리의 '간접' 지배 체계를 안정적으로 구축했음을 보여 주는 것이다. 대신 대기업들은 핵심 공정 및 연구 개발 분야에 자신의 자원을 집중 투입함으로써 생산성 우위의 격차를 계속 확대해 갈 수 있었다.

결론적으로, 재벌의 선도적 성장을 통해 중소기업을 포함한 국민 경제 전체의 동반 성장을 이끌어 낸다는 낙수 효과 논리는 1990년대를 거치면서 현실적 유효성을 상실한 이데올로기적 구호로 전락하게 되었다.

희망의 사다리, 김영삼 정부가 걷어찼다

이상의 과정을 종합해 볼 때, 희망의 사다리를 걷어찬 것은 김영삼 정부와 경제 관료, 재벌이라고 결론 내릴 수 있다.

IMF 외환 위기 이후 집권한 민주 정부의 김대중·노무현 두 대통령도 신자유주의를 받아들였으며, 이는 신자유주의적 폐해를 더욱 심화시켰다. 그들 모두 퇴임 후 재임 중 가장 아쉬웠던 부분에 대해 다음과 같이 고백했다.

> 내 임기 중에 소득 양극화가 심화되었음이 참으로 안타까웠다. 일부 부유층은 IMF 체제를 즐기고 있다는 말까지 나돌았다. 그들의 소비 행태들을 보면서 중산·서민층의 상대적 박탈감은 더욱 심했을 것이다. 나는 그것을 알면서도 어쩔 수 없었다(김대중 2010, 2권 483).

> '노동 유연화, 그것도 우리 할 수 있어' 하고 놔버린 게 진보주의의 제일 아픈 데죠. 가장 아팠던 것이 이 대목입니다(노무현 2009, 212).

두 대통령의 의도가 어쨌든 간에(나는 두 대통령이 진심으로 신자유주의 정책을 도입하고 싶었던 것이라 생각하지는 않는다) 민주 정부 역시 신자유주의를 받아들였고, 민주 정부 10년간 양극화는 심화되었다. 그리고 그로 인해 권력까지 넘겨주었다. 더구나 신자유주의를 한 탓에 잃어버린 권력이 더욱 확실하게 신자유주의를 하겠다는 이들에게 넘어갔으니 참으로 아이러니한 일이 아닐 수 없다.

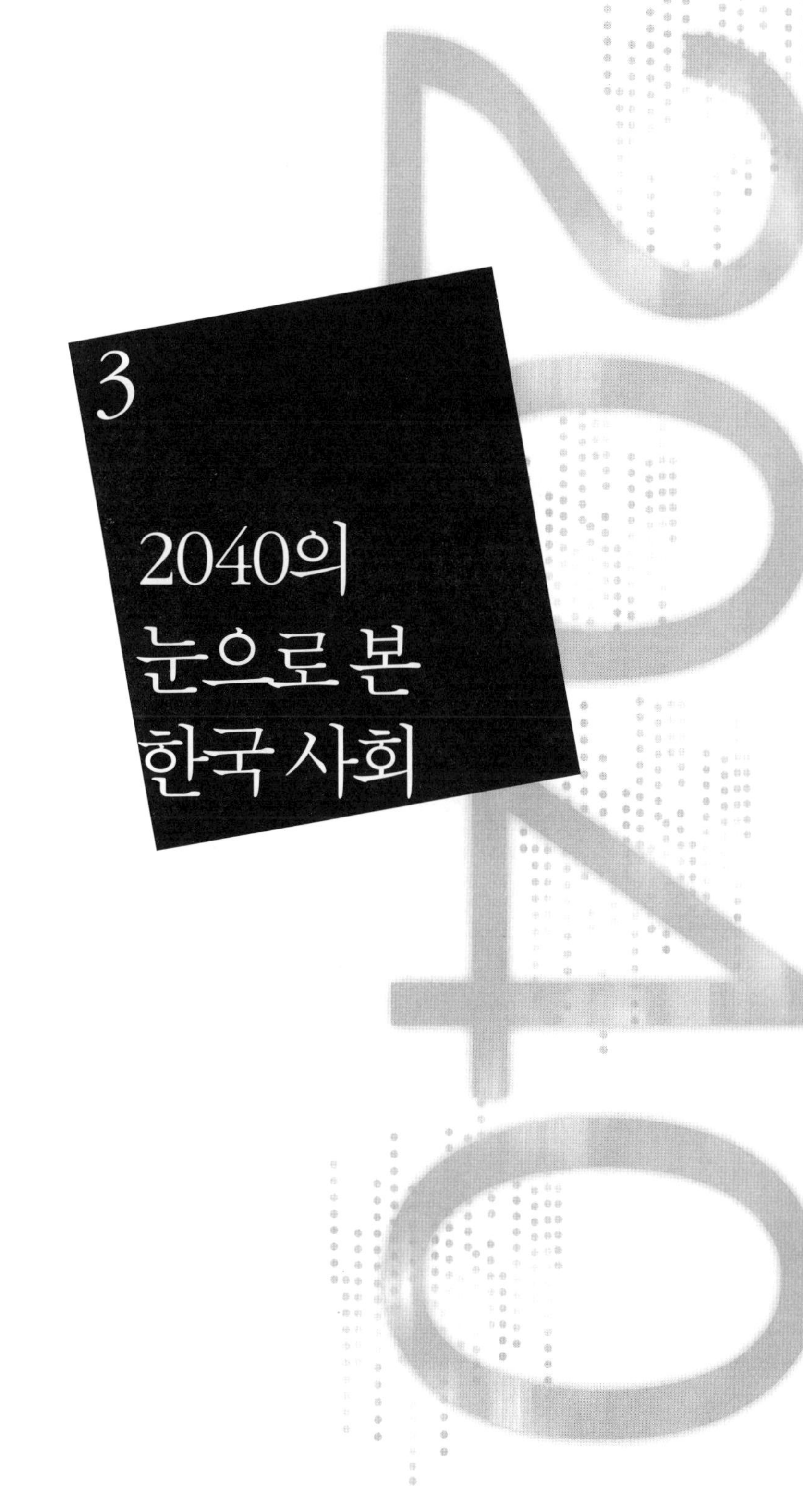
3
2040의
눈으로 본
한국 사회

좋은 일자리 20%,
나쁜 일자리 80%

노동시장의 이중구조

지금 대한민국은 중심부 일자리(정규직, 대기업, 공공 기관)에서 일하는 20%의 정착민과 주변부 일자리(비정규직, 저임금근로, 중소기업)에서 일하는 80%의 유목민으로 이중구조화되어 있다. 그 결과 정규직은 고령화되고, 신규로 노동시장에 진입하는 청년들은 대부분 80%의 주변부 노동시장에 편입되는 실정이다(은수미 2011).

〈표 3-1〉은 이를 명확히 보여 준다. 좋은 노동조건의 1차 노동시장은 15% 규모이고, 나쁜 노동조건의 2차 노동시장은 80% 규모인데, 이들 노동시장은 고정되어 있고, 서로 간의 교류가 거의 없다. 한마디로 '한번 비정규직이면 영원한 비정규직'인 것이다.

2차 노동시장에 편입된 이들은 1차 노동시장으로 상승하기를 기대하지만, 이미 세상은 한번 나쁜 일자리 트랙에 편입되면 평생 벗어날 수 없는 세상이 되어 버렸다. 중심부 일자리는 막혀 있고, 한번 주변부 노동시장에 들어서면 평생 주변부 일자리를 전전해야 한다. 그러니 취업을 최대한 늦추더라도 상위 노동시장에 편입하기 위해 안간힘을 다해 '스펙'을 쌓으려 하고, 공무원 시험을 준비하는 세상이 되었다. 한 외국인은 이런 한국의 노동통계를 보곤 '왜 한국 청년들이 폭동

표 3-1 1·2차 노동시장 이동 유형별 비중 (단위 : %)

	1998~99년	2006~07년	2008~09년
1차 지속	13.8	15.4	14.3
2차 지속	77.5	78.1	78.6
1차→2차	4.8	3.7	3.6
2차→1차	3.8	2.8	3.5

주 : 1차는 100인 이상 기업 상용직, 2차는 100인 미만 기업 전체와 100인 이상 기업 임시 일용직.
자료 : 장지연(2011).

을 일으키지 않는지 궁금하다'고 말했다는 보도도 있었다.

쌍용자동차와 한진중공업 노동자들이 극렬히 정리 해고 반대 투쟁을 벌이는 것도 바로 이 때문이다. 한국 사회에서 해고란 1차 노동시장에서 2차 노동시장으로의 추락을 의미하며, 이는 곧 인생의 몰락을 의미하는 것이다.

80%의 나쁜 일자리 : 중소기업, 비정규직, 저임금

80%의 하위 일자리, 즉 2차 노동시장을 구성하는 일자리는 주로 중소기업 일자리로, 비정규직에 저임금이라는 특성을 지닌다. 300인 이상 기업의 임금을 100으로 봤을 때, 100인 미만 기업의 임금수준은 51에 불과하다.

비정규직 노동자는 2010년 현재 취업자 전체의 50.4%에 이른다. 이들은 같은 일을 하면서도 정규직 노동자에 비해 55%의 임금밖에

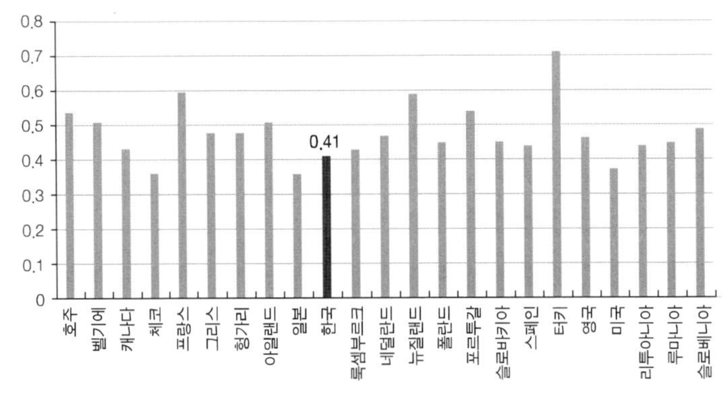

자료 : OECD 통계.

못 받고 있다. 정규직 대비 비정규직 임금 비율은 2001년 64%에서 2010년에는 55%로, 10년 만에 10%p나 떨어졌다. 그만큼 차별이 더 심해진 것이다. 신규 노동시장에 진입하는 20~30대의 반 이상이 비정규직이다.

저임금노동자의 비중도 높다. 전체 노동자 가운데 저임금노동자의 비중이 27%로 OECD 국가 중 상위 1, 2위를 다투고 있다. 또한 〈그림 3-1〉에서 보듯이 전일 노동자의 중위 임금 대비 최저임금은 41%로 불평등이 심각한 수준이다.

대기업의 신규 고용 기피

반면, 좋은 일자리를 창출할 수 있는 대기업은 갈수록 고용을 기피하

표 3-2 기업 규모별 고용 비중 변화 (단위 : %)

	1993년	2009년	증감
1~4	28.3	29.0	+0.7
5~9	9.0	12.2	+3.2
10~49	21.1	24.1	+3.0
50~99	8.5	10.1	+1.6
100~299	10.5	10.9	+0.4
300~999	9.0	7.6	−1.4
1000~	13.6	6.1	−7.5
합계	100	100	0

자료 : 은수미(2011).

고 있다. 조사에 의하면 300인 이상 대기업의 청년 비중은 1993년 40%에서 2008년 24%로 거의 절반 가까이 줄어들었다. 공공 부문의 청년 고용은 더 형편없어서 12% 수준이다. 한마디로 거의 청년에 대한 신규 고용을 하지 않는 것이다.

〈표 3-2〉에서 나타나는 것처럼 1993년과 2009년을 비교했을 때, 일자리의 대부분은 5~49인 규모의 소기업에서 창출되었고, 없어진 일자리의 대부분은 1천 명 이상 대기업의 일자리였다.

이처럼 대기업과 공공 기관이 고용을 기피한 결과 2009년 대기업 일자리는 8.4%, 공공 부문 일자리는 3.4%에 불과하다. 두 부문을 합해도 11.8%에 불과하다(선진국의 경우 이 비율은 40~50%에 달한다). 나머지 88%의 일자리는 중소기업 일자리다.

또한 『한겨레21』이 우리나라 10대 대기업의 2007~10년 사이 자료를 분석해 보니 매출은 50% 증가하고, 영업 이익은 63%나 급증한

데 반해, 고용은 고작 6.9% 증가하는 데 그쳤다. 그로 인해 고용 유발 계수가 1.08명에서 0.84명으로 낮아졌고, 종업원에 대한 총 급여 비중도 7.57%에서 6.57%로 낮아졌다. 총매출액 대비 투자 비중도 10.8%에서 8.8%로 하락했으며, 평균 유효세율도 22.4%에서 16.8%로 낮아졌다(『한겨레21』 2011/04/18).

대기업의 고용 기피와 사내 하청의 증가

대기업들은 정규직 고용을 기피하는 대신 사내 하청을 늘리고 있다.

사내 하도급 활용 현황을 정확히 추정하기는 힘들지만, 2004년과 2008년 노동부 조사나 사내 하도급에 대한 행정지도(국감 자료 등)에서 일부 실태가 드러난다. 2008년 300인 이상 사업체를 대상으로 한 노동부 조사에 따르면, 1,764개 사업체 중 사내 하도급 활용 업체는 963개로 전체의 54.6%이며, 활용 업체의 하청 근로자는 36만 8,590명으로 전체 근로자의 28.0%다(전병유 2011).

대기업뿐 아니라 공기업도 경영 평가 점수를 높이기 위해 비정규직과 사내 하청을 적극 활용하고 있다. 연평균 이윤율이 10.7%에 이르는 A공항 공사도 이윤율을 높이기 위해 사내 하청을 적극 활용했다. 이 회사가 처음 만들어질 당시인 2003년에는 정규직이 700명, 사내 하청이 3,500명이었으나 2010년에는 정규직이 800명, 사내 하청이 5,936명으로 비정규직 비중이 87.5%에 달했다.

금속노조가 2011년 발표한 『금속 일자리 보고서』에 따르면 사내 하청 고용 비율은 조선업계가 50~80%로 가장 높았으며, 철강업계가

30~60%, 기계업이 20~30%, 자동차업계가 10~20%였다. 사내 하청 비율이 무려 80%가 넘는 기업도 있었다. 이처럼 주요 제조업체들의 매출액과 순이익은 크게 증가했는데도 일자리가 거의 늘지 않거나 줄어든 것은 기업들이 정규직 중심의 안정적 고용을 늘리는 대신 사내 하청 노동자 수를 늘렸기 때문이었다. 생산직 사내 하청 노동자들은 정규직 노동자들과 같은 일을 하면서도 하청업체에 소속되어 정규직의 60~70%에 불과한 임금을 받는다.

세계적으로 낮은 청년 고용률

2011년 5월 이명박 대통령은 국민경제대책회의 자리에서 "우리나라 청년 실업률은 8~9% 정도로 세계에서 좋은 성적이다. 우리가 세계에서 가장 나쁜 나라로 생각하면 안 된다"며 "우리가 이렇게 좋은 성적이라는 것을 염두에 두고 대책을 세워야 한다"고 말했다. 그러나 현실은 많이 다르다.

중요한 것은 청년 실업률이 아니라 청년 고용률인데, 〈그림 3-2〉에서 볼 수 있듯이 청년 고용률은 OECD 평균에도 못 미친다. 사실, 우리의 청년 실업자는 40만 명이지만, 비경제활동 청년 인구 30만 명, 취업 준비생 60만 명, 구직 단념자와 17시간 미만 취업자 등을 포함하면 실제 청년 실업자는 150만 명에 이른다는 것이 전문가들의 분석이다.

더욱 문제는 청년 고용률이 〈그림 3-3〉에서 볼 수 있듯이 2005년 이후 계속 낮아지고 있다는 점이다. 우리나라는 청년 고용률뿐만 아니라 전체 고용률 자체가 낮아서, OECD 국가 평균보다 낮은 하위권

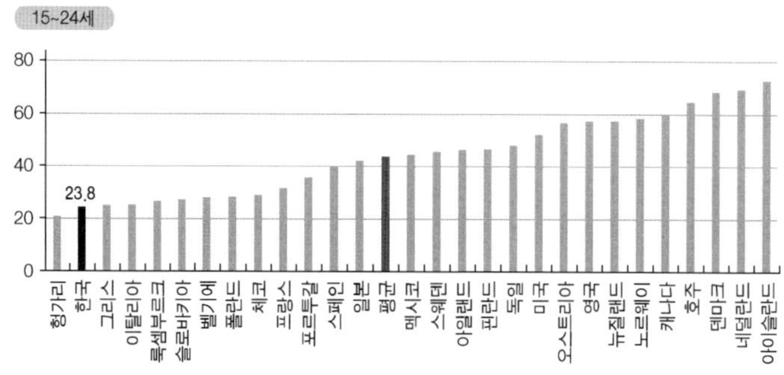

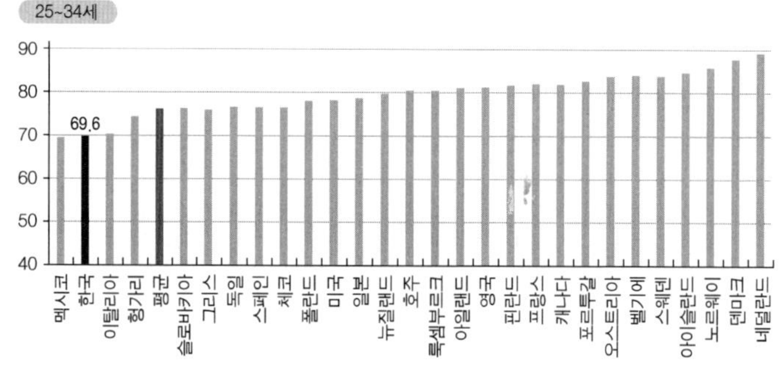

자료 : 한국노동연구원, OECD 2008년 고용 동향 통계 분석.

이다. 특히 〈표 3-3〉에서 나타나듯이 청년과 여성의 고용률이 낮다. 현재 일자리 문제는 전체 실업률이 아니라 청년과 여성의 낮은 고용률로 표출된다고 할 수 있다.

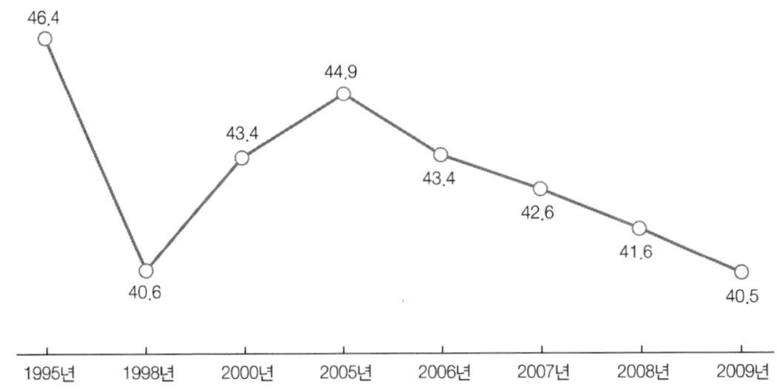

자료 : 통계청·고용노동부.

표 3-3 성·연령별 고용률 수준 (단위 : %)

		우리나라	OECD 평균
여성	전체	52.2	56.7
	15-29세	41.8	46.5
	30-59세	57.8	64.5
	60-64세	41.3	33.4
남성	전체	73.6	73.0
	15-29세	39.0	55.8
	30-59세	88.5	84.0
	60-64세	67.0	51.6

자료 : OECD Labor Force DB(2010).

비정규직 양산하는 노동 유연화 정책

이처럼 노동시장이 20 대 80의 이중구조로 양극화되고, 희망의 사다리가 사라진 분기점은 비정규직을 양산하는 노동 유연화 정책이었다. 그로 인해 수많은 비정규직이 양산되었다. 앞에서 살펴본 것처럼 1996년 12월 노동 유연화를 내용으로 하는 노동법 개정이 이루어졌고, 1997년 IMF 외환 위기 이후 노동 유연화는 본격화되었다.

노동 유연화로 실업자가 늘어나면서 고용 불안정은 노동자들에게 당연한 일로 받아들여졌다. 정리 해고와 비정규직 전환이 일상화되는 상황 속에서 정규직 노동조합들은 비정규직을 자신들의 고용 안전판으로 받아들였고, 노동자들의 단결이란 그저 수사로만 남게 되었다.

이는 한국 노동조합이 제도적으로 기업별노조라는 데에 기인한다. 정부는 1987년 민주화 이후에도 노조의 활동 범위를 기업 수준으로 제한함으로써 이들이 정치적 도전 세력으로 성장하는 것을 차단하고자 했다. 그래서 지금도 한국에서 노동자가 조합원이 되기 위해서는 특정 기업에 고용되어 있어야만 하며, 정규직 이외의 실업자나 임시직, 파견직 노동자는 조합원 자격조차 가질 수 없다. 따라서 비정규직의 경우 노조로부터 배제될 가능성이 높다. 기업별노조는 결국 조합원의 정체성을 회사 소속의 종업원이라는 정체성에 가두어 놓는 한계가 있다. '금속 노동자'라는 노동자 의식보다 '현대중공업 노동자'라는 기업 정체성이 우선시되는 것이다.

1987년 이후 몇 년간의 노동자 대투쟁 시기에는 기업별노조의 이런 성격이 오히려 강점이 될 수 있었다. 단결의 힘에 눈뜬 노동자들이 민주노조를 통해 작업장 안에서 똘똘 뭉쳐 기업주에 대항하면, 사실 기업주는 이에 맞설 뚜렷한 방법이 없었다. 그래서 1987년 이후 1992

년까지 노동자들의 임금 상승이 가능했고, 기업별노조도 민주노조운동의 중심축으로서 세계 노동운동이 놀랄 정도로 눈부시게 도약할 수 있었다.

그러나 노동 유연화 이후 한국의 노동조합운동은 이전과는 전혀 다른 새로운 상황에 직면하게 되었다. 이른바 노동 유연성의 도입은 비정규직이라는 새로운 노동자층을 만들어 내면서 노동자들의 단결을 밑에서부터 급속하게 무너뜨리기 시작했다. 평생직장 개념은 사라져 버렸고, 노동자들은 기업 안에서조차 정규직과 비정규직, 사무직과 현장직, 남성과 여성, 하청, 재하청, 재재하청 등 소속과 계층에 따라 뿔뿔이 흩어져 버리고 말았다.

복지의 양극화
: 기여자 중심 복지

조세제도·복지 제도의 불평등 개선 효과는 OECD 꼴찌

OECD는 2011년 6월 "한국을 위한 OECD 사회정책 보고서"를 작성해 이명박 대통령에게 전달했다. "성장만으로는 우리의 모든 문제가 해결되지 않는다"로 시작하는 이 보고서는 한국의 최우선 과제로 '소득 불평등 개선'을 뽑았다.

OECD는 특히 〈그림 3-4〉와 같이 한국의 세제와 복지 제도와 같은 재분배 제도가 '작고 비효율적'이어서 불평등 개선 효과가 회원국 가운데 꼴찌라고 지적했다. 이런 지적은 여러 차례 있어 왔다. 즉, 우리나라 조세제도는 직접세의 누진성을 제대로 반영하지 못하고 있고, 복지 제도는 빈부 격차 완화 효과가 거의 없다는 것이다(장지연 2009).

이런 점은 조세와 공적 소득이전에 의한 불평등도의 감소 정도를 다른 선진국과 비교한 〈그림 3-5〉에서도 분명히 드러난다. 한국은 두 가지 모두 그 효과가 가장 작았다. 특히 공적 이전(복지 제도)을 통한 사회적 불평등 감소 효과는 세계 어느 나라보다도 낮아 거의 효과가 없는 수준으로 나타난다.

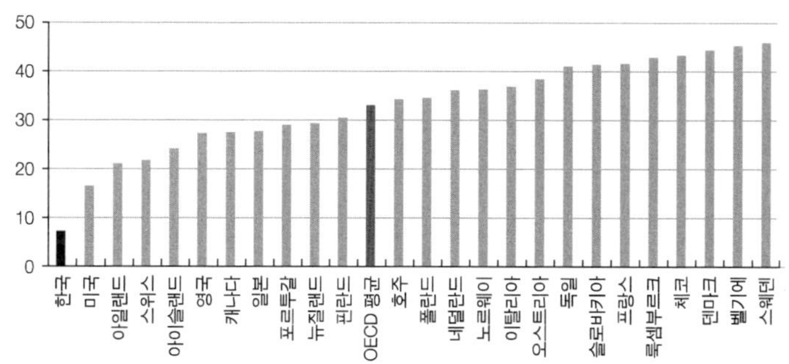

주 : 불평등 축소 효과는 OECD 회원국들이 세제 및 복지 제도 등을 통해 전체 인구의 불평등을 얼마나 줄였는지 나타낸 것이다.
자료: OECD.

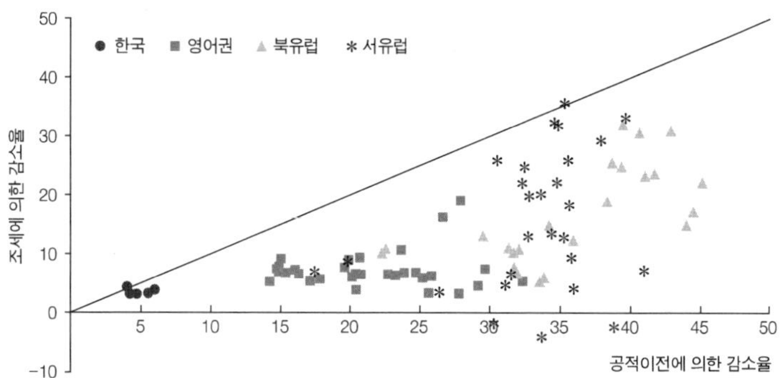

자료 : 장지연(2011).

한국 복지 제도의 특징 : 정규직·기여자 중심

한국의 복지 제도는 시민권을 바탕으로 모든 국민에게 혜택을 주는 복지 제도(보편주의를 지향하는 베버리지형 복지 제도)가 아니라 근로와 연계된 혜택과 기여도를 중심으로 설계되었다(조합주의를 지향하는 비스마르크형 복지 제도)는 기본적 특징이 있다.

따라서 복지 혜택을 받기 위해서는 안정적 일자리를 가지면서 제대로 제때 기여(보험료 납부)를 해야 한다. 이는 20%의 중심부 일자리에서 일하는 중산층 노동자들에게 유리한 복지 제도다. 안정적 일자리를 가지지 못하고 제대로 제때 보험료를 납부하기 어려운 80%의 주변부 노동자들에게는 불리한 복지 제도인 것이다.

구체적으로 말하면, 의료보장의 경우 조세로 운영되는 국민보건서비스(NHS) 방식이 아닌 의료보험 방식을 택하고 있으며, 노후소득보장의 경우 소득비례연금은 있으나 기초연금은 미미하다. 실업 보장의 경우 실업보험은 있으나 실업 부조는 없으며, 육아 수당도 근로 경력이 있어야 받을 수 있다. 보편주의적인 가족수당이나 주택수당, 공공보육, 그리고 고등교육의 무상교육은 제대로 논의조차 되고 있지 않다. 기본적으로 근로와 연계된 혜택을 중심으로 짜여 있는 것이다.

게다가 〈그림 3-6〉에서 볼 수 있듯이 한국 노동시장의 반수 이상을 차지하나, 거의 조직화되지 않은 저소득 비정규직 노동자들은 여러 사회보험에서 제외되고 있는 것이 현실이다. 그래서 우리의 복지 제도는 분배 구조를 향상시킨다기보다는 오히려 악화시키는 역진성을 가진다는 지적도 있다.

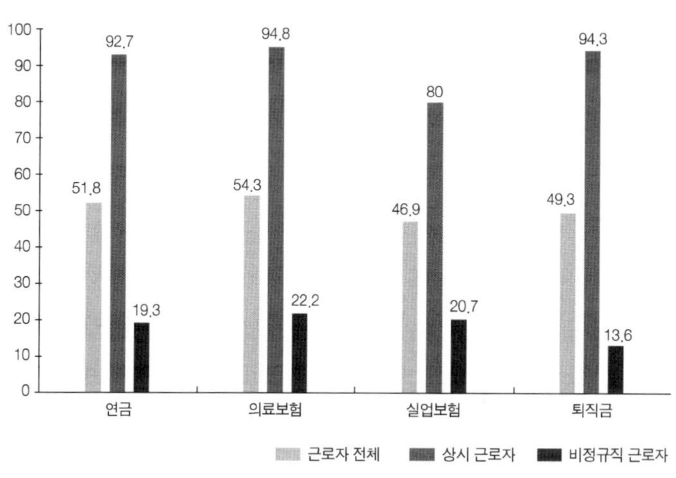

왜 이런 식의 복지 제도가 정착되었나?

이와 같은 복지 제도가 정착된 것은 1987년 민주화와 노동자 대투쟁 이후 노태우 정부와 문민정부 때 이뤄진 복지 확대가 그 부담을 상당 부분 기업에 전가하는 방식으로 이뤄졌다는 것과 관련되어 있다. 이는 기업별노조와 결합되어 이후 복지 제도를 대기업 노동자에게 유리한 기여 중심의 복지 제도로 만드는 데 결정적 역할을 했다.

우리나라 노동운동은 기업별노조의 전통이 강할 뿐만 아니라 사업장 규모별로 노조 조직률 변화에 뚜렷한 차이를 보인다. 〈표 3-4〉에서 보듯이 중소기업의 조직률은 내려가는 반면, 근로자 300인 이상 대기업의 노조 조직률은 꾸준히 증가하고 있다. 그 결과 2000년 현재 대기업 노조는 전체 노조 조합원 수의 78.3%를 차지해, 사실상 한국 노동운동은 개별 사업장의 대기업 노조가 독점하고 있다고 해도 과언이 아닌 상황이다.

그런데 대기업 노조가 이끄는 한국의 전투적 노동운동의 주된 관심은 해당 사업장의 고용 안정과 임금 인상, 그리고 복지 문제의 해결이다. 그로 인해 한국의 복지 제도는 기본적으로 한국 노동운동의 중심인 대기업 노조의 이해관계와 선호에서 크게 벗어나지 않는 프로그램으로 구성되어 있다.

이런 대기업 중심, 기여자 중심의 국가 복지 제도에 더해, 대기업에서는 기업이 자체 비용으로 직원들에게 급여 이외의 복지 서비스를 제공하고 있다. 이것이 바로 기업 복지다. 이는 월급 통장에 꼬박꼬박 들어오는 돈처럼 시장 임금의 일부로 볼 수 있다. 그런데 이런 기업 복지의 문제점은 모든 노동자에게 골고루 돌아가지 못하고 노동자 간 격차를 만들어 낸다는 것이다.

단적인 사례로 지적되는 현대자동차 사업장의 경우를 보자. 2009년 현대차 노사가 체결한 단체협약에 따르면 정규직은 연금제도, 보육 시설과 기숙사 이용, 의료비 지원 등의 혜택을 받는다. 또 회사는 3년 이상 근무한 조합원에게 중·고등학교는 전 자녀의 등록금을, 대학교는 세 자녀까지 입학금과 등록금을 전액 지원한다.

반면 사내 하청 노동자에게는 이런 혜택이 거의 없다. 정규직이 회사에서 받는 복지 덕분에 개인적 지출을 줄일 수 있는 데 비해 비정규직은 그런 혜택을 받을 수 없어 자기 돈을 써야 하는 구조인 것이다.

복지 확대는 젊은 세대에게 불리한가?

2011년 반값 등록금을 요구하는 대학생들의 촛불집회가 이어졌을 때 『동아일보』는 청년운동이 복지 포퓰리즘에 맞서 청년층 복지 부담 경감 운동을 펼쳐야 한다는 독특한 주장을 제기했다(『동아일보』 2011/06/08). 복지를 늘리는 것은 50~60대에게 복지 혜택을 주기 위해 젊은 세대의 부담을 늘리는 것이요, 결국 기성세대가 자기 편하기 위해 젊은 세대에게 부담을 떠넘기는 것이나 다름없으므로 청년운동은 결연히 떨치고 일어나 이에 맞서야 한다는 것이었다. 이런 주장의 가장 큰 논거는 국민연금이었다.

하지만 이는 사실과는 다르다. 오히려 보편적 복지의 확대는 젊은 층에게 유리하다. 왜냐하면 복지 제도란 좀 더 많이 버는 사람들이 좀 더 많은 세금을 납부해 미래에 대한 불안과 위험을 줄이고, 빈부 격차를 줄이는 것인데, 상식적으로 생각할 때, 새롭게 사회에 진출하는 청년 세대가 세금을 더 많이 낼 이유가 없기 때문이다.

한마디로 복지는 세대와 관련된 문제는 아니다.

재벌
과두제 국가

재벌에 의한, 재벌을 위한, 재벌의 나라

지금 대한민국의 실질적인 지배자는 재벌이다. 몇 개 재벌 가문이 대한민국 경제를 좌지우지한다. 이들은 대한민국의 귀족이요, 봉건영주다. 이들은 대한민국을 실질적으로 분할·통치하고 있다.

재벌들은 불법 혹은 탈법적 방법으로 2, 3세에게 경영권을 세습하고 있을 뿐만 아니라, 근래 재벌 후손들의 분가에 따라 소수의 재벌 가족 집단에 대한 경제의 종속성은 더욱 심화되고 있다. 이제 창업자들이 보여 준 도전적이고 담대한 기업가 정신은 퇴화하고, 2, 3세의 이름으로 재벌들의 내부 수요인 전산·구매·물류·광고 등을 담당할 자회사를 세우고 일감을 몰아주고 있는 것이다.

이로 인해 이제 재벌 내에서도 빈익빈 부익부가 심각하다. 〈그림 3-7〉에서 보듯이 범 4대 재벌가(범삼성가, 범현대가, 범LG가, SK)의 GDP 대비 자산 비중이 2008년에 처음으로 50%를 넘었다.

이처럼 지금 대한민국은 이들 4대 재벌가가 대한민국을 지배하는 재벌 과두제 국가가 되고 있다. 그야말로 재벌에 의한, 재벌을 위한, 재벌의 나라가 되고 있는 것이다.

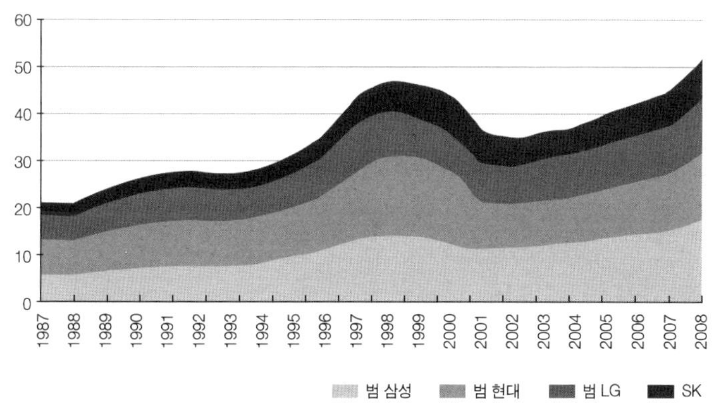

자료 : 김상조(2011b).

이제 정주영은 없다

대기업에 유리한 시스템, 대기업 중심의 경제 환경은 중소기업이 중
견 기업, 나아가 대기업으로 발전하는 것을 막고 있다.

조사에 따르면 1993년 당시 중소기업 가운데 2003년까지 살아남
은 기업은 25%에 불과했다. 중소기업이 10년 후에도 생존해 있을 확
률이 25%에 불과한 것이다. 더욱이 1993년 당시 중소기업 가운데
2003년에 300인 이상의 대기업으로 성장한 경우는 0.13%, 500인 이
상의 대기업으로 성장한 경우는 0.01%에 불과했다(김상조 2009).

또한 2006년 기준으로 50대 기업과 200대 기업의 설립연도별 분
포를 분석해 보면, 1981년 이후에 설립된 기업은 50대 기업 중 7개
(14%), 200대 기업 중 52개(26%)에 불과했다〈표 3-5〉. 이제 한국 사회

표 3-5 50대 기업과 200대 기업의 설립연도별 분포 (2006년)		(단위 : 개)
50대 기업	1980년 이전	43
	1981년 이후	7
200대 기업	1980년 이전	148
	1981년 이후	52

자료 : 김상조(2011b).

에서는 정주영, 이병철처럼 당대에 새로운 기업을 대기업으로 키워 내는 일이 거의 불가능해졌고, 대기업은 대부분 2, 3세가 상속받는 것이 현실이 된 것이다. 지금 대한민국에는 대기업 1세는 없고 대기업 2, 3세만 있다.

일자리를 늘리지 않는 재벌

2040세대가 대기업과 중소기업의 양극화 문제를 심각하게 받아들여야 하는 이유는 이런 기업 간의 이중구조가 바로 노동시장의 이중구조를 만드는 직접적 원인이 되기 때문이다.

재벌들은 일자리 증가에 인색하다. 2007년부터 2010년까지 이명박 정부 3년간 30대 대기업의 매출액은 405조 원에서 630조 원으로 56% 증가했고, 영업 이익은 31조 원에서 53조 원으로 73% 증가했음에도 불구하고, 직원 수는 44만 명에서 48만 명으로 고작 10% 증가하는 데 그쳤다.

요즘 대기업들은 이처럼 고용을 늘리지 않는 대신 사내 하청 등의 방식으로 비정규직을 양산하고 있다. 핵심 공정, 디자인 개발, 기술개발 등 경쟁력과 관련된 핵심 영역인 경우에만 직접 고용을 도입하고, 다른 부분들은 아웃소싱으로 해결하는 것이다. 그 결과 정규직은 고령화되고 20~30대의 대부분은 비정규직 등 하위 고용 트랙으로 편입되고 있다.

재벌의 지네발식 확장

재벌들은 일자리 창출뿐만 아니라 설비투자에도 소홀했다. 경제정의실천시민연합(경실련)의 조사에 따르면 15대 그룹은 2007년부터 2010년까지 3년간 토지 자산을 115% 증가시키고, 사내유보금을 76% 증가시킨 반면, 설비투자는 겨우 37% 증가시키는 데 그쳤다.

이처럼 재벌들은 일자리를 늘리지도 않고, 설비투자를 늘리지도 않으면서 엄청난 금액을 사내유보해 놓고 있다. 10대 그룹 상장 계열사의 사내유보율이 2010년 말 1,200%를 넘었다는 것이 이를 증명해 준다. 이들의 사내유보율은 2007년에 700%대, 2008년 900%대, 2009년 1,000%대에 이르더니 2010년 말에는 1,200%를 넘은 것이다.

더욱 문제는 재벌들이 전체적인 투자는 충분히 늘리지 않으면서 그나마 늘리는 투자를 중소기업·영세 자영업의 영역에 집중하고 있다는 점이다. 대기업 확장은 이제 문어발 수준이 아니라 지네발식 확장이라는 비아냥거림이 나올 정도로 중소기업·영세 자영업의 영역을 파고들어 이들을 무차별로 파괴하고 있다.

공정거래위원회 자료에 의하면 30대 대기업은 2006년부터 2011

년까지 5년간 계열사를 두 배나 증가시켰다. 2006년 1월에는 500개였던 계열사가 2011년 4월에는 1,087개로 늘어 5년 만에 587개나 증가했다. 사흘에 하나 꼴로 계열사가 증가한 것이다. 그런데 이렇게 증가한 계열사가 대부분 소기업·영세 자영업의 영역이었다. 공정위의 조사에 의하면 2010년 15개 그룹의 계열사 증가 중 76%가 중소기업 업종인 비제조 서비스업 분야였다.

대기업의 납품 단가 후려치기

지금 대기업은 성장하는 반면, 중소기업은 갈수록 어려워지고 있다. 〈표 3-6〉에서 볼 수 있는 것처럼 대표적 대기업인 삼성전자와 현대자동차의 영업 이익률은 매년 증가하는 반면, 하청업체인 부품 업체의 영업 이익률은 점점 낮아지고 있다. 대기업은 영업 이익 신기록을 경신하면서도, 중소기업의 영업 이익은 그 절반에도 못 미치는 양극화가 심화되고 있는 것이다.

이는 대기업의 중소기업에 대한 무리한 납품 단가 인하가 주요 원인이다. 2005년 현재 우리나라 중소기업 매출액의 85.1%가 하도급 거래 관계 속에서 위탁 기업의 주문을 받아 생산된 것이고, 14.9%만이 위탁 기업의 주문 없이 계획 생산된 것이다. 따라서 협력업체에 대한 대기업의 무리한 납품 단가 인하는 중소기업에는 치명적일 수밖에 없다. 2008년 중소기업중앙회가 회원 중소기업을 대상으로 조사한 결과에 따르면, '대기업의 불공정 거래 유형'으로 회원사의 47.4%가 '일방적 납품 단가 인하 요구'를 꼽았고, 10.8%가 '일방적 발주 취소,

구분	2007년	2008년	2009년	2010년 1분기
삼성전자	9.41	5.67	8.23	14.56
삼성전자 부품업체	6.51	6.50	5.66	4.87
현대차	6.35	5.83	7.01	8.35
현대차 부품업체	3.34	2.19	2.48	4.62

자료 : 김상조(2011b).

납품업체 변경'을 꼽았다.

몰락하는 골목 상권

중소기업만 힘들어지는 것이 아니다. 동네 골목까지 파고든 대기업의 횡포에 영세 자영업자들은 삶의 터전에서 처참하게 내쫓기고 있다. 자영업자가 특히 많은 우리나라에서 영세 자영업자들은 빈곤층으로 전락하고 있다.

중소기업 중앙회의 조사에 따르면 〈그림 3-8〉처럼 2002년부터 2008년까지 6년 사이에 재래시장의 매출액은 42조 원에서 26조 원으로 급감한 반면, 대형 마트의 매출액은 17조 원에서 31조 원으로 두 배 가까이 급증했다.

여기에 이명박 정부의 고환율 정책으로 인한 내수 침체가 더해져 자영업자는 2009년에 26만 명이 감소했고, 2010년에는 12만 명이 감소했다. 2010년은 이명박 정부가 6.1%의 경제성장을 이뤘다고 자랑

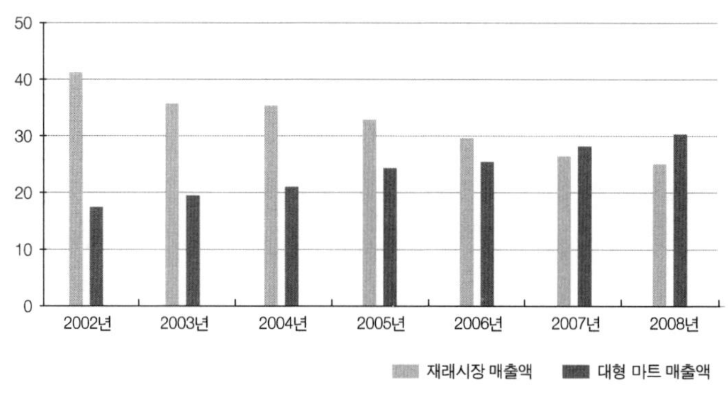

자료 : 중소기업중앙회 조사 결과.

하는 해이다. 자영업자들의 어려움을 심각하게 받아들여야 하는 것은 우리나라에서 자영업이 차지하는 비중이 33.5%로 세계적으로 가장 높은 수준이기 때문이다(2008년 현재 취업자 2,320만 명 가운데 780만 명이 자영업에 종사하고 있다).[■]

이런 자영업자의 몰락과 중소기업의 경영 악화, 그리고 그로 인한 고용조건 악화로 빈곤층은 갈수록 증가하고 빈부 격차는 심해지고 있다. 흔히 저소득계층을 중위 소득 50% 이하 소득 계층으로 파악하는데, 그 비중이 2005년 18.1%에서 2010년 23.0%로 증가했다. 또한 중산층은 중위 소득 50~150% 사이의 소득 계층으로 파악되는데, 그 비

■ 이에 반해 일본은 10%, 미국은 7.4%, 독일은 11.2%, 영국은 12.7%에 불과하다. 자영업 비중이 높은 터키도 29.8%, 멕시코도 28.3%에 그치고 있다.

중도 2005년 57.5%에서 2010년 49.9%로 줄어들었다.

친재벌 정책과 작동하지 않는 낙수 효과

2007년 대선 당시 이명박 후보는 "대기업 성장의 과실이 중소기업과 서민으로까지 흘러넘치게 한다"는 공약을 내걸었다. 그야말로 친대기업·친재벌 정책을 펼치겠다고 공언한 것이다. 이런 공약의 배경에는 낙수 효과에 대한 믿음이 있었다. 대기업의 성장을 밀어주면 그 성장 효과가 중소기업과 일반 국민에게까지 확산될 것이라는 믿음이었다.

이런 정책의 일환으로 2009년, 대기업의 무분별한 중소기업 업종 침투를 막기 위해 도입되었던 출자총액제한제도■를 폐지했고, 산업자본의 금융업 지배를 막기 위해 도입되었던 금산 분리제도를 완화했다.■■ 또한 부자 감세 논란에도 불구하고 2008년 25%에서 22%로 법인세 최고세율도 인하했다(앞으로 법 개정이 없는 한 2012년에는 추가 감세로 20%까지 낮춰질 예정이다). 문제는 이런저런 공제 제도로 인해 10대 재벌 주력기업의 유효 법인세율이 갈수록 떨어지고 있다는 것이다(〈표 3-7〉).

그러나 기대했던 낙수 효과는 일어나지 않았다. 대기업은 갈수록 비대해지는 반면, 그로 인해 중소기업과 자영업자들은 갈수록 어려워

■ 자산 규모 6조 원 이상 기업집단 소속 계열사는 순자산의 25%를 초과해 다른 회사에 출자하지 못하며, 한도 초과 지분에 대해서는 의결권 제한 명령이 내려지는 제도.
■■ 2009년 은행법 개정으로 산업자본의 은행 지분 소유 한도가 4%에서 9%로 늘어났다. 이에 더해 정부는 산업자본이 금융 계열사를 가질 수 있도록 허용하는 방향으로 공정거래법 개정을 추진 중이다.

<table>
<tr><td colspan="5">표 3-7 10대 재벌 주력 기업의 유효 법인세율 추이　　　　　　　　　　　　　　(단위 %)</td></tr>
</table>

	2007년	2008년	2009년	2010년
유효 법인세율	22.4	25.1	17.1	16.8

자료 : 『한겨레21』(2011/04/18).

지고 있다. 그러자 2010년부터 민주당 등 야당은 물론 이명박 정부와 한나라당까지도 '공정 사회'를 내걸고 대기업 때리기를 시작했다. 성과 공유제 논란이 일고 있는 것도 이런 배경에서다. 한번 시작된 기업 정책 기조의 반전은 점차 정치권과 사회 전체로 확산되고 있다.

낙수 효과는 왜 허구인가?

낙수 효과가 작동하지 않음을 보여 주는 여러 가지 자료가 있지만, 여기서는 한국은행이 발표한 산업연관표 분석 결과(김상조 2011a)를 살펴보자.

〈표 3-8〉에서 부가가치 유발계수란 각 항목이 국내 부가가치를 얼마나 증가시키는지를 평가한 것이다. 예컨대 2009년 최종 수요계의 부가가치 유발계수가 0.672라는 것은 국내의 최종 수요가 1천 원 증가할 때 그중 328원은 수입으로 유출되고 국내의 부가가치는 672원만큼만 증가한다는 뜻이다.

그런데 최종 수요계의 부가가치 유발계수가 1995년 0.746에서 2009년 0.672로 크게 낮아졌다. 이는 특히 수출의 계수가 1995년 0.698에서 2009년 0.561로 낮아졌기 때문이다. 산업별로 보면 이런

		한국				일본
		1995년	2000년	2005년	2009년	2005년
최종 수요 항목별	최종 수요계	0.746	0.714	0.719	0.672	-
	소비	0.803	0.709	0.706	0.747	-
	투자	0.691	0.654	0.704	0.684	-
	수출	0.698	0.633	0.617	0.561	-
산업별	전체 산업	0.786	0.754	0.741	0.687	0.860
	제조업	0.699	0.664	0.650	0.589	0.806
	조립·가공업종	0.718	0.652	0.641	0.595	0.832
	전기 및 전자기기	0.653	0.542	0.552	0.501	0.806
	수송 장비	0.722	0.694	0.650	0.603	0.915

자료 : 한국은행(2011/04/29), "2009년 산업연관표 작성 결과"(김상조 2011a).

특징이 더욱 두드러진다. 우리나라의 주력 수출산업인 조립가공업종의 경우 1995년 0.718에서 2009년 0.595로 크게 악화되었다. 특히 전기전자업종은 1995년 0.653에서 2009년에 0.501로 수직 하락했다. 1천 원짜리 전기전자제품의 생산에 직간접적으로 투입된 수입 중간재가 499원이나 되고 국내에 남는 부가가치는 501원에 불과하다는 것이다. 사실상 '국산'이라고 하기 어려울 정도다.

이런 산업연관표는 내수에 기반하지 않은, 대기업 위주의 수출·투자 중심 성장 전략의 한계점을 분명히 보여 준다. 우리의 주력 수출업종이라는 것이 아무리 수출이 늘어도 국내 부가가치 및 고용 창출에는 효과가 미미하다는 것을 보여 준다.

결국 대기업 위주의 수출·투자 중심 성장 전략이 단지 재벌의 경제력 집중만을 초래할 뿐, 중소기업과 노동자들에게는 도움이 되지 않는 것이다. 오히려 친재벌·친대기업 정책은 중소기업의 존립을 위협하고 중소기업이 대기업으로 성장하는 길을 막으면서 국민경제의 지속 가능한 선순환 구조를 깨뜨리고 있는 것이다.

회수 보장 없는
교육투자 경쟁

사교육, 등록금, 스펙 …… 끝없는 교육투자

한국 사회에서 교육은 그 집안의 미래와 운명을 건 무한 경쟁의 장이
되어 왔다. 강준만 교수는 『강남 좌파』에서 "한국에서 가장 치열한 계
급투쟁은 대학 입시 전쟁"이라며 "공부하러 대학 가는 게 아니다. 더
나은 계급을 쟁취하기 위해 대학에 간다"라고 지적했다(강준만 2011,
50). 그래서 대학 입시 제도는 지금까지 한국 교육정책의 가장 주요한
쟁점이 되어 왔다. 우리 국민들이 엄청난 수준의 사교육비를 감당해
온 것도 이런 이유에서였다.

그러나 이제는 대학에 들어간다고 모든 것이 끝나는 세상이 아니
다. 대학에 입학하면 다시 전쟁이 시작된다. 우선 대학 등록금을 감당
하는 일이 쉽지 않다. 현재 우리의 대학 등록금은 미국 다음으로 비싸
다. 사립대 등록금이나 국공립대 등록금이나 모두 미국 다음으로 두
번째다. 2010년 사립대 평균 등록금은 754만 원, 국립대 평균 등록금
은 444만 원이었다. 그런데 미국 대학생들은 70%가 국공립대학에 다
니고, 우리나라 학생들은 80%가 사립대학에 다닌다. 우리나라 사립대
학 등록금은 미국 국공립보다 비싸다. 따라서 평균적으로 보면 우리나
라 대학생들은 세계에서 가장 비싼 등록금을 내고 있다고 할 수 있다.

대학을 졸업한다고 해서 문제가 해결되는 것도 아니다. 취업을 위해서는 스펙이 필요하다. 지금 청년들은 스펙 쌓기의 노예가 되고 있다. 너도나도 자신의 '사양'을 높여야 한다고 말한다. 영어 사전에서 '스펙'(spec)은 사양 혹은 설명서라는 뜻이지만, 국어사전에는 '직장을 구하는 사람들 사이에서, 학력·학점·토익 점수 따위를 합한 것을 이르는 말'이라고 되어 있다. 푸릇푸릇해야 할 청춘들이 스스로를 제품으로 취급해야 살아남을 수 있는 것이 우리의 슬픈 현실이다. 그런데 그 스펙을 쌓는 데는 엄청난 비용이 든다. 해외 연수, 자격증 취득 등 필요한 것이 한두 가지가 아니다.

이처럼 끝없는 교육투자 경쟁으로 갈수록 투자 비용은 늘어 가는데 반해 그 회수 가능성은 점점 낮아지고 있다. 앞에서 살펴본 것처럼 일자리가 이중구조화되어 있어 80%가 주변부 일자리(비정규직, 저임금 근로, 중소기업)에서 일하고, 특히 신규로 노동시장에 진입하는 청년들은 대부분 주변부 노동시장에 편입되기 때문이다. 게다가 우리나라는 복지조차 정규직 기여자 중심이어서 복지를 통한 빈부 격차 완화 정도도 대단히 낮다.

사교육비 증가와 고교 평준화 해체

이명박 정부는 인수위 시절, 영어 몰입 교육 논란을 일으키더니 이후 0교시 파동, 우열반 편성, 특목고 확대, 일제 고사 부활, 본고사 부활 논란, 고교등급제 허용 논란, 수능 성적 공개, 자율형 사립고(자사고) 도입 및 확대, 입학사정관제 도입 등으로 사교육비 확대를 조장했다.

표 3-9 2011년 귀족형 사립고의 입학(졸업) 정원	(단위 : 명)
과학고 + 외국어고 졸업생	10,654
서울 지역 27개 자율형 사립고 입학 정원	10,462
전국 51개 자율형 사립고 입학 정원	22,124
전국 과학고+외국어고+자율형 사립고 졸업생	32,778

자료 : 한국교육개발원(KEDI) 2010년 교육통계 및 2011학년도 자율형 사립고 정원 발표 기준.

그 결과 강남의 학원이 2007년부터 2009년 사이에 두 배(374개 → 826개)나 증가했다.

더욱 문제는 사실상의 고교 평준화 해체다. 2007년 대선 때 이명박 후보는 '기숙형 공립학교' 150개, '마이스터 학교' 50개, '자율형 사립고' 100개 등 평준화 고교를 대체하는 비평준화 고교를 300개 신설하겠다고 공약했다.

그 결과 서울에서 27개 고교, 전국에서 51개 고교가 자율형 사립고로 지정되어 2011년 신입생을 선발했다. 〈표 3-9〉에서 보듯이 서울에서만 매년 1만 462명, 전국에서 매년 2만 2,124명이 자율형 사립고 신입생으로 입학하게 된다. 여기에 기존의 과학고와 외국어고의 매년 졸업생인 1만 654명을 합하면, 매년 3만 2,778명이 과학고·외국어고·자사고를 졸업하게 된다. 사실상의 고교 평준화 해체다.

그런데 문제는 이런 비평준화 고교는 학비가 비싸다는 점이다. 정부가 비평준화 고교를 허가해 주면서 여러 의무를 부여하는 동시에 학비를 비싸게 받도록 허용해 준 것이다. 일반 고교의 학비는 보통 공식적으로는 연간 145만 원이지만 실제로는 식대 등을 합쳐 연간 2백만 원이다. 반면, 자율형 사립고는 일반 고교 등록금의 세 배까지 받

표 3-10 2011년 주요 대학의 입학 정원		
구분	2011년 입학 정원(명)	비율(%)
서울대	3,099	0.5
서울대, 고려대, 연세대 (SKY)	10,676	1.6
SKY, 서강대, 성균관대, 이화여대, 한양대, 중앙대, 경희대, 외국어대, 시립대	29,946	4.5
서울 소재 대학교	70,360	10.5
2011년 수능 응시생	668,991	100

을 수 있다. 공식 학비는 435만 원, 식대 등을 합하면 연간 6백만 원(분기별로 150만 원, 월 50만 원)에 이른다. 자립형 사립고는 연간 1,200만 원(분기별로 3백만 원, 월 1백만 원)의 학비가 필요하다. 사교육은 고사하고 학비만 이렇게 들어가는 것이다.

더욱 문제는 이처럼 매년 과학고·외국어고·자사고 등 귀족 고등학교를 졸업하는 학생이 3만 3천 명 정도나 되는데, 서울 지역에서 좋은 대학으로 구분되는 11개 대학의 입학 정원도 3만여 명에 불과하다는 것이다(〈표 3-10〉). 결국 학비가 일반 고등학교의 몇 배나 되는 고등학교를 졸업한 학생들만으로도 이들 명문 대학의 정원을 채우고도 남는 것이다.

그렇게 되면 결국 이들 고교에 들어가지 못한다면 좋은 대학에도 가지 못하는 사태가 발생하게 될 수도 있다. 이대로 간다면 서민 자녀는 사교육비는 고사하고 고등학교 등록금 때문에 좋은 고등학교도 못 가고, 결국은 좋은 대학도 못 가는 현실이 곧 닥쳐올 수도 있다.

이렇게 이미 한국 사회에서 고교와 대학은 A급(과학고·외고 → SKY 대학) 1만 명, B급(과학고·외고·자사고 → 서울 지역 11개 대학) 3만 명, 그 외

C급(그 외 고등학교 → 그 외 대학교)으로 계급화되어 있다.

YS 정부의 '5·31 교육개혁'

이와 같은 슬픈 교육 현실은 언제부터 시작되었을까? 그 기원은 김영삼 정부가 1995년 5월 31일 발표한 '5·31 교육개혁'까지 거슬러 올라갈 수 있다. '5·31 교육개혁'의 핵심은 두 가지였다. 첫째는 '대학의 다양화와 특성화'를 명목으로 대학의 설립과 정원 및 학사 운영을 자율화한 것이다. 둘째는 '학습자의 다양한 개성을 존중하는 초·중등교육 운영'이라는 명목으로 중등교육의 다양화와 특성화, 즉 특목고와 자립형 사립고 설립을 결정했다. 한마디로 대학 설립을 자율화해 지금과 같은 대학교의 난립을 초래했고, 고교 평준화를 해체하기 시작한 것이다. 신자유주의적인 사고를 교육에 적용해 지금의 교육 문제를 만들어 냈던 조치가 바로 '5·31 교육개혁' 조치였던 것이다.■

■ '5·31 교육개혁' 조치를 주도했던 사람은 당시 김영삼 정부에서 교육개혁위원, 대통령 정책기획수석 등을 지냈던 박세일 현 한반도선진화재단 이사장으로, 앞에서 설명했듯이 '선진화'와 '공동체 자유주의'라는 이명박 정부의 철학적 기초를 만들어 내기도 했다.

절망의 벽,
부동산

부동산 망국론

한국 사회에서 교육이 그 집안의 미래 신분을 결정한다면, 부동산은 그 집안의 재산을 결정해 왔다. 국민 전체 자산 가운데 부동산이 차지하는 비중은 77%에 달하며(미국은 40%, 일본은 50%), 상속재산의 3분의 2도 부동산이다. 그리고 한국에서 결정적으로 중요한 부의 불평등은 토지에서 온다.

한국의 높은 땅값은 세계적으로도 유명하다. 한국의 지가 총액으로 미국 땅의 절반을 살 수 있고, 캐나다 땅을 여섯 번 살 수 있으며, 프랑스는 여덟 번 살 수 있다. 『이코노미스트』 추산에 따르면 2010년 선진국의 부동산 시가총액은 국민소득의 1.9배였다. 그러나 우리나라는 이미 2007년 공시 가격으로 부동산 가격이 국민소득의 4.5배에 이른다. 시장가격으로는 훨씬 더 높을 것이다(『중앙일보』 2011/04/02).

그동안 한국의 땅값은 엄청나게 빠른 속도로 올랐다. 1995년 붕괴되었던 삼풍백화점 부지 1만 5천 평이 1973년 구입 당시에는 4,500만 원이었다고 하는데, 붕괴 참사가 발생한 1995년에는 2천억 원을 호가하고 있었으니 22년 만에 무려 4천 배 이상 오른 것이다.

이처럼 우리의 땅값이 엄청나게 빠른 속도로 오른 이유는 과거 정부가 부동산 경기 부양을 너무 쉽게, 너무 자주 정책 수단으로 사용해 왔기 때문이다. 부동산 경기 부양은 일거에 많은 문제를 해결해 준다. 건설사 도산, 금융권 부실채권, 내수 침체, 실업, 성장률 등을 일시에 해결해 주는 것이다.

그러나 이 해결은 단기적인 것이고 장기적으로는 경제적 활력과 사회적 안정을 잃는 요인이 된다. 토건 국가는 당장의 성장률을 높일 수는 있으나 지가를 올려 국가 경쟁력을 약화시키고, 결국은 차기 정부에 두고두고 큰 짐을 지우게 된다. 보수에서는 '복지 망국론'을 얘기하나 복지로 망한 나라는 없다. 반면 과도한 부동산 거품은 나라가 망하는 지름길이다. '잃어버린 10년'의 일본이 그랬고, 지금 미국이 그렇다. 2008년 세계 금융 위기의 원인도 부동산 거품이었다.

전세금도 구하기 힘든 20~30대, 하우스 푸어 30~40대

'부동산 망국론'은 이미 현실이 되었다. 지금 20~40대에게 부동산은 이미 절망의 대상이다. 한국의 부동산은 이미 과도하게 올라 있어서 청년 세대가 집을 사기란 거의 불가능하다. 서울의 2009년 가구 소득 대비 주택 가격의 배수(Price to Income Ratio, PIR)는 9.4로 시드니(8.3), 로스앤젤레스(7.2), 뉴욕(7.0), 런던(6.9)보다 높은 수준이다. 소득으로 주택을 구입하기가 전 세계적으로 가장 힘들다.

집을 사는 것은 고사하고 전세를 구하기도 쉽지 않다. 부동산뱅크 의 분석에 의하면 서울 지역에서 26평 아파트 전세금을 마련하려면 평균임금 기준으로 직장인이 5년 2개월 치 월급을 몽땅 모아야 가능하다. 더구나 일자리도 불안하고, 또 첫 일자리를 구하는 나이가 늦어지는 상황에서 높은 집값, 높은 전세금은 젊은 층에게 절망과도 같은 일이다.

'하우스 푸어'는 집을 갖고 있지만 무리한 대출로 인한 이자 부담 때문에 가난하게 사는 사람들을 가리킨다. 이들은 대체로 노무현 정부 시절 부동산 광풍이 불었을 때, 대출을 받아 아파트를 샀으나 2008년 이후 집값이 떨어지자 하우스 푸어로 전락한 사람들이다. 이들 가운데 상당수는 30~40대이며, 2011년 4월 분당 보궐선거에서 손학규 후보를 당선시킨 계층으로 언론이 주목했던 것도 바로 이들이었다.

2011년 5월 KBS의 조사에 따르면, 수도권에서 집을 가진 사람의 45%가 자신을 하우스 푸어로 인식하고 있다. 같은 시기 현대경제연구원의 분석에 의하면, 하우스 푸어를 폭넓게 정의할 경우 2010년 현재 157만 가구(549만 명)에 이르고, 좁게 정의하면 108만 가구(374만 명)에 이른다고 한다. 그리고 이들 하우스 푸어는 주로 "수도권에 거주하면서 아파트를 가진 30·40대의 중산층"으로 구성되어 있다고 한다.

하지만 하우스 푸어를 '집을 갖고 있어도' 가계 압박에 시달리는 사람뿐 아니라, '집 때문에' 고통 받는 이들로 범위를 넓히면 수도권의 30~40대 대부분이 하우스 푸어라고 할 수 있다. 전세를 살고 있지만 가파른 상승세를 타고 있는 전세가로 인해 가계 압박을 받고 있거나, 소득의 상당 부분을 내 집 마련 저축에 쏟아붓는 30·40대 대다수가 '집 때문에' 고통 받고 있기 때문이다.

심각한 자산 불평등

이렇게 생각하는 사람도 있을 수 있다. "높은 부동산 가격이 20~40대에게 커다란 부담인 것은 이해하겠으나, 현재 부모의 부동산 재산은 어차피 젊은 세대에게 물려줄 것이 아닌가? 뭐 그리 걱정인가?"

글쎄, 그런 사람이 얼마나 될까? 부모의 부동산을 상속 받으면 자신의 생활을 걱정하지 않아도 될 사람이 얼마나 되겠는가? 그런 사람들은 이미 비싼 사교육과 해외 유학을 통해 좋은 일자리를 구한 사람들일 가능성이 높다. 국세청에 따르면 2009년 재산을 상속받은 사람은 28만 명이었으나 이 중 상속세를 낸 사람은 그 가운데 1.5%인 4,340명에 불과했으며, 이들 1.5%가 상속받은 재산이 전체 상속 재산의 51%에 달했다.

2010년 12월 통계청의 '2010년 가계금융조사' 결과에 의하면 우리나라의 자산 불평등은 갈수록 심화되고 있다. 특히 〈그림 3-9〉에서 보는 것처럼 상위 20%와 하위 20% 계층 간 보유 자산 격차는 무려 474배에 달했다. 상위 20%의 평균 자산은 7억 5천만 원인 반면, 하위 20%의 평균 자산은 158만 원에 불과했다. 또한 〈그림 3-10〉에서 보는 것처럼 상위 10%는 우리나라 전체 자산의 절반 가까이인 47.2%를 가지고 있었다. 또 상위 20%가 전체 자산의 3분의 2인 65.1%를 가지고 있어 벌어들이는 돈(소득)의 불평등도 심하지만, 갖고 있는 재산(자산)의 불평등은 두 배 이상 심한 것으로 나타났다.

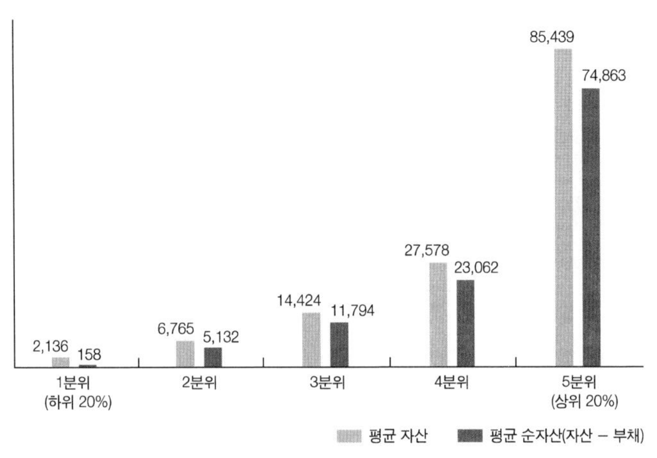

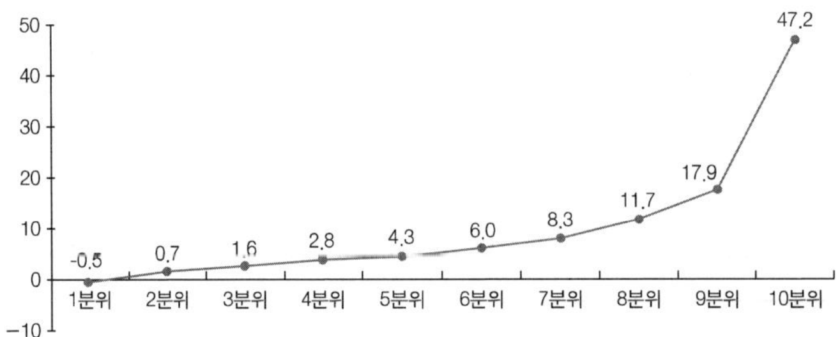

자료 : 통계청(2010) 가계 금융 조사.

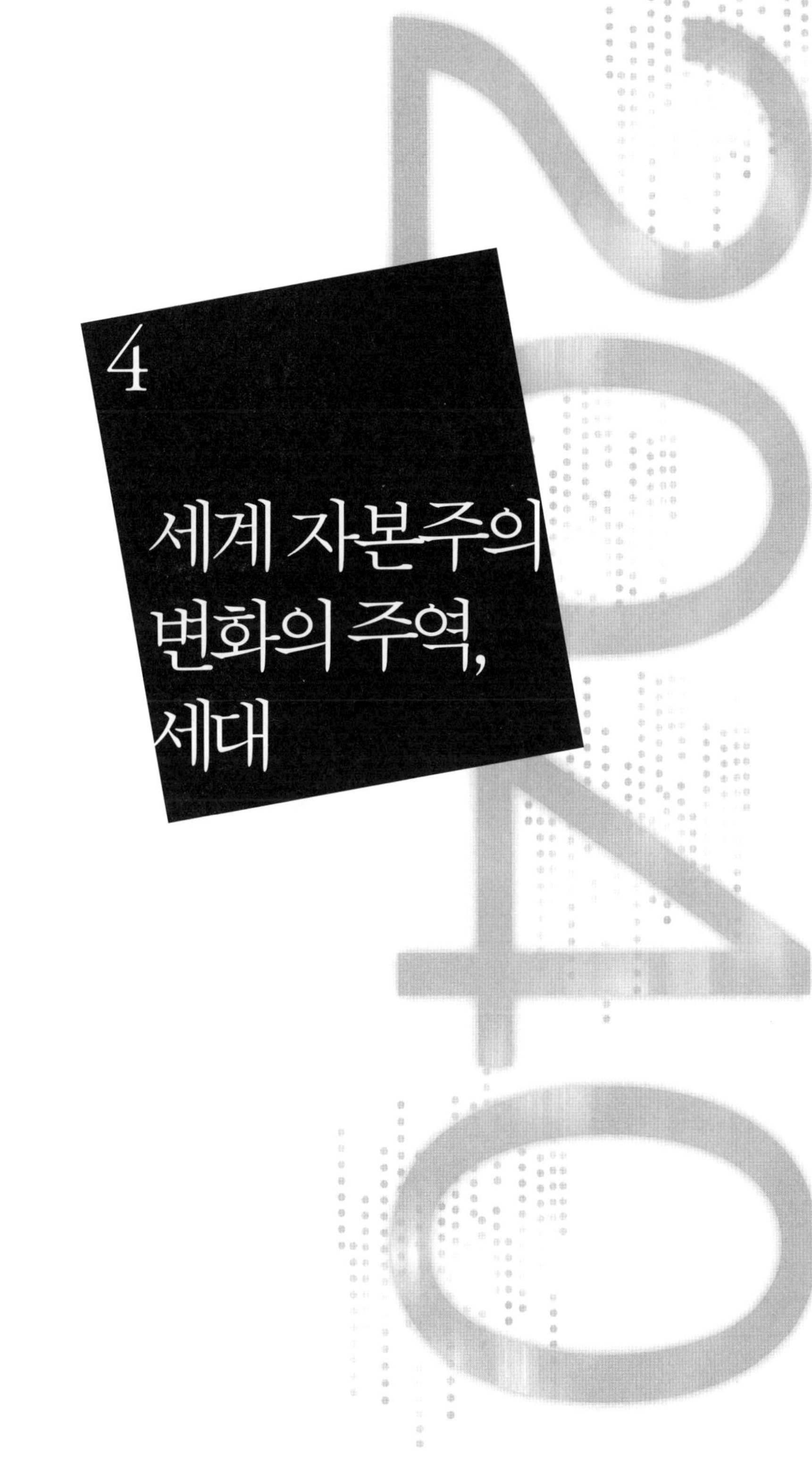

4

세계 자본주의 변화의 주역, 세대

세 번의 세계 위기,
세 번의 시대 변화

4장에서는 지금 우리가 겪고 있는 문제에 대한 해답을 세계사적 관점에서 찾아보고자 한다. 여기서 제기하는 질문은 다음의 두 가지다.

첫째, 지금 한국 사회의 20~40대가 겪는 고통은 왜 발생하는가? 그것은 단순히 한국 사회만의 문제인가, 아니면 세계적으로 보편적인 현상인가?

둘째, 지금 한국 사회에서 젊은 세대가 주도하고 있는 흐름이 세계사에서는 유래가 없는 일인가? 즉, 젊은 세대가 주도해 역사를 바꾸는 일은 없었는가?

세 번의 세계경제 위기, 세 번의 세계경제 변화

우선 라이시와 스티글리츠의 논의를 바탕으로 20세기 이후 세계 자본주의의 큰 흐름을 바꿔 놓았던 세 번의 세계경제 위기와 그로 인한 시대 변화에 대해 검토해 보자.

20세기 이후, 즉 1900년 이후 지금까지 110년 동안 세 차례의 세계적 경제 위기를 겪었으며, 세 번 모두 세계경제의 패권국인 소수 선진국가에서 먼저 위기가 발생하고 이것이 전 세계로 파급되는 양상을 보였다. 첫 번째 위기는 1930~38년에 일어난 대공황이고, 두 번째 위기는 1974~82년에 일어난 스태그플레이션이며, 세 번째 위기가 2008년 미국 금융 위기 이후 지금까지 계속되고 있는 세계경제 위기다.

이런 세 번의 세계경제 위기는 그 해결 과정에서 이전과는 완전히 다른 경제 시스템을 창출해 냈다. 이는 경제 위기가 세계경제의 발달 과정에서 생긴 여러 가지 문제점의 폭발인 동시에 이런 문제점에 대한 해결이기도 하기 때문이다. 따라서 세계경제 위기를 거치면서 새로운 패권국이 등장하거나, 자본축적 양식이 바뀌거나, 새로운 혁신들이 광범하게 나타났다(김수행 2011).

첫 번째 세계경제 위기인 1930~38년의 대공황은 그 대응 과정에서 뉴딜이라는 새로운 경제 시스템을 만들어 냈고, 제2차 세계대전을 거쳐 자유방임적 시장경제 체제가 혼합경제적 복지국가 체제로 바뀌었다. 또한 경제 패권이 완전히 미국으로 넘어가 미국 중심의 IMF(국제통화기금)와 IBRD(국제부흥개발은행, 약칭 세계은행)가 사실상 세계경제를 다스리게 되었다.

1974~82년의 두 번째 경제 위기는 1973년 석유파동에 의해 시작되었지만, 복지국가를 무너뜨리려는 자본가들의 '투자 파업'과 우파 정치가들의 의도적인 실업 증대 정책 또한 큰 영향을 미쳤다. 이 경제 위기를 거치면서 선진국들은 복지국가를 해체하고 부자들에 대한 세금을 대폭 삭감하며 각종 공적 기관들을 민영화하는 등 신자유주의적 경제 질서를 만들었다. 또한 경제의 금융화 과정을 거쳐 주주 자본주의가 확립되었다.

세 번째 경제 위기는 2008년 9월, 신자유주의와 금융자본의 심장인 미국 월스트리트에서 발생한 세계 금융 위기이다. 이는 저소득층을 수탈하는 서브프라임 모기지 대출(sub-prime mortgage loan, 비우량 주택 담보 대출)의 파탄에서 발생했고, 지금도 세계를 관통하고 있는데, 상당히 오랜 시간 동안 극복 과정을 거쳐야 완전히 해결될 수 있을 것이다.

첫 번째 위기와 시대 변화 : 1930년대 대공황과 전후 복지국가

첫 번째 세계경제 위기인 1930년대 세계 대공황에 대한 대응은 나라마다 달랐다. 이는 미국에서는 뉴딜로, 독일과 이탈리아에서는 나치즘과 파시즘으로 나타났으며, 제2차 세계대전으로 확대되었다.

복지국가의 이념은 1945년 이전에 발전했지만 실제로 유럽 각국에서 복지국가가 발달한 것은 제2차 세계대전 이후의 일이다. 1930년대 대공황과 제2차 세계대전의 경험은 전후 복지국가 건설의 바탕이 되었다. 시장 근본주의에 기반한 '시장 효율성의 원리'는 대공황으로 인해 그 권위를 상실했고, 전쟁을 거치면서 사람들은 불안한 자유시장경제와 달리, 국가 개입에 의해 경제가 안정될 수 있음을 깨닫게 되면서 국가 개입주의와 복지국가에 대한 세계적인 합의에 도달했다. 그리고 이는 전후 30년간 자본주의의 황금기이자 복지국가의 시대를 열었다. 이 시기 빈부 격차는 줄어들었고, 중산층은 두터워졌다. 1945년부터 1975년까지 30년간은 복지국가의 황금기라고 불릴 정도로 서구 자본주의국가들에서 경제성장과 완전고용을 달성했고, 사회보장이 실현되었다.

이 시기 많은 서구 국가들에서는 사회당, 사회민주당, 노동당 등 좌파 정당이 집권함에 따라, 국가-자본-노동 사이의 역사적 타협 또는 '사회적 합의' 모델이 도출되었다. 노동 측은 단체협약의 권리, 점진적 경영 참여, 누진세와 사회보장을 통해 소득재분배 효과를 얻는 대가로 노사 간의 화합을 유지했고, 자본 측은 노동권을 인정하고 높은 세율, 높은 고용을 양보하는 대신 얻게 된 노사 간 화해 속에서 높은 생산성과 고성장을 달성했다.

이 시기 산재보험, 의료보험, 실업보험, 연금 등 각종 사회보험이 급속도로 증가했고, 공공 부조, 사회복지 서비스도 확충되어 사회보장의 수혜자는 전 국민으로 확대되었다. 또 정부의 복지 지출이 높은 비율로 증가했다. 국민소득 대비 복지 지출은 많은 나라에서 1960년 당시 10% 내외였던 것이 1975년에 오면 25~30% 수준으로 상승했고, 스웨덴에서는 30%를 상회했다. 다만 미국, 일본 등 사회보장에 소극적인 나라에서만 이 비율이 15%대에 머물렀다.

그리고 그 재원을 마련하기 위해 고소득자에게 높은 누진세가 부과되었다. 미국의 경우 제2차 세계대전 동안 소득 상위층에 대한 한계 세율은 79~94%였다. 공화당 출신의 아이젠하워 대통령 임기 중이었던 1950년대에도 이 한계 세율은 91%였다. 1964년 이 수치는 77%로 떨어졌다가 조금 올랐고, 닉슨이 대통령에 취임한 1969년 다시 77%가 되었다.

이런 높은 누진세에 근거한 복지사회와 완전고용은 소득 불평등의 심화를 막고 일자리를 창출해 국내시장을 확대함으로써 경제성장률을 높이는 데에도 크게 기여했다. 그리하여 1945년부터 1975년까지 '자본주의의 황금기' 30년간은 높은 성장과 평등한 분배가 동시에 달성되었다.

황금기 이전에 부유한 자본주의국가의 1인당 국민소득은 연간 1~1.5% 증가하는 정도였다. 그러나 황금기에 1인당 국민소득은 미국과 영국에서 3~4%, 서유럽에서 4~5%, 일본에서는 8% 성장했다. 그 뒤로는 이 국가들이 이때보다 높은 성장을 기록한 적이 없다. 미국의 경우 1950~70년대 경제성장률은 연평균 4.1%, 실업률은 4.7%였다. 반면 신자유주의가 지배한 1980~2010년 경제성장률은 연평균 2.7%, 실업률은 6.3%였다(장하준 2010).

두 번째 위기와 시대 변화 : 1970년대 위기와 1980년대 신자유주의

구미 각국의 경제 상황은 1973년을 고비로 크게 반전되었다. 1974년에 국제 유가가 네 배 가까이 인상되면서 각국은 예외 없이 인플레이션, 실업 증가, 성장률 둔화를 겪게 된다. 이로써 1970년대 후반부터는 모든 경제지표가 후퇴하는 양상을 띠게 되면서 1970년대 초까지 계속된 자본주의 경제의 장기 호황은 종식을 고했다. 각국은 실업과 인플레이션이 동시에 증가하는 유례없는 스태그플레이션에 시달리게 되었고 이로 인해 그 이전의 방만한 재정지출이 비판받게 되었으며, 복지국가를 추구했던 주인공인 서구 각국의 진보 정당은 선거에서 패배해 정권을 내주게 된다.

1979년 집권한 영국의 대처와 1980년 집권한 미국의 레이건은 "부자는 더 부자가 되어야 더 열심히 일하고, 가난한 사람은 더 가난해져야 더 열심히 일한다"는 부두 경제학(voodoo economic)을 설파하면서 부자들의 세금을 삭감하고, 각종 사회적 안전망을 약화시켜 복지국가를 해체하기 시작했다.

1980년대 이후 신자유주의 경제정책은 기본적으로 유가증권이나 부동산의 가격 상승에 따른 소비자의 자산 증가 효과에 의거해 국내의 소비 수요를 증대시켜 경제를 성장시키는 것이었다. 그러므로 완전고용에는 아무런 관심이 없으며 인플레이션의 억제에 매진하고, 임금 상승의 억제로 이윤을 증가시킴으로써 주식가격을 올리는 데 관심을 뒀다.

미국의 경우 상류층의 소득세율을 현저히 낮추는 바람에, 대번영 시기에 70~90%였던 소득세 한계세율은 25~39%로 떨어졌다. 더욱이 미국 정부는 겨우 최상위 1.5%만이 내는 상속세를 감면해 준 반면, 중산층과 저소득층을 지원해 주는 각종 사회 안전망을 해체해 빈부 격차를 심각하게 만들었다.

그로 인해 1970년대 말 이후 신자유주의 30년 동안 세계는 심각한 수준으로 양극화되었다. 특히 미국의 경우 1980년대 이후 빈부 격차가 심각하게 확대되었다. 〈그림 4-1〉에서 보는 것처럼 총소득에서 최상위 1%가 차지하는 몫이 1970년 9% 수준에서 2007년에는 24% 수준으로 높아져 세 배나 늘었다. OECD는 2011년 "중산층 몰락과 소득 불균형이 지구촌의 공통된 현상이며 더욱 심화되는 추세"라고 지적했다. 국제노동기구(ILO)의 2008년 조사 보고서에 따르면 1990~2000년 사이에 20개 선진국 중 무려 16개국에서 소득 불평등도가 올라갔다. 개발도상국 및 옛 사회주의 국가 65개국 중 같은 기간 동안 소득 불평등이 심해진 나라는 41개국에 달했다.

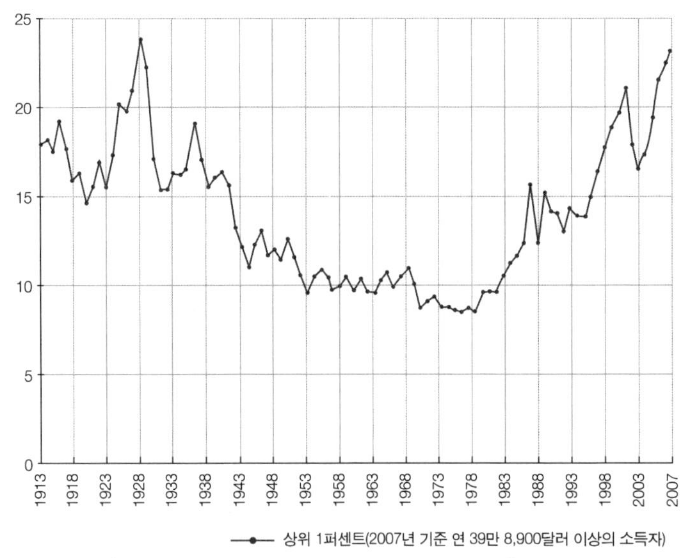

자료 : 토머스 피크니와 에마뉘엘 새즈의 "상류층 소득의 진화 : 역사적·국제적 관점"; 라이시(2011, 44)에서 재인용.

세 번째 위기 : 2008년 금융 위기

2008년 9월 15일, 세계 금융 위기가 수면 위로 드러났다. 미국의 4대 투자은행인 리먼 브러더스가 파산 절차에 돌입하고, 전날인 14일에는 메릴린치(Merrill Lynch & Co., Inc.)가 파산 직전에 뱅크오브아메리카 (Bank of America Corporation, BOA)에 매각됐다. 또 미국 최대의 보험사 AIG가 연방준비제도이사회(FRB)에 지원을 요청했다. 세계 자본주의 의 심장 월스트리트에서, 그것도 신자유주의 시대를 이끌었던 금융자

본의 중심인, 투자은행에서 발생한 금융 위기는 바로 전 세계로 퍼져 나갔다.[■]

리먼 브러더스는 6천억 달러의 자산과 2만 5천 명의 종업원을 가진 미국 4위의 투자은행이었다. 그런 리먼 브러더스가 서브프라임 모기지 시장에서 거대한 손실을 입어 파산 보호 신청을 한 것이다. 이는 미국 역사상 최대 규모의 파산 보호 신청이었다(파산 당시 자산 규모는 6,390억 달러에 달했다). 이리하여 1980년대 이후 세계경제를 지배한 5개 투자은행의 시대가 끝났다. 메릴린치는 리먼 브러더스의 파산 전날 뱅크오브아메리카에 흡수되었고, 골드먼삭스(Goldman Sachs Group)와 모건스탠리(Morgan Stanley Group, Inc.)는 9월 22일 은행지주회사(bank holding company)로 변신했다.

세 번째 시대 변화 : 시계추 운동의 방향 전환

그렇다면 다시 처음의 질문으로 되돌아가 보자. 지금 한국 사회의 20~40대가 겪는 고통은 단순히 우리 사회만의 문제인가, 아니면 세계적으로 보편적인 현상인가?

세계경제 위기와 그 이후의 시대 변화에 입각해 볼 때 지금 대한민국

■ 사실 금융 위기는 서브프라임 모기지 대출의 부실화로 인해 2007년 8월부터 시작된 것이었다. 2008년 3월에는 제5대 투자은행인 베어스턴스(Bear Stearns)를 JP모건 체이스(J.P. Morgan Chase & Co.)가 인수하기도 했다.

의 20~40대, 나아가 대한민국의 서민과 중산층이 겪는 고통의 본질은, 1980년대 이후 세계경제를 지배하고 있는 신자유주의에 의해 초래된 양극화와 빈부 격차라고 할 수 있다.

그런데 더 중요한 것은 그런 경제 질서가 지금 세계적으로 2008년 금융 위기 이후 한계에 처해 있다는 점이다. 그리고 세계사의 교훈은 세계경제 위기와 이후 시스템의 변화는 마치 시계추 운동과 같다는 것이다. 즉, 세계경제의 역사는 부가 소수에게 집중되는 시기와 서민과 중산층에게 폭넓게 공유되는 시기를 마치 시계추처럼 오가고 있다(라이시 2011).

1928년 대공황이 발생하기 전까지는 부가 소수에게 집중되는 시기였고, 복지국가 시대에는 번영이 폭넓게 공유되는 시대였다. 그리고 1980년대 이후 신자유주의 시대는 다시 부가 집중되는 시대였다. 그리고 이제 2008년 금융 위기의 발생은 다시 시계추 운동의 방향이 바뀌는 시대의 도래를 의미하는 것이다.

돌이켜 보면 인류가 경험한 세 번의 경제 위기는 시계추가 어느 한쪽으로 많이 진행되었을 때 발생해 시계추 운동의 방향을 바꾸는 역할을 했다. 그리고 이제 다시 번영을 공유하는 것이 규범이 되는 새로운 시대를 시작해야 하는 시점에 다다른 것이다.

이것이 바로 20세기 이후 세 번째 위기인 2008년 금융 위기에 대응하는, 세 번째 세계경제의 시대 변화를 의미한다.

세 번째 시대 변화의 동력 역시 젊은 세대다

우리의 두 번째 질문은 이것이었다. 지금 한국 사회에서 젊은 세대가 사회 변화를 주도하는 흐름은 세계사에서 유래가 없는 일인가? 젊은 세대가 주도해 역사를 바꾸는 일은 없었는가?

세계경제 위기 이후 새로운 시대 변화가 일어날 때, 그 주역은 언제나 젊은 세대였다. 제2차 세계대전 이후 복지국가 시대의 개막을 주도했던 세력은 대공황과 전쟁으로 인해 가장 많은 고통을 받았던 젊은 세대였다. 우리는 그 생생한 목소리를 스테판 에셀의 『분노하라』에서 들을 수 있다.

1980년대 신자유주의 시대의 개막 역시 전후에 태어난 베이비붐 세대가 없었다면 불가능했다. 30년간의 전후 복지국가 시대는 당시 젊은 세대에게 다른 요구를 하게 만들었다. 공동체를 부정하고 개인적 자유를 열망하도록 만든 것이다. 전후에 태어난 베이비붐 세대는 사적 자유에 대한 열광과 공적 구속에 대한 불만을 다양하게 표출했다. 그들은 '네 멋대로 하라', '개인적인 것이 정치적인 것이다'라고 외치며 복지국가를 공격했다. 이것이 1980년대 전 세계적으로 신자유주의 시대를 여는 데 결정적인 역할을 했다.

그리고 지금 우리는 세 번째 세계경제 위기에 직면해 있다. 그리고 이번에는 다시 번영이 폭넓게 공유되는 시대를 개막해야 하는 역사적 과제에 직면해 있다. 그리고 그 원동력 역시 현재 신자유주의로부터 가장 고통 받고 있는 젊은 세대가 될 수밖에 없다. 역사가 우리에게 주는 교훈이 그러할 뿐만 아니라 최근 세계 곳곳에서 터져 나오는 전 세계 청년들의 저항의 몸짓이 심상치 않기 때문이다.

지금 세계의 청년들이 일어나고 있다

2011년 8월 영국에서는 청년들이 거리 폭동을 일으켰다. 런던을 비롯한 영국의 주요 도시에서 그들은 특별한 목적도, 메시지도, 주모자도 없이 거리로 쏟아져 나왔다. 무얼 원한다는 요구 조건도 없이 방화하고 약탈했다. 외신에 따르면 폭도 가운데는 중상류층 자녀나 번듯한 직장인들이 적지 않았다고 한다. 기업체 사장의 딸이 전자 제품을 훔치고, 건축 기술자·집배원이 약탈에 가담했다. 흑인 이민자나 저소득층만의 '빈민 폭동'이 아닌 것은 분명했다. 그것은 세대 의식으로 무장한 청년층이 기성 질서에 반기를 든 '세대 전쟁'의 서막이었다.

영국뿐만이 아니다. 지금 세계 곳곳에서 청년들이 항거에 나서고 있다. 대한민국의 20~30대가 그렇듯이 신자유주의가 만들어 낸 세계 질서의 피해자는 바로 세계 곳곳의 청년들이었던 것이다. 2011년 여름, 영국뿐만 아니라 스페인·이탈리아·그리스 등에서도 대규모 청년 시위가 발생했다. 이스라엘에서는 건국 이후 처음으로 예루살렘을 비롯한 주요 도시에서 수십만 명의 청년들이 거리에 텐트를 치고 집값 폭등과 물가 상승에 항의하는 시위를 벌였다. 이웃 시리아에서는 반정부 시위가 연일 계속되어 2천여 명이 살해당하는 사태가 발생했다. 리비아·튀니지·이집트 등에서 일어난 민주화 시위의 중심에도 청년들이 있었다.

이런 청년들의 항거는 본질적으로 지난 30년간 세계를 지배해 온 신자유주의가 만들어 낸 빈부 격차와 양극화를 극복하고자 하는 방향성을 가지고 있다.

대공황·전쟁 세대가 만든
복지국가 시대

『분노하라』 신드롬

'분노하라!' 2011년 대한민국과 세계의 현실을 이보다 더 명쾌하게 표현하는 메시지가 있을까? '분노하라'는 메시지 외에는 깊이 있는 분석도, 구체적인 행동 계획도 없는 작은 책자에 프랑스와 세계가 열광하고 있다.

영국 일간 『가디언』은 이 책이 프랑스의 사르코지 우파 정권에서 발생한 사회적 불평등에 대한 강한 분노를 반영하는 것이라고 해석했고, 영국 일간 『인디펜던트』는 "2008년의 위기는 단순한 금융 위기가 아니라 문명의 위기"라면서 신자유주의 시장 질서에 대한 광범위한 분노가 이 책의 성공 원인이라고 보도했다.

사실 이 책은 내용 자체가 주는 감동보다도 저자의 삶이 2011년 현재와 오버랩되면서 주는 감동이 더 크다. 1917년생인 스테판 에셀의 세대는 제2차 세계대전 당시 레지스탕스의 주역이기도 했지만 전후 서구 복지국가 건설의 주역이기도 하다. 복지국가의 주체 세력이자 지지 기반인 이들 세대는 1980년대 복지국가가 몰락한 이후에도 복지국가에 대한 지지 세력으로 남았다.

스테판 에셀 세대가 젊은 시절에 겪었던 1930년대 대공황과 제2

차 세계대전의 경험은 전후 복지국가 건설의 바탕이 되었다. 대공황·
전쟁 세대는 제2차 세계대전을 겪으면서 점점 좌파적 지향을 갖게 되
는 경험을 했다. 대공황 후 1930년대에는 20~30%의 높은 실업률로
엄청난 고통을 겪었는데, 전쟁 중에는 실업률이 4%로 낮아졌다. 전쟁
이 주는 동질화 혹은 평등화 효과로 인해 급진 개혁에 대한 국민적 공
감대 또한 확대되어 갔다. 또한 제2차 세계대전 때 연합국의 일원으로
참전한 소련의 막대한 희생이 알려지면서 사회주의에 대한 호의적 여
론이 형성되었다(고세훈 2011).

카를 만하임(Karl Mannheim)이 1943년 "이제 우리 세대는 모두 이
전쟁 이후에 다시 자유방임주의 질서로 돌아갈 수 없다는 사실을 알
고 있다. 전쟁은 새로운 형태의 계획 질서로 가는 길을 닦았다. 말하
자면 전쟁은 조용한 혁명을 일으켰던 셈이다"라고 한 것은 당시 세대
의 분위기를 대변하는 것이었다.

그리고 지금 그 세대의 주역이 2011년 젊은이들에게 호소하고 있
다. 자신이 레지스탕스 시절 분노했던 대상들이 2011년 세계에서 다
시 반복되고 있다고, 자신이 젊은 시절 나치즘과 그 침략 전쟁에 분노
하고 대항했듯이 지금의 젊은이들이 빈부 격차와 양극화에 분노하고
대항하라고 호소한다. 그리하여 그가 분노를 통해 만들어 냈던 전후
복지국가와 같은 시대를 다시 한 번 인류의 역사 속에서 만들어 내달
라고 젊은 세대에게 요청한다.

복지국가의 시대를 연 두 선거

대공황·전쟁 세대가 전후 복지국가를 실현할 수 있는 힘은 무엇이었
나? 복지국가를 만들기 위해서는 국가권력이 있어야 한다. 그들 세대
는 전후 복지국가를 만들려는 사민주의 정당을 적극적으로 지지해,
그 정당들이 국민의 힘으로 복지국가를 만들 수 있도록 했다. 스웨덴
사민당은 단독으로 장기 집권했고, 그것이 복지국가 스웨덴을 만들었
다. 전후 서구에서는 스웨덴만이 아니라 거의 모든 국가에서 사민주
의 정당의 집권이 유행이었다.

선진국 중 자유주의 모델인 미국과 영국도 전후에는 복지국가에
근접했는데, 이는 미국 민주당과 영국 노동당이 집권했기에 가능한
일이었다. 그것을 가능하게 한 선거가 바로 1945년 영국 총선과 1948
년 미국 대선이다. 이 두 선거가 매우 중요한 것은 두 국가에서 전후
복지국가의 기틀을 마련한 선거였기 때문이다. 이후 1950년대에는
미국에서 공화당이, 영국에서 보수당이 집권했다. 그러나 복지국가의
기틀은 흔들리지 않았다. 이는 복지국가가 사회적 합의로 정착되었기
때문이었다. 그리고 1960년대에 양국 모두 다시 민주당과 노동당이
집권했다.

1945년 영국 총선 : 애틀리의 노동당 승리

1945년 5월 7일, 독일이 항복하면서 유럽에서 드디어 제2차 세계대전
은 끝이 났다. 전후 세계 체제와 각 국가별 체제에 대한 논의가 벌어

졌다. 그러나 아직 일본이 항복하지 않고 있었다. 1945년 7월 5일에 있었던 영국 총선은 이런 상황에서 치러진 것이었다. 72%의 높은 투표율을 기록했다. 선거 결과는 3주 후 군인들의 투표함이 들어올 때까지 공개할 수 없었다. 대부분의 전문가들은 보수당의 승리를 예상했다. 보수당을 이끌고 있는 윈스턴 처칠은 제2차 세계대전을 승리로 이끈 전쟁 영웅이요, 국가 영웅이었다. 보수당의 승리는 너무도 당연한 듯 보였다.

그러나 선거 결과는 의외였다. 7월 26일 발표된 총선 결과는 절대다수를 획득한 노동당의 압승이었다. 전통적인 보수당·자유당의 양당제하에서 1900년 창당되어 1930년에야 자유당을 물리치고 양당제 구도에 들어갈 수 있었던 노동당에게는 최초의 압도적 승리였다. 영국 정치 사상 최초로 독자적 노동당 정부가 탄생한 것이다.

이런 변화는 전쟁으로 인해 영국 국민들의 민심에 변화가 생겼기 때문이었다. 한 조사에 따르면 1942년 말에 벌써 영국 성인의 40%가 전쟁 이후 자신들의 정치적 견해를 사회주의에 긍정적인 방향으로 전환했다고 한다. 이런 변화는 정부의 경제 개입에 대한 호의적인 여론으로 뒷받침되었다. 요컨대 자본주의는 효율적으로 관리될 수 있다는 사상이야말로 전쟁이 확인시켜 준 놀라운 발견이었고, 이런 변화의 가장 큰 수혜자는 노동당이었던 것이다(고세훈 2011).

클레멘트 애틀리(Clement Attlee)가 이끄는 1945년 노동당 정부는 국유화와 복지 관련 법안들을 신속하게 통과시킴으로써 전후 개혁에 대한 국민적 열망에 부응했다. 국유화와 더불어 노동당 정부가 추진한 개혁 가운데 가장 괄목할 만한 것은 집권 첫해인 1945년부터 입법화되기 시작했던 일련의 복지 관련 법안들이었다. 가족수당법이 1945년, 국민보험법이 1946년, 그리고 국민보건서비스법, 산업재해법, 국민부조법이 모두 1948년에 제정됐다. 영국 복지 제도의 상징과도 같은 국민보건서비스(National Health Service, NHS)도 1948년에 국민보건서비스법이 제정됨으로써 시작되었다.

하지만 그 후 1951년, 처칠의 보수당이 집권하면서부터 1964년까지 보수당 정권이 계속되었다. 그러나 이 기간 동안 보수당 정권은 애틀리 노동당 정부의 개혁 입법(주로 국유화와 복지 관련 입법들)을 거의 수정 없이 계승했다.■

1948년 미국 대선 : 민주당 트루먼의 승리

"듀이, 트루먼에게 압승." 1948년 미국 대선 직후『시카고 데일리 트리뷴』은 개표가 끝나기도 전에 듀이의 승리를 알리는 기사를 1면 톱으로 내보냈다. 당시 민주당의 해리 트루먼 후보는 현직 대통령이었으나■■ 대부분이 공화당 후보이자 당시 뉴욕 주지사였던 듀이의 압승을 예상하고 있었다. 이는 4선을 한 프랭클린 루스벨트에서부터 트루먼까지 이어진 16년간의 민주당 집권 이후 유권자들이 균형 심리로 공화당 후보를 지지할 것이라 예상했기 때문이었다. 언론은 15%p 이

■ 클레멘트 애틀리는 역대 영국 총리에 대한 조사를 하면 거의 빠짐없이 1위를 한다(보통 2~4위는 마거릿 대처, 윈스턴 처칠, 토니 블레어이다). 이는 아직도 영국 국민들이 전후 영국 복지국가 건설에 대한 애틀리의 성과를 인정하는 것이라고 할 수 있다.
■■ 1944년 프랭클린 루스벨트 대통령이 4선에 당선되었을 때, 부통령으로 함께 당선되었던 그는 부통령 취임 후 83일 만인 1945년 4월, 루스벨트가 뇌출혈로 사망하자 대통령을 승계했다.

상의 차이로 듀이가 승리할 것이라는 예측을 내놓았다. 승리를 확신한 듀이는 논쟁을 자제하면서 조심스럽게 선거운동을 펼쳤다. 그러나 트루먼은 공화당이 장악하고 있는 의회를 공격하는 데 집중하면서 대통령 선거를 뉴딜 정책에 대한 국민투표로 바꾸어 놓았다.

선거 당일, 유권자들의 최종 향방은 트루먼으로 향해 있었다. 그럼에도 정치평론가들과 언론은 듀이가 승리할 것이라는 원래의 예상을 고집했다. 『시카고 데일리 트리뷴』의 오보 역시 이런 생각에서 미리 헤드라인을 결정해 놓았기 때문이었다. 결국 미국 대통령 선거 역사상 가장 극적인 역전 드라마로 트루먼이 듀이를 이겼다. 일반투표에서 트루먼은 49.5%, 듀이는 45.1%를 획득했고, 선거인단 수에서도 303대 189로 트루먼이 승리했다. 민주당은 상원과 하원에서도 모두 승리했다(라이딩스 2000).

1948년 미국 대선에서 유권자들을 사로잡은 이슈는, 프랭클린 루스벨트가 일궈 낸 성과를 공화당이 무효화할지도 모른다는 두려움이었다. 프랭클린 루스벨트가 집권 후 펼친 뉴딜은 미국에서 번영이 좀 더 폭넓게 공유되는 시기를 열었고, 1948년 트루먼의 승리는 이런 시스템이 전후에도 정착될 수 있는 길을 열었다.

이후 미국에서도 공화당의 아이젠하워 대통령이 1952년부터 1960년까지 8년간 집권했다. 그러나 이들도 프랭클린 루스벨트와 트루먼이 만들어 낸 뉴딜 시스템을 바꾸지 않았고, 미국의 대번영 시대는 1960년대 민주당의 케네디와 존슨 대통령 시대까지 이어졌다.

베이비붐 세대가 만든
신자유주의 시대

더 나은 삶을 상상하라

악덕을 먹이로 달라고 재촉하는 불행한 땅,

재산은 쌓여 가는데, 인간은 쇠락해 가는구나.

18세기 영국 시인 올리버 골드스미스의 시 "황폐한 마을"(The Deserted Village)의 한 대목이다. 토니 주트는 『더 나은 삶을 상상하라』(*Ill Fares the Land*)에서 1980년대 이후 신자유주의가 세계를 지배했던 지난 30년, 즉 극심한 빈부 격차와 불평등을 불러온 지난 30년이 바로 이 시구와 같다고 했다.

토니 주트는 제2차 세계대전이 끝난 후인 1948년에 태어난 베이비붐 세대다. 그는 복지국가라는 선한 체제가 신자유주의라는 악한 체제로 타락하게 만든 책임이 있는 세대가 바로 자기 세대라고 지금의 젊은 세대에게 고해성사한다.

서구의 복지국가는 제2차 세계대전의 잿더미 속에서 전례 없는 안정과 번영, 평등의 확산을 가져오며 파시즘을 불러온 원동력이었던 중산층의 불안과 불만을 가라앉혔는데, 왜 세계는 복지국가를 버리고 다시 불안의 시대인 신자유주의 시대로 들어섰는가? 그 배경에는

1945년 이후 태어난 베이비붐 세대의 개인주의적 성향, 공동체와 사회적 합의에 대한 무관심이 크게 작용했다.

이들 세대가 20~30대였던 1960년대 중반부터 1970년대 중반까지 10년 남짓한 짧은 기간 동안 공적 담론의 지배적 패러다임이 공동체에서 개인으로 바뀐 것이다. 이전에는 '국가의 적극적 개입과 공동선의 추구'가 공적 담론이었는데, 대처 정권부터는 "사회는 없다. 오직 개인과 가족이 있을 뿐이다", "정부는 해결책이 아니다. 문제는 바로 정부다" 등의 주장이 공적 담론을 지배하기 시작한 것이다. 그 과정에서 베이비붐 세대, 특히 소위 '68혁명 세대'라고 일컬어지는 신좌파가 큰 역할을 했다고 토니 주트는 고백한다.

> 신좌파는 단순히 자본주의의 부정의에만 항거하는 데 머무르지 않고 무엇보다 모든 종류의 '억압적 관용'과 그것의 최종 진화라고 할 수 있는 복지국가를 비판했다. …… 개인만을 배타적으로 강조함으로써 우리는 피할 수 없는 대가를 치러야 했다. 그 대가는 바로 목표를 공유한다는 의식의 퇴조였다. …… 신좌파가 내세운 개인주의는 공동의 목표도, 전통적 권위도 존중하지 않았다. 이제 남은 것이라고는 개인적 주관주의, 즉 순전히 자기 기준에서만 측정한 이해관계와 욕망뿐이있다(주트 2010, 94-96).

이들의 사적 자유에 대한 열광과 공적 구속에 대한 불만이 프리드리히 하이에크, 루트비히 폰 미세스, 조지프 슘페터, 칼 포퍼, 피터 드러커와 같은 오스트리아 출신의 국가 혐오론자들을 부활시켰다. 그리고 이들은 신자유주의의 이데올로그들인 시카고학파의 철학적·경제학적 '아버지'가 되었다.

로버트 라이시의 세대 책임론

신자유주의 시대의 개막에 베이비붐 세대가 책임이 있다는 지적은 이들 세대의 일원인 여러 진보적 학자들의 공통된 주장이다. 빌 클린턴 행정부에서 노동부 장관을 지낸 로버트 라이시가 대표적인데, 클린턴과 같은 1946년생 베이비붐 세대인 그 역시 1970~80년대 미국인들이 신자유주의 논리를 받아들인 이유를 '경험에 대한 기억상실'에서 찾는다. 그에 따르면 "1930년대 대공황 때 성인이 되어 그 교훈을 마음속에 새기고 1940년대와 1950년대를 살아간 세대의 머릿속에는 대공황의 끔찍한 기억이 남아 있었지만, 그 자녀들이 성인이 되었을 무렵 미국에는 대번영의 시기가 진행되고 있었고 그들은 그런 번영과 풍요를 당연한 것으로 받아들였다." 그리고 "그들 베이비붐 세대가 기억하는 것이라곤 정부의 실패와 시장의 성공뿐이었다."

"그런 베이비붐 세대는 경제 실패의 원인을 정부에게로 돌리고 싶어 하는 자유시장경제 옹호자들의 매혹적인 논리를 쉽게 수용할 수밖에 없었다. 게다가 이들 세대는 사회 구성원들 모두가 한배를 탔다는 공동체적 의식을 지닌 시대에 대한 기억도 전혀 갖고 있지 않았다. 대신 그들은 구성원들 각자가 스스로 살아 나갈 길을 모색할 수밖에 없는 경제사회를 목격했다"(라이시 2011, 102).

대처와 레이건의 집권

세계경제의 신자유주의로의 전환은 1980년대 선진국들에서 보수정당이 집권하게 되면서 시작되었다. 국가 개입을 통한 복지국가라는 전후의 흐름이 서구 각국에서 사민주의 정당의 집권으로 가능했던 것처럼, '국가 개입주의'의 해체와 신자유주의의 구축이라는 1980년대의 흐름도 선거에 의한 보수정당의 집권으로 가능했다.

신자유주의로의 전환도 결국은 정치에서 시작되었다. 선거 승리로 집권한 보수정당이 경제·사회정책의 대전환을 만들어 내면서 신자유주의로의 전환이 가능했던 것이다. 1980년대에는 서구 각국에서 보수정당의 집권이 대세였고, 신자유주의 정책이 전 세계로 확산되었다. 그리고 그 상징이자 시작은 1979년 영국 총선에서 보수당 마거릿 대처의 승리와 1980년 미국 대선에서 공화당 로널드 레이건의 당선이었다.

1979년 영국에서 마거릿 대처의 등장은 신자유주의 시대의 개막을 알리는 신호탄이었다. 대처는 보수당이 두 차례나 연이어 선거에서 패배한 1975년, 보수당 당수로 선출되었다. 보수당 정치의 전통에서 보면 개성도, 사회경제적 배경도, 이념적 지향도 다른 인물이었지만, 그녀는 IMF 구제금융의 여진에서 헤어나지 못한 채 공공 노조의 파업이 한창이던 1979년 봄에 영국 최초의 여성 수상으로 취임했다.

대처는 취임 후 영국 정치의 전통이었던 국가 개입과 전통적 합의 정치를 전면 부정하면서 신자유주의 정책을 펼치기 시작했다. 국유 산업의 민영화, 공공 지출의 대폭 삭감, 감세, 탈규제 등의 정책으로 빈부 격차는 확대되고, 빈곤층은 급증했다.

1980년 공화당 레이건의 당선은 신자유주의의 전 세계적 확산에 더 결정적인 역할을 했다. 미국이 신자유주의의 종주국이 된 것이다.

이 과정에서 막강한 경제적 세력가들의 부당한 영향력 행사도 큰 역할을 했다. 이들은 정치인들에게 두둑한 선거 자금을 제공하고 수

많은 로비스트와 홍보 전문가들을 동원해, 자신들이 더욱 많은 소득과 부를 쌓을 수 있도록 해주는 법안을 통과시키기 위해 백방으로 노력했다. 그리고 이런 경제 규칙을 바라보는 국민들의 시각과 태도를 바꾸는 데도 막강한 영향력을 행사했다. 그들은 자유 시장이 모든 걸 해결해 준다는 이데올로기를 설파하기 위해 고안된 싱크 탱크와 서적, 미디어, 광고를 아낌없이 지원했다.

빌 클린턴과 토니 블레어 : 신자유주의에 굴복하다

문제는 영국 보수당과 미국 공화당이 주도한 신자유주의 흐름은 노동당과 민주당이 집권한 후에도 극복되지 못했다는 데 있다. 빌 클린턴 시절의 미국 민주당이나 토니 블레어 시절의 영국 노동당 같은 이른바 진보 정당조차 공공연하게 부자들에게 유리한 소득재분배 정책을 지지했다.

공화당 레이건과 아버지 부시의 12년 집권 이후 1992년 집권한 빌 클린턴 대통령이 1996년 복지 개혁 정책을 도입하고 "우리가 지금까지 알고 있던 형태의 복지 제도에 종지부를 찍는" 것이 목적이라고 선언하면서 이런 움직임은 그 절정에 달했다.■ 대처와 존 메이저의 18

■ 클린턴은 재선을 불과 2달여 남겨 둔 1996년 8월 22일, '개인적 책임과 근로 기회에 관한 법안'(The Personal Responsibility and Work Opportunity Reconciliation Act, PRWORA)에 서명한 뒤 이렇게 말했다. 이 법안은 미국이 대공황 이후 60년간 유지해 온 '사회복지법'(Social Security Act)의 근간을 변화시킨 법안으로, 일정한 자격 조건(빈곤선 이하의 소득, 아동, 여성 세대주)만 갖추면 복지 급여를 받을 수 있는 권

년 보수당 집권 이후 '제3의 길'을 내세워 1997년 정권을 탈환한 토니 블레어의 노동당 정부도 그런 흐름에서 벗어나지 못했다.

이는 진보의 입장에서 보면 배신에 해당되지만 그만큼 1980년대 이후 전 세계적인 신자유주의의 흐름을 거역하는 것이 어느 나라에서도 쉽지 않았음을 보여 주는 것이라 할 수 있다.

리를 삭제하고 수혜자가 반드시 근로를 해야 한다는 조건을 달았다. 이는 미국이 전통적인 복지(welfare)에서 근로 복지(workfare)로 전환하는 데 결정적 역할을 했다.

2008년 금융 위기와
새로운 시대

예측 가능했던 위기

스티글리츠는 2008년 금융 위기에 대해 이렇게 말했다. "2008년 경제 위기에서 놀라운 점은 하나뿐이다. 너무 많은 이들이 위기에 놀랐다는 점이다"(스티글리츠 2010b, 33).

사실 금융 위기를 예견하고 경고했던 사람들은 많았다. 조지프 스티글리츠, 누리엘 루비니, 조지 소로스, 스티븐 로치, 로버트 쉴러, 라구람 라잔 등에게 이번 위기는 교과서적인 사례였다. 이들은 대체로 시장의 자율적 조정 기능을 신뢰하지 않는 사람들이었다.

하지만 그들의 불길한 예측은 불편한 진실이었다. 그들의 경고를 듣기에는 그 시스템 속에서 너무 많은 이들이, 너무 많은 돈을 벌고 있었다. 그런 시스템을 소수 경제학자들이 비판한다고 해서 그것이 받아들여질 리 없었다. 시스템이 붕괴한 직후에도 금융계 인사들과 규제 당국자들은 이렇게 물었다. '누가 이런 문제들을 예견할 수 있었겠는가?'

위기의 직접적 원인 : 부동산 거품

2008년 금융 위기는 왜 일어났는가? 위기의 발생 원인은 논란의 대상이지만, 누구나 동의하는 점이 있다. 부동산 거품과 과도한 부채의 누적이 금융 위기의 직접적 원인이 되었다는 점이다. 이는 서브프라임 모기지 대출의 위기로 드러났고, 미국발 금융 위기는 여기서 시작되었다.

만일 원인 분석을 여기에서 멈추면 위기 극복의 대책은 부실 은행에 대한 대책, 금융 시스템에 대한 구제에서 멈추게 된다. 이를 통해 심각한 수준의 금융 위기에서 벗어나면 경제는 회복될 것이라고 예측하게 되는 것이다. 국가건, 개인이건, 기업이건, 은행이건 관계없이 빚이 늘어나면서 금융 위기를 초래한 만큼 앞으로는 더 이상 부채가 증가하도록 놔둬서는 안 된다고 주장하게 된다.

그러나 위기의 원인이 단순히 부동산 거품과 부실 대출 증가에만 있는 것은 아니다. 여기에서 우리는 이런 질문을 할 수 있다. 도대체 왜 미국의 주택 시장에서 거품이 형성되었는가? 왜 미국 국민들은 돈을 빌려 부동산 투자를 했는가? 그리고 그들이 빌릴 수 있었던 돈은 어디에서 나온 것인가? 이 질문들이 2008년 금융 위기에 대한 더 본질적인 질문이요, 더 본질적인 해결책을 제시해 줄 수 있는 질문이다(라잔 2011).

위기의 본질적 원인 1 : 빈부 격차와 불평등

그러면 도대체 왜 미국 국민들이 막대한 돈을 빌리게 되었는가? 그것은 소득이 늘지 않은 미국 국민들이 최후의 수단으로 막대한 대출에 의존했기 때문이다.

신자유주의 시대 30년 동안 미국의 중위 임금은 더 이상 오르지 않았고 중산층에게 가는 총소득의 양은 지속적으로 줄어들었다. 〈그림 4-2〉에서 볼 수 있듯이 1975년과 2008년을 비교해 볼 때, 상위 10%만 소득이 늘었을 뿐 미국 국민들 90%의 실질소득은 오히려 33년 전보다 줄어들었다. 소득 증가도 극소수 부유층일수록 더 늘었다. 상위 0.1%의 부자는 소득이 다섯 배로 늘었고, 0.5%의 부자는 2.5배, 1%의 부자는 두 배가 늘었다(『워싱턴 포스트』 2011/06/18).

이런 상황에서 90%의 미국인들이 마치 이전과 같은 소득을 올리고 있는 것처럼 소비를 계속할 수 있는 유일한 방법은 돈을 빌리는 것뿐이었다. 그리고 미국인들이 돈을 빌릴 수 있는 기회는 도처에 널려 있었다.

신자유주의 경제정책은 기본적으로 임금 상승을 통해 국내의 소비 수요를 증대시켜 경제를 성장하게 하는 것이 아니라 유가증권이나 부동산의 가격 상승이라는 자산 증가 효과에 의거해 국내의 소비 수요를 증대시켜 경제를 성장시키는 것이었다. 클린턴과 부시 행정부는 자가 주택 소유 촉진과 저소득층에 대한 주택 대출 기준을 과도하게 완화하는 정책으로 부동산 거품과 부실 주택 담보대출을 부추겼다.

미국뿐만 아니라 세계에서 금융자본에 대한 규제가 거의 완전히 없어지고 금리 역시 거의 제로에 가까운 수준으로 내려가면서 유동성은 풍부하게 흘러넘쳤고, 금융자본은 국경 없이 자유롭게 이동할 수

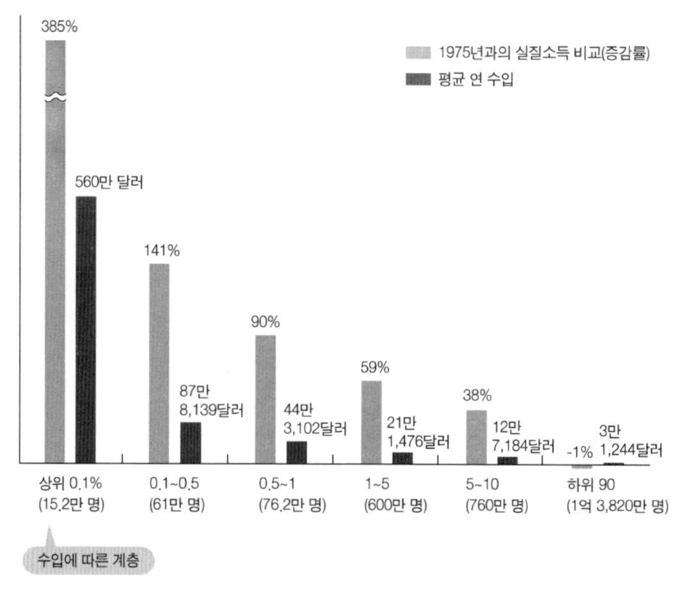

자료 : 『워싱턴포스트』(2011/06/18).

있게 되었다. 금융자본이 지배한 신자유주의 시대를 거치며 세계적으로 산업 생산성은 정체한 반면, 금융자산은 급속히 증가해 세계 GDP 대비 금융자산 비중은 1980년 109%에서 2005년 316%로 크게 늘어났다.

이처럼 2008년 금융 위기의 근본 원인은 양극화와 불평등으로 미국 중산층과 서민들의 소득이 늘지 않았기 때문이다. 미국 국민의 90%가 33년 전보다 소득이 줄어들었고, 10%의 부자들만이 소득이 늘었는데, 소득이 줄어든 90%가 빚에 의존한 생활을 하다가 결국 거품이 터져 버린 것이다. 반면, 소득이 늘어난 10%의 부자들은 이미 충분히 소비하고 있던 만큼 굳이 더 소비를 늘릴 이유가 없었다. 지속 가능한 수요 증가 없이 빚에 의존한 수요 증가만 있었던 것이 이번 위기의 본질인 것이다.

신자유주의 시대 30년 동안 세계적으로 빈부 격차가 심해졌지만 특히 그 정도가 심한 나라가 신자유주의의 종주국인 미국이었다. 〈그림 4-1〉에서 볼 수 있듯이 1975년에는 1%의 부자가 미국 총소득의 9%를 가져갔다. 그러나 2008년에 이는 24%로 늘어났다. 거의 세 배나 증가한 것이다. 10%의 부자가 미국 총소득의 거의 반인 48%를 가져갔다.

특히 0.1%의 부자가 미국 총소득의 10.4%를 가져갔는데, 이들 상위 0.1%의 면면을 밝혀 보니, 비금융권 기업의 CEO 등 임원이 41%, 금융권 기업 임원이 18%, 변호사가 6%, 부동산 중계사가 5%였다. 이런 고액 연봉의 CEO 때문에 심각한 빈부 격차가 발생하는 것이었다(『워싱턴포스트』 2011/06/18).

다른 자료에 의하면 1968년, GM의 CEO가 벌어들인 소득은 GM 일반 노동자의 66배였다. 하지만 2008년 월마트의 CEO는 월마트 일반 노동자 임금의 900배에 달하는 돈을 번다. 그리고 월마트 창업자 가족의 총재산은 대략 900억 달러로, 이는 미국의 하위 40%, 즉 1억 2천만 명의 총소득과 맞먹는 규모다(주트 2010, 25).

이들은 평균적인 미국인들이 1년간 일해야 버는 돈을 단 두세 시간 만에 벌고, 빈곤층 자녀의 분유 값보다 더 많은 돈을 자신들의 애견 사료에 지출하면서도 아무런 가책도 느끼지 않고 있다.

위기의 본질적 원인 2 : 글로벌 불균형

그러면 도대체 미국 국민들이 빌린 그토록 많은 자금은 어디서 온 것일까? 그 원천 가운데 하나는 미국 금융자본의 고위험 경영이다. 금융이란 본질적으로 고객의 예금을 기반으로 이를 대출해서 수익을 창출하는 산업이다. 미국의 투자은행은 파생 상품이라는 새로운 주택 담보 대출을 만들었는데, 문제는 작은 고객의 예금으로 과도하게 많은 대출 상품을 만든 데 있었다. 심지어 금융 위기 직전 투자은행의 레버리지 비율(자기자본 대비 부채 비율)이 33배까지 올라갔다. 이것은 3% 정도의 아주 작은 자산 가치의 하락만으로도 그들이 파산할 수 있다는 점을 의미했다. 결국 거품은 요란한 소리를 내며 터져 버렸다.

또 다른 원천은 아시아 각국의 자금이 미국으로 넘어가 거품을 형성한 데 있었다. 중국·일본·한국 등 아시아 각국은 무역수지 흑자로 많은 달러를 보유하게 되었는데, 이들 국가는 이를 소비에 쓰지 않고 (즉, 내수 확대에 쓰지 않고) 미국의 국공채를 구입함으로써 외환 보유고를 늘리는 데 썼다. 이 자금이 미국 주택 시장에 유입되어 미국의 주택 거품 형성에 주요한 역할을 한 것이다.

그러면 이들 아시아 국가는 왜 그렇게 경쟁적으로 미국 국공채를 구입함으로써 외환보유액을 늘렸는가? 그것은 우리나라의 경험을 돌이켜 보면 쉽게 이해가 간다. 1997년 외환 위기로 인해 IMF의 구제 금융을 받았고, 이후 고통스런 과정을 겪어야 했던 우리로서는 충분한 외환을 보유하지 않으면 어떤 일을 당할지 배운 만큼 외환 보유고를 늘려야만 했다. 중국·대만·한국·일본 등 동아시아 국가, 개발도상국들, 석유 자원이 풍부한 나라들도 모두 달러를 쌓아 두었다.

이렇게 모두 달러를 쌓아 두어야 할 합당한 이유가 있었지만 이는 결과적으로 세계적 총수요 부족이라는 나쁜 결과를 가져왔다. 세계 각국이 '궂은 날'을 대비해 떼어놓은 돈인 외환보유액이 급격히 늘어난 것이 글로벌 총수요를 약화시켰고, 이것이 2008년 위기의 근본 원인 가운데 하나가 된 것이다(스티글리츠 2010a).

글로벌화된 경제에서 중요한 것은 글로벌 총수요다. 전 세계 사람들이 사고 싶어 하는 것들의 총합이 세계가 생산할 수 있는 것보다 적으면 문제가 생긴다. 세계경제가 약화되는 것이다. 위기 전 몇 년간은 미국이 빚에 의존한 방탕한 소비를 하며, 다시 말해 수입을 초과한 씀씀이를 유지해 가며 세계경제의 부족한 수요를 메웠다. 하지만 이런 상황은 지속될 수 없었다.

변화의 동력 1 : 세계경제 위기

그러면 2008년 금융 위기 이후의 새로운 시대는 어떻게 열 수 있는가? 시계추 운동의 방향이 다시 번영을 폭넓게 공유하는 시대로 바뀌는 것은 어떻게 가능한가? 역사적으로 볼 때, 그것은 다음의 세 가지 힘이 있을 때 가능했다.

첫째는 세계경제 위기의 발생이다. 한번 형성된 세계경제 시스템과 그 속에서의 주도권은 쉽게 바뀌지 않고, 경제 위기가 발생해야 변화할 수 있었다. 지금 이 조건은 충족되었는가? 2008년 미국 금융 위기 이후 경제 위기가 세계로 퍼져 나가자 각국 정부가 돈을 헬리콥터로 살포하는 수준으로 경기 부양 대책을 마련했고, 그로 인해 경제 위기는 극복한 듯했다. 그러나 2011년 여름 세계경제는 다시 제2차 글로벌 경제 위기를 겪고 있다. 미국 경제의 재(再)둔화, 일본 경제의 침체, 유럽 재정 위기의 재발, 중국 등 아시아 자산 시장에 대한 거품 우려 등 대륙별 위험 요소가 지속되어 더블딥(double dip)에 대한 공포가 현실로 나타나고 있다.

이런 세계경제의 장기 침체는 쉽게 해결되지 않을 가능성이 높다. 이번 세계경제 위기를 불러온 세계적 수준의 빈부 격차로 인한 심각한 불평등과 글로벌 불균형에 따른 총수요의 부족이 해결되지 않는 한 이번 경제 위기는 쉽게 해결되지 않을 것이다.

그리고 세계경제의 장기 침체를 극복하는 과정은 지금의 경제 위기를 가져온 신자유주의적인 세계경제 시스템에 대한 변화를 동반할 수밖에 없을 것이다. 또한 그것은 세계경제의 성과가 소수에게 집중되는 시대에서 중산층과 서민 전체에게 폭넓게 분배되는 시대로의 변화를 의미할 것이다.

변화의 동력 2 : 정치권력의 변화

둘째는 정치권력의 변화다. 역사의 교훈은 세계경제의 변화가 정치에 의해 이루어졌다는 것을 알려 준다. 제2차 세계대전 이후 복지국가가 폭넓게 형성될 수 있었던 것은 전후 진보적인 정당들이 집권했기에 가능했다. 이것이 시계추 운동의 방향이 바뀐 진짜 이유였다.

1929년 미국에서 대공황이 발생하고 나서 변화의 시작은 1932년 민주당 프랭클린 루스벨트 대통령의 당선이었다. 프랭클린 루스벨트 대통령은 이전의 자유방임적 경제정책을 바꿔 국가가 적극 개입하는 뉴딜 정책을 실시했다. 비슷한 시기 스웨덴에서는 사회민주당이 집권해 스웨덴식 복지국가 모델을 만들었다. 이를 주도했던 에른스트 비그포르스(Ernst Wigforss)는 1932년부터 1949년까지 18년 동안 재무장관을 역임하며 스웨덴을 복지국가로 만들었다.

1980년 이후 신자유주의가 세계적으로 확산되게 된 것도 1979년 영국 총선에서 마거릿 대처가 이끄는 보수당이 승리한 것과 1980년 미국 대선에서 로널드 레이건이 대통령에 당선된 것이 결정적인 역할을 했다. 이 두 국가에서 시작된 신자유주의는 세계경제를 휩쓸었다.

2008년 금융 위기 이후 시계추 운동의 방향이 바뀌려면 결국 문제는 정치권력인 것이다. 1980년대 이후 신자유주의를 추진했던 정치 세력, 즉 부를 소수에게 집중시키려고 노력해 왔던 정치 세력이 아닌 부를 더 많은 사람에게 나누려는 정치 세력이 집권하는 것이 바로 시계추 운동의 방향을 바꾸는 길이다.

변화의 동력 3 : 젊은 세대

변화의 동력 세 번째는 젊은 세대의 역할에 있다. 정치권력의 변화에서 젊은 세대의 선택은 결정적이었다. 젊은 세대의 선택에서 가장 중요한 요소는 세계경제 위기를 만들어 낸 경제 시스템에 대한 반감이었다.

제2차 세계대전 후 복지국가가 성립될 수 있었던 가장 큰 힘은 1930년대 대공황과 제2차 세계대전의 고통에 대한 반감이었다. 그리고 그 고통을 가장 전면에서 겪을 수밖에 없었던 당시 젊은 세대가 전후 복지국가를 만들어 낸 주역이었다. 1980년대 신자유주의 시대의 개막에도 1945년 종전 이후 태어난 베이비붐 세대의 역할이 컸다. 그들의 사적 자유에 대한 열광과 공적 구속에 대한 불만은 복지국가의 공동체주의를 해체하고 개인 지상주의, 신자유주의를 부활시키는 데 커다란 역할을 했다.

그리고 신자유주의 시대를 넘어 경제적 번영이 폭넓게 공유되는 새로운 시대로의 역사적 전환은 바로 지금 신자유주의 경제 질서 속에서 가장 고통 받고 있는 젊은 세대가 어떤 선택을 하느냐에 달려 있다. 지금 외신으로부터 전해 오는 세계 청년들의 저항의 움직임은 이번에도 청년 세대가 세계 자본주의의 새 시대를 여는 주역이 될 수 있음을 보여 주고 있다. 지금은 그 시작일 뿐이다.

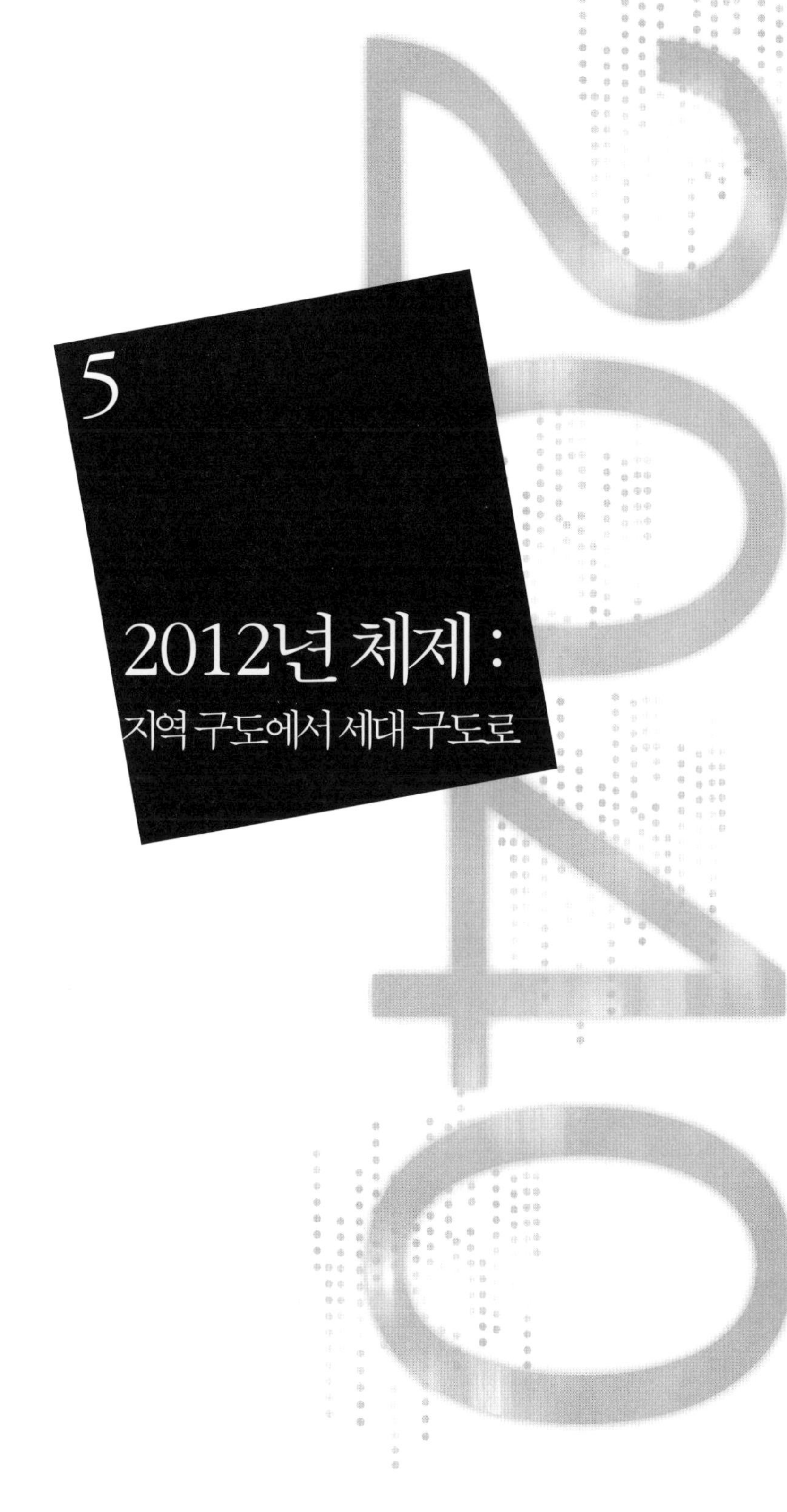

5

2012년 체제:
지역 구도에서 세대 구도로

세 번의 정초 선거,
세 가지 정치체제

새 시대를 열 수 있을까?

이제 5장에서는 한국 정치의 탈지역주의와 세대 균열을 주도하고, 성장보다는 분배를 원하고 있는 우리의 2040세대가 과연 한국 사회를 바꿀 수 있을까에 대해 살펴보고자 한다. 과연 전후 복지국가를 실현했던 서구의 대공황·전쟁 세대처럼 우리의 20~40대도 대한민국을 복지국가로 만드는 역사적 역할을 해낼 수 있을까? 이를 위해서는 전체 유권자의 3분의 2를 차지하는 20~40대가 한국 정치의 주체로 등장해야 한다. 즉, 평화와 분배, 복지국가를 원하는 사람들이 대한민국의 다수파가 되어야 한다. 그래야만 안정적 집권 기반을 가지고 향후 복지국가를 실현해 나갈 수 있다.

민주화 이후 정초 선거 : 1987년 대선의 지역 구도

그런데 이를 위해서는 반드시 넘어야 할 산이 있다. 그것은 바로 대한민국 건국 이후 계속되어 온 보수 우위의 정치체제다. 특히 현재 한국 정치를 지배하고 있는 지역 구도를 극복해야 한다. 왜냐하면 지역 구도는 기본적으로 보수의 압도적 우위를 보장해 주는 정치체제이기 때문이다. 이 지역 구도 체제에서 민주진보 세력은 겨우 기적과 같은 두 번의 승리를 이뤄 냈다. 1997년 대선에서 1.6%p 차이, 2002년 대선에서 2.3%p 차이의 승리가 그것이다. 그 이상은 꿈꿀 수 없었다. 지역 구도 체제에서 소수파의 서러움은 민주진보 세력에게 피할 수 없는 숙명이었다. 그리고 이것이 계속되는 한 복지국가를 실현하기는 불가능하다.

과연 지역 구도 극복은 가능한가? 이를 위해서는 객관적이고 냉정하게 지역 구도 체제의 본질을 파악해야 한다. 지역 구도는 언제 시작되었고, 언제 기본적 정치 구도로 정착되었나? 흔히 말하는 것처럼 삼국시대부터 지역주의가 시작되었고, 한민족의 핏줄에는 DNA처럼 지역주의가 천 년 넘게 계속되어 온 것인가?

그렇지 않다. 지금과 같은 지역 구도는 1987년 제13대 대통령 선거부터 시작되었다. 1987년 제13대 대선 때 노태우의 민주정의당이 대구·경북을, 김영삼의 통일민주당이 부산·경남을, 김대중의 평화민주당이 호남을, 그리고 김종필의 공화당이 충청을 각각 나눠서 분할하는 4당 구도에서부터 지역 구도가 시작되어 그것이 1990년 1월, 3당 합당 이후 호남 고립화 구도로 전환되어 현재에 이르고 있는 것이다.

정치학계에서는 1987년 제13대 대선을 두고 '민주화 이후 정초 선거'라고 개념화한다. 정초 선거(定礎選擧, Founding Election)란 새로운 정치체제로의 이행을 알려 주는 선거로, 이때 나타난 정당 간 경쟁과 연합의 패턴이 이후 선거에서도 반복되는 지속성의 효과를 가지며, 높은 투표율과 강한 경쟁성을 특징으로 한다(최장집 2010). 1987년 제13대 대선 때 형성된 선거 구도도 이후 반복되어 나타나며, 이때 형성된 지역 구도는 지금까지 유지되고 있다.

대한민국 건국 정초 선거 : 1958년 총선의 여촌야도

그러면 지역 구도 이전의 정치 구도는 무엇이었나? 새로운 정치 구도를 만들어 냈던 정초 선거가 1987년 이전에도 있었나? 당연히 대한민국 건국의 정초 선거라 할 수 있는 선거가 있었다. 그럼 그 선거는 언제인가? 대한민국 건국 후 최초의 선거인 1948년 5월 10일, 제헌의회 선거였을까?

아니다. 〈표 5-1〉에서 알 수 있듯이 제헌의회 선거에서는 이승만 대통령의 정치조직인 대한독립촉성국민회가 24.6%의 최다 득표로 제1당이 되었지만 무소속의 득표율이 38%에 이르렀다. 아직 정당 구조가 정착된 것이 아니었다. 이런 식으로 무소속이 최다 득표를 하는 흐름은 1954년 제3대 총선까지 이어진다. 한국전쟁 직전에 치러진 1950년 제2대 총선에서는 무소속의 득표율이 무려 63%에 이르렀고, 1954년 제3대 총선에서도 무소속의 득표율은 48%에 달했다.

그러면 도대체 언제가 대한민국 건국 정초 선거인가? 바로 1958년 제4대 총선이다. 이 선거에서부터 양당 구조가 자리 잡았다. 이 선거에서 집권당과 야당은 그 득표율이 42% 대 34%로 엇비슷한 수준이었다. 이때 집권당인 자유당은 이승만 독재 정권의 하부 조직 같은 당이었고, 민주당은 독재에 저항하는 보수 야당이었다.

이런 정당 구조는 이후 박정희 정권과 전두환 정권까지 이어졌다. 집권당은 정권에 따라 자유당에서 공화당으로, 다시 민주정의당으로 바뀌었지만 보수 야당은 민주당 내지 신민당이 그 맥을 이었다. 결국 1958년 제4대 총선의 결과가 이후 1987년 제13대 대선에서 지역 구도가 등장하기 전까지 30년간 그대로 이어진 것이다. 따라서 1958년 총선은 첫 번째 정초 선거라고 할 수 있다.

표 5-1 제1~4대 총선 정당별 득표율 (단위 : %)

선거 시기	1대 1948년 5월 10일	2대 1950년 5월 30일	3대 1954년 5월 20일	4대 1958년 5월 2일
정당별 득표율	대한독립촉성국민회 24.6	대한국민당 9.7	자유당 36.8	자유당 42.1
	한국민주당 12.7	민주국민당 9.8	민주국민당 7.9	민주당 34.2
	대동청년단 9.1	국민회 6.3	국민회 2.6	통일당 0.6
	조선민족청년당 2.1	대한청년단 3.3	대한국민당 1.0	국민회 0.6
	대한노동총연맹 1.5	대한노동총연맹 1.7		
	기타 12.0	기타 5.5	기타 3.8	기타 1.1
	무소속 38.0	무소속 62.9	무소속 47.9	무소속 21.5
투표율	95.5	91.9	91.1	90.7

자료 : 중앙선거관리위원회.

그런데 이런 보수 양당제는 집권당과 보수 야당의 정치적 기반에
도 차이를 보였다. 그것은 한마디로 여촌야도였다. 즉, 농촌에서는 여
당을 찍고 도시에서는 야당을 찍는 것이다. 농민은 독재 집권당을 지
지했고, 도시 노동자는 보수 야당을 지지한 것이다.

'1958년 체제'와 '1987년 체제'

이처럼 대한민국에는 건국 이후 두 번의 정초 선거가 있었다. 이 두 번의 정초 선거는 모두 투표율이 90% 정도로 높아서 국민들의 압도적인 관심을 반영했고, 선거 직전까지 기존 정당 간의 경쟁과 연합이 이전과는 다른 방식으로 이뤄졌으며, 그 선거 결과의 패턴은 그 후 오랫동안 지속되었다. 1958년 선거가 만들어 낸 여촌야도와 보수양당제는 그 후 1987년까지 30년간 지속되었다. 그리고 1987년 선거가 만들어 낸 지역 구도 역시 현재까지 25년간 지속되고 있다.

나는 이 책에서 1958년 제4대 총선 이후 만들어진 여촌야도의 정치 구도를 '1958년 체제'로, 1987년 제13대 대선 이후 만들어진 지역 분할 정치 구도를 '1987년 체제'로 지칭하고자 한다.

지금까지 '1987년 체제'라고 하면 1987년 제정된 헌법에 의해 만들어진 헌법상의 권력 구조를 의미했다. 따라서 '1987년 체제를 극복하자'라는 말의 실천적 의미는 '개헌을 통해 헌법상의 권력 구조를 바꾸자'라는 의미였다.

그러나 이 책에서 말하는 '1958년 체제', '1987년 체제'에서 '체제'란 다른 의미다. 그것은 선거를 통해 분명하게 드러나는 국민들의 정치적 갈등 구조를 의미한다. 좀 더 구체적으로 말하면, 정초 선거에 의해 정착된 국민들의 선거 패턴, 정당 구조, 그와 관련된 보수 세력 간 또는 보수·진보 세력 간 일정하게 구조화된 시스템을 의미한다.

정치학자 러스토우가 말했듯이 민주주의란 갈등에 기반을 둔 정치 체제다. 그리고 그 갈등 구조가 정치의 현실로 나타나는 것이 바로 정당 구조요, 선거에서의 균열 구도다. 이렇게 선거에서 정당 간의 대결로 나타나는 국민들의 정치적 갈등이 일정 기간 동안 안정적인 정치 구조로 정착되어 유지되는 것을 가리켜 '체제'라 일컫는 것은 민주주의의 본질에 입각한 정확한 개념이다.

그리고 이런 '1958년 체제', '1987년 체제'에서 핵심은 다수파 전략이다. 어느 정치 세력이든 정권 획득을 통해 목표로 했던 정책을 실현하기 위해 다수파가 되려고 한다. 이런 다수파 전략이 성공을 거둬 일정 기간 동안 정치적 구조로 정착되는 것, 그것을 이 책에서는 '체제'라고 지칭하는 것이다.

다수파 전략의 관점에서 보자면 '1958년 체제'란 당시 독재 정권이 국민의 절대다수인 농민들을 포섭하기 위한 '체제'였다. 또한 '1987년 체제' 역시 보수 세력이 국민의 다수파인 영남을 지지 기반으로 하기 위한 '체제'였다. 대한민국 건국 이후 두 번의 정초 선거와 그 뒤에 이어진 두 번의 '정치체제'는 모두 보수 세력의 성공한 다수파 전략이었다. '1958년 체제'의 대상은 농업 사회에서 국민의 절대다수인 농민이었고, '1987년 체제'의 대상은 지역적 다수파인 영남이었다.

2012년 정초 선거, 가능한가?

그렇다면 지역 구도가 흔들리고, 세대 구도가 자리 잡고 있는 지금, 이것이 보수 세력의 다수파 전략인 '1987년 체제'의 극복으로 나아갈 수 있을까? 더구나 지금 세계도, 한국도 거대한 변화의 흐름 위에 있다. 이런 세계적 흐름과 한국의 새로운 세대가 만들어 내는 정치적 흐름이 결합되어 새로운 정치 구도를 만들어 낼 수 있지 않을까? 좀 더 직접적으로 말하자면, 2012년의 총선과 대선이 대한민국 역사에서 세 번째 정초 선거가 되어 새로운 시대가 열릴 수 있지 않을까? 그리고 그것은 보수 세력의 다수파 전략이 아닌, 민주진보 세력의 다수파 전략에 의한 정초 선거가 될 수 있지 않을까?

나는 그것이 가능하다고 생각한다. 그것이 바로 이 책을 쓴 이유이기도 하다.

제1기
1958년 체제
: 여촌야도

독재 체제하의 '민주 대 반민주'

1958년 제4대 총선부터 1987년 민주화까지 30년간 지속된 1958년 체제는 기본적으로 권위주의의 압도적인 우위에 근거해 독재 정권에 복무하는 정치체제였다. 한마디로 독재 체제, 정착되지 않은 민주주의 체제였다. 군사 쿠데타가 반복되었고, 민중항쟁이 계속되었다.

또한 1958년 체제의 여촌야도 구도는 '민주 대 반민주' 구도의 동전의 양면이었다. 여당은 독재 정권의 정당이었고 야당은 이에 저항하는 보수 야당이었다. 선거 구도는 여당의 입장에서는 '반공·성장 대 혼란'이었고, 야당의 입장에서는 '반민주 대 민주'였다. 여당은 선거 때마다 예외 없이 민주화 요구가 동반하는 정치적 혼란이 경제성장과 경제 안정을 해치며, 경제성장이 복지 증대를 가져온다고 주장했다. 반면에 야당은 독재가 민주주의 억압뿐만 아니라 정치 부패와 빈부 격차를 초래하기 때문에 민주화를 이뤄야 한다고 주장했다. 이에 대해 농촌은 여당을 지지했고, 도시는 야당을 지지했다.

이와 같은 1958년 체제의 기간은 1972년 유신을 기준으로 그 이전과 이후의 두 시기로 나눠 볼 수 있다. 왜냐하면 유신 이전의 제3공화국까지만 해도 제도적인 민주주의는 유지된 반면, 유신 이후에는 민주주의가 완전히 부정되었기 때문이다. 제3공화국까지만 해도 (의원내각제였던 짧은 제2공화국을 제외하면) 대통령 직선제와 국회의원 소선거구제가 유지되었다. 비록 선거 부정이 있었을지언정 선거를 통한 정권 교체가 가능한 제도적 장치는 있었다.

그러나 유신헌법과 제5공화국 헌법은 정권 교체를 아예 불가능하게 만들었다. 권력은 국민에게서 나온다는 민주공화국의 원리가 부정된 것이다. 대통령은 직접선거가 아닌 간접선거로 뽑았는데, 선거인단은 거수기에 불과했다. 국회의 3분의 2는 중선거구제 지역구 의원으로, 3분의 1은 비례대표 의원으로 구성되었는데, 중선거구제의 지역구의원 반은 여당일 수밖에 없었고, 비례대표도 유신 때는 전체를 사실상 대통령이 임명했고, 제5공화국 때는 비례대표의 3분의 2를 여당에 주었다. 국민의 뜻과 무관하게 대통령은 종신제였고, 국회는 집권당이 3분의 2 가량의 의석을 강제로 가져가는 제도였다.

비록 1987년까지 선거 결과에서 여촌야도 구도가 이어졌다고 해도 1972년 이후의 정권은 민주공화국을 부정하는 위헌적인 제도에 의해 유지된 것이지, 국민의 뜻으로 만들어진 정권이 아니었다.

제3공화국, 세 번의 대선과 세 번의 총선

1958년 체제에서의 구체적인 선거 양상을 제3공화국, 유신 시대, 제5공화국 별로 간단히 살펴보자.

1961년 5·16 쿠데타로 정권을 장악한 박정희는 2년간의 군정 이후

민정 이양을 하겠다고 약속해 놓고는 스스로 군복을 벗고 대통령에 출마했다. 1963년 10월 실시된 제5대 대선에서 박정희 후보는 46.6%의 지지를 받아 45.1%의 지지를 받은 윤보선 후보에게 1.5%p, 15만 표 차이로 신승했다. 선거 구도는 뚜렷한 여촌야도로, 박정희 후보는 경상도와 전라도에서 이기고, 윤보선 후보는 서울, 경기도, 강원도, 충청도에서 이겼다. 특히 박정희 후보는 전라도에서만 35만 표 차이로 이겼다. 사실상 호남이 박정희를 대통령으로 만들어 준 것이었다.

한 달 후 치러진 제6대 총선에서 집권 공화당은 득표율이 33.6%에 불과했으나 야당의 극심한 분열로 170개 의석 중 110개를 차지하는 압승을 거뒀다. 야권에서는 민정당이 41석, 민주당이 13석을 차지하는 데 그쳤다. 선거 구도는 여촌야도가 계속되었다.

1967년 5월 치러진 제6대 대선에서 박정희 후보는 51.4%를 득표해 40.9%에 그친 윤보선 후보를 10.5%p의 차이로 눌렀다. 4년 전 1.5%p에 비해 큰 차이였다. 박정희 후보의 약진은 주로 영남에서 이뤄졌는데, 이는 고도성장의 효과가 영남에 집중되었기 때문이었다. 여촌야도는 좀 완화되었다.

한 달 후 치러진 제7대 총선에서 공화당이 50.6% 득표율에 129석을 얻었고, 신민당은 32.7% 득표율에 45석을 얻었다. 공화당이 3선 개헌에 필요한 3분의 2 이상의 의석을 확보한 압승이었다. 선거 구도는 다시 뚜렷한 '여촌야도'로 복귀했다. 서울은 14개 지역 중 13개 지역에서 신민당이 승리했고, 부산도 7개 지역 가운데 5개 지역을 신민당이 차지했다. 이에 비해 농촌 지역은 대부분 공화당이 승리했다.

1971년 4월 실시된 제7대 대선에서 박정희 후보는 53.2%를 득표한 반면, 40대 기수를 내걸고 나온 김대중 후보는 45.3%를 얻었다. 지지율 격차는 7.9%p로 축소되었다. 1969년 대통령 3선을 위한 무리한 헌법 개정이 가져온 장기 집권에 대한 우려와 권위주의화에 대한 반발이 만들어 낸 결과였다.

다음 달 실시된 제8대 총선에서 공화당은 47.8%의 득표율로 86명이 당선되었고, 신민당은 44.4%의 득표율로 65명이 당선되었다. 양당 간의 지지율 격차가 4년 전 17.1%p에서 4.4%p로 급감했다. 선거 구도를 보면 여촌야도가 더욱 강화되어 신민당은 서울, 부산 등지에서 압도적 승리를 거뒀다. 서울의 19개 선거구 가운데 18개 선거구에서 신민당이 승리했으며, 부산도 서울과 유사했다. 반면 농촌에서는 공화당이 선전했다.

1979년 총선 : 유신을 끝낸 여촌야도

1978년 12월 치러진 제10대 총선에서 유신 체제에 대한 국민적 불만이 폭발적으로 드러났다. 투표율은 77%로 높아졌으며, 개표 결과 민주공화당은 득표율 31.7%로 68석을, 신민당은 득표율 32.8%로 61석을 얻었다. 신민당의 득표율이 공화당보다 1.1%p 높았다. 국민은 유신체제에 불신임 선고를 한 것이었다.

중선거구제임에도 불구하고 여촌야도 구도는 더욱 뚜렷해졌다. 도시 지역의 경우 1위 당선자는 압도적인 표차로 신민당 후보였으며, 농촌 지역에서는 공화당 후보가 1위로 당선되었다. 특히 서울의 경우 두 개 지역구에서 야당 후보가 동반 당선되는 이변이 일어났다. 역사적으로 볼 때, 1978년 제10대 총선에서 공화당의 패배와 신민당의 승리는 1979년 유신의 몰락을 가져왔다.

1985년 총선 : 독재 시대를 끝낸 여촌야도

1958년 체제의 마지막 선거인 1985년 제12대 총선은 84.6%라는 높은 투표율을 기록했다. 선거를 불과 25일 앞두고 김대중과 김영삼, 두 야당 지도자가 이끄는 신한민주당(약칭 신민당)이 창당되었다. 전두환 정권에 의해 사형선고를 받았다가 미국으로 망명했던 김대중은 선거를 4일 앞두고 귀국했다. 선거 분위기는 가히 폭발적이었다.

선거 결과는 다시 한 번 뚜렷한 여촌야도였다. 서울과 부산에서는 한 지역구에서 두 명의 야당 후보자가 당선되기도 했다. 민정당은 35% 지지에 148석, 신민당은 29% 지지에 67석, 민한당은 20% 지지에 35석을 얻었다.

역사적으로 볼 때, 제12대 총선은 선거 혁명이었다. 이를 기반으로 1987년 6월항쟁 때까지 줄기차게 이어진 민주화 운동은 마침내 오랜 군사독재를 끝냈다. 또한 마지막으로 여촌야도가 나타난, 1958년 체제의 마지막 선거이기도 했다.

왜 농민들은 독재 정권의 지지 기반이 되었나?

'1958년 체제'는 다수파 전략의 관점에서 보면 독재 정권이 국민의 절대다수인 농민들을 포섭하기 위한 '체제'였다. 그러면 여기에서 우리는 이런 질문을 할 수 있다. 왜 농민들은 이승만·박정희·전두환까지 30년간 독재 정권을 지지했을까?

농민이 전체 국민의 다수를 차지하고, 농촌 지역이 전체 지역구의 다수를 차지하던 시절, 농민의 지지를 확보하는 것은 절대적 다수의 지지를 확보하는 것을 의미했다. 농민들이 30년간 독재 정권의 기반이 된 이유는 두 가지 측면에서 찾아볼 수 있다.

첫 번째 이유는 농민들이 권위주의적 통치의 직접적인 통제 아래 있었기 때문이다. 도시민들은 누가 여당을 찍고 누가 야당을 찍는지 잘 드러나지 않는다. 그러나 농민들의 경우 이는 거의 그대로 드러난다. 게다가 도시민들(노동자나 중산층)에게 거주지와 일자리는 다른 곳인 반면, 농민들에게는 거주지와 일자리는 같은 곳이다. 따라서 농촌에서는 투표 결과에 대한 독재 정권의 직접적 통제, 즉 동원 투표가 가능하고 또 그 효과가 분명했다. 한마디로 여촌야도는 권위주의적 동원 체제의 산물이었다.

여기에 교육 수준과 매스컴 접촉도의 차이로 인해 도시민들은 높은 정치의식에 기초한 투표가 많은 반면, 농민들은 정치에 무관심하고 외부 압력에 순응하는 투표가 많았다는 점도 함께 작용했다. 이 같은 여촌야도는 산업화·근대화 과정에 있는 많은 나라에서 나타나는데, 특히 한국에서 두드러졌다.

두 번째 이유는 토지개혁의 성과가 농민들의 여당 지지에 영향을 미쳤다는 데 있다. 정치학자 김일영은 마르크스의 "루이 보나파르트의 브뤼메르 18일"의 논지를 빌려 토지개혁으로 혜택을 받은 농민들이 이승만 정권을 지지했다고 분석했다. 프랑스혁명 이후 농민이 토지개혁으로 자영농이 되었고 이들이 1848년 루이 나폴레옹을 대통령에 당선되도록 했던 것처럼, 이승만 정권의 지지 기반도 토지개혁으로 자영농이 된 농민이었다는 것이다(김일영 1991).

한국전쟁 직전인 1950년 5월 실시된 토지개혁은 '유상 몰수, 유상 분배'의 방식으로 이루어졌다. 이에 대해서는 많은 논란이 있지만, 남미의 경우 아예 토지 재분배가 이뤄지지 않아 지금까지 심각한 빈부 격차의 원인이 되는 데 비해, 한국의 부는 이런 토지개혁을 통해 어느 정도 분배된 측면이 있다.

이는 토지개혁 이전의 일제시대 농민의 상황과 비교해 보면 그 변화가 분명하다. 일제는 조선에서 주로 쌀을 착취해 가는 데 몰두했고, 그래서 동양척식회사는 1920년대까지 전국 농지의 3분의 1을 끌어 모았다. 그 결과 농가 호수에서 자작농 비율이 1919년 39.3%, 1929년 18.0%, 1945년 13.8%로 떨어졌다. 게다가 같은 '소작'이라도 조선 시대의 소작은 공동체 내의 공생 관계의 의미가 있었던 반면, 일제에 의해 절대화된 소유권 앞에서 소작이란 사실상 '농노'의 처지와 다름없었다.

따라서 해방 후 이뤄진 토지개혁은 농민들에게 일정한 만족을 주었고, 그것이 독재 정권의 권위주의적 동원 체제와 결합되면서 농민들은 독재 정권에 투표했다. 반면, 당시 전체 인구 가운데 소수였던 도시 노동자와 중산층은 독재 정권에 반대하는 위치에 서 있었다. 이런 차이가 여촌야도 구도를 만든 것이다.

1958년 체제의 세대 기반과 세계적 흐름

1958년 체제는 권위주의 독재 체제였고, 그 명분은 산업화와 반공이었다. 1958년 체제가 성립될 수 있었던 것은 한국전쟁 때문이었다. 한국전쟁의 경험이 한국을 반공과 독재의 정치체제로 이끌었던 것이다. 그리고 1920, 30년대에 태어나 일제 말기와 한국전쟁 시기에 젊은 시절을 보낸 세대가 1958년 체제의 기반이 되었다고 할 수 있다.

1958년 체제와 당시 세계적 흐름이었던 복지국가 시대와는 공통점이 있다. 바로 큰 정부다. 차이가 있다면 복지국가는 국가가 나서 국민 복지에 주력한 반면, 한국의 개발독재는 국가가 나서 재벌 중심의 산업화에 주력했다는 데 있다. 만일 당시 세계적 흐름이 신자유주의였다면 한국에서도 박정희식의 정부 주도 경제개발은 쉽지 않았을 것이다.

또한 1958년 체제는 세계적인 냉전 체제와 잘 조응했다. 지정학적으로 냉전의 최전선에 위치해 있던 한반도는 양대 패권국인 미국과 소련의 직접적인 영향력 아래 있었고, 이는 1958년 체제에도 큰 영향을 미쳤다.

제2기
1987년 체제
: 지역 구도

1987년 시작된 지역 구도는 25년이 지난 지금까지 한국 정치를 지배하고 있다. 여촌야도가 산업화·근대화 과정에 있는 많은 나라들에서 발견되는데, 한국에서 특히 두드러지게 나타났던 것처럼, 지역 구도 역시 많은 민주주의국가에서 나타나는데, 한국에서 특히 두드러지게 나타났다. 그 이유를 살펴보자.

전통의 발명 : 지역감정의 전통 사회 기원설

지역감정에 대해서는 사람들마다 각기 나름의 생각과 경험을 가지고 있다. 그리고 사람에 따라 그것이 대단히 깊게 자리 잡은 경우도 많다. 그런데 그런 지역감정에 대한 견해들은 잘못된 사실에 근거한 것이 많다. 『만들어진 현실』(박상훈 2009)을 바탕으로 이에 대한 이야기를 풀어 보자.

잘못된 사실에 근거한 대표적인 주장은 호남에 대한 차별이 근대 이전부터 존재했던 것이라는 주장이다. 이는 우리의 지역감정의 기원이 삼국시대 백제의 멸망과 통일신라의 등장으로까지 거슬러 올라갈 수 있다고 본다. 태조 왕건이 남긴 '훈요십조'(訓要十條)에서 알 수 있듯이, 고려 시대에도 호남 출신은 지배층에서 배제되었고, 조선 시대에도 호남에서는 민란과 모반이 잦았다는 것이다.

그러나 이는 사실과 다르다. 우선 '백제=호남'이 아니다. 백제의 뿌리는 고구려이고, 그 중심지는 지금의 서울 주변이었다. 백제 역사 678년 중 493년 동안 중심지는 서울 주변이었고, 나머지 185년 동안에도 충청도 공주와 부여였다. 호남으로 내려간 적이 없다. 후백제를 세운 견훤 역시 경상도 상주 출신이다.

고려 시대에도 호남 출신이 지배층의 구성에서 차별받거나 배제된 증거는 찾을 수 없다. 조선 시대 민란의 발생 빈도는 호남이 아니라 영남이 압도적으로 많았다. 조선 시대 중앙 관료로 진출하는 데 특별히 호남이 차별 받았던 것도 아니다. 만약 차별이 있었다면 그것은 호남이 아니라 서북이었다.

따라서 호남에 대한 편견이나 차별이 역사적으로 오랜 기원을 가지고 있다고 주장하는 것은 누군가의 필요에 의해 작위적으로 창조된 역사, '과거의 정치적 이용' 내지 '전통의 발명'이라 할 수 있다.

역사에서 특정 지역에 대한 편견과 차별의 기록을 찾기란 쉬운 일이다. 이는 영남도 마찬가지다. 인조반정 이후 영남 사대부는 오랫동안 차별 받았고, 영조 때는 무신란을 계기로 '반역향'(反逆鄉)으로 낙인 찍혔으며, 정조 때는 대구에 '평영남비'(平嶺南碑)를 세우면서 이 지역 출신의 과거 응시를 금지시키기도 했다. 호남에 대해 좋게 평한 역사적 기록도 많다. 정조는 호남이 "가장 어질고 충성스러운 고장"이라고 했고, 김정호는 "전국 팔도에서 가장 축복받은 땅"이라고 했으며, 이순신은 "호남이 없으면 조선이 없다"고 했다.

그리고 기본적으로 특정 지역에 대한 편견이 근대 이전부터 사회 구성원의 의식 속에 있었다는 것은 시대착오적 오류다. 전통적인 농업 사회에서는 인구의 대부분이 농민이었고, 이들은 대개 경작지에 얽매여 있어 지역 간 이동이 없었기 때문에 여타 지역에 대한 인식이 요구되지 않는다. 집단적 정체성을 둘러싸고 벌어진 갈등은 매우 근대적인 현상이다.

1960년대 영남 지역주의의 선거 동원

그렇다면 근대 이후 언제 지역주의가 발생했는가? 특히 언제부터 지역주의가 선거에 동원되기 시작했는가?

지역주의가 선거에 동원되기 시작한 것은 1960년대 박정희 대통령이 영남을 동원하면서부터였다. 1967년 제6대 대선에서 박정희 후보는 윤보선 후보를 10.5%p, 116만 표의 큰 차이로 앞질렀는데, 그 동력은 영남이었다. 영남에서 박정희는 무려 137만 표 차이로 압도적인 승리를 거뒀다. 경제개발의 성과를 영남에 집중시키고, 영남 출신인 박정희 후보가 지역주의를 동원한 결과였다.

이처럼 박정희 후보가 영남 지역주의를 동원한 이유는 무엇인가? 그것은 박정희 후보가 영남 출신이었다는 점도 중요하지만, 더 중요한 것은 영남 인구가 전체 인구의 30%를 상회하는 최대 인구였기에 영남 지역주의만 동원할 수 있으면 선거에서 승리할 수 있었기 때문이다. 따라서 박정희 정권은 농민을 동원하는 동시에 영남 지역주의를 동원했다. 이를 위해 경제개발의 이익을 영남에 집중하는 전략을 선택했다.

그러나 1971년 제7대 대선 때는 상대 후보가 호남 출신의 김대중 후보였음에도 불구하고 오히려 영남 지역주의가 약화되었다. 당시 김대중 후보는 이전 대선에 비해 부산에서 11%p, 대구에서 9%p, 경남에서 1%p의 득표율을 증가시켰다. 부산에서는 45%를 득표해 박정희 후보와 큰 차이가 나지도 않았다. 당시의 선거 구도는 기본적으로 여촌야도였다. 물론 박정희 후보가 영남 전체에서 이기고, 김대중 후보가 호남 전체에서 이긴 것은 사실이지만 그것이 지역주의라고 부를 정도는 아니었다. 1971년 대선을 지역주의 선거로 보는 것은 오히려 사후적 해석이다.

그리고 1963년 제5대 대선에서는 호남의 몰표가 박정희 후보의 당선에 결정적인 역할을 하기도 했다. 당시 대선에서 박정희 후보는 윤보선 후보에 1.5%p, 15만 표 차이로 신승했는데, 전라도에서만 35만 표 차이로 이겼다. 사실상 호남이 박정희를 대통령을 만들어 준 것이었다.

1970년대 반호남주의의 동원과 광주 항쟁

박정희 정권은 1960년대까지 반호남 지역주의를 동원하지 않았다. 그 이유는 간단했다. 야당 대표가 충청남도 아산 출신의 윤보선 후보였기 때문이다. 그러나 1971년 대선 이후에는 본격적으로 반호남 지역주의를 동원했다. 그 이유도 간단했다. 야당 대표가 호남 출신의 김대중 후보였기 때문이다.

이를 위해 박정희 정권은 두 가지를 이용했다. 첫째는 반공 이데올로기로 이를 통해 박정희 정권은 김대중을 '사상이 의심스러운 자'로 매도했다. 둘째는 1960년대를 거치면서 서울 지역에서 형성된 호남에 대한 부정적 편견을 활용했다.

1970년대 후반 사회심리학자들의 연구에 따르면 서울에서 출신지에 대한 편견의 대상이 1950년대까지는 이북이었는데, 1960~70년대 급격한 산업화와 도시화를 거치면서 호남이 그 자리를 이어받았다고 한다. 흥미로운 점은 당시 호남에 대한 차별 의식을 가장 강하게 가진 지역민은 영남이 아니라 충청, 서울, 경기 순이었다는 것이다. 이는 산업화로 서울에 이주해 온 하층민이 주로 호남·충청 출신이었고, 이들이 서울·경기 출신 하층민들과 경쟁했기 때문인 것으로 해석된다. 영남의 하층민들은 영남의 산업화로 영남의 도시로 이주했고, 따라서 호남과 영남 하층민 간의 경쟁의 계기는 약했다(박상훈 2009).

박정희 정권은 이런 호남에 대한 편견을 적극 활용해 이를 반공 이데올로기와 결합시켰다. 반정부 세력을 분열시키기 위한 의도에서도 호남에 대한 편견을 적극 동원했다. 이에 대해 상층 집단은 적극 부응했다. 그 결과 정부의 고위직, 재벌 기업의 상층 관리직 등에서 호남 출신의 비율은 크게 줄어들었다. 그 과정에서 호남 출신의 개성적 특질 내지 행동 양식에 대한 편견과 허위의식(예를 들면 '간사하다', '배신을 잘한다' 등)이 의식적으로 조장되었고, 이를 받아들이는 사람들은 '가해자 의식'을 공유했다.▪

▪ 이런 '가해자 의식'을 영화를 통해 깊이 있게 표현한 감독이 바로 참여정부에서 초대 문화관광부 장관을 지낸 이창동 감독이었다. 그의 영화 〈박하사탕〉과 〈시〉에 나오는 주인공들은 가해자 의식에 괴로워하다가 결국 죽음을 통해 거기서 벗어난다. 특히, 영화 〈시〉의 주인공(윤정희 역)은 '가해자 의식의 공유'가 당연시되는 상황을 견디지 못하고 스스로를 희생함으로써 이를 거부한다.

대표적인 경우가 1980년 광주항쟁에 대한 해석이었다. 비슷한 시기에 일어난 부마항쟁과 달리 1980년 광주항쟁과 그 비극적 결말에 대해서는 호남의 지역 정서를 불러들여 해석하는 경우가 많았다.

제13대 대선 : 1987년 체제의 정초 선거

1987년 체제의 지역 구도는 두 가지가 결합되어 만들어졌다. 그 첫째는 앞에서 설명한 반호남 지역주의였다. 그리고 그 둘째는 1987년 제13대 대선에서 평화민주당 창당과 김대중 후보의 출마였다. 만일 당시 김영삼과 김대중이 분열되지 않고 후보 단일화에 성공했더라면 정치적으로 지역 구도가 형성되지는 않았을 것이다.

그러나 문제는 당시 신민당이 김영삼과 김대중, 그리고 그 계파 정치인이 합쳐진 정당에 불과했다는 점이다. 두 지도자를 넘어서 대통령 후보를 공식적으로 결정할 수 있는 어떤 구조가 작동할 수 없는 정당이었던 것이다. 따라서 후보 단일화를 위해서는 둘 중 하나가 상대에게 후보를 양보하고 차기를 도모해야 했는데, 그것은 현실적으로 김대중의 양보를 의미했다.

그런데 과연 당시에 김대중이 김영삼에게 후보를 양보했을 때, 1992년 대선에서 대통령 후보가 되고 더 나아가 대통령에 당선될 수 있었을까? 그 이후 25년 동안 다섯 번의 대통령 선거를 경험한 현재의 시점에서 평가해 볼 때, 그것은 아마 거의 불가능했을 것이다.

5년 후 김대중이 대통령 후보가 되는 것은 (만약 당선되었다면) 현직 대통령인 김영삼의 결단일 수밖에 없을 텐데, 두 사람의 신뢰 관계는 그렇게 깊지 않았다. 오히려 서로에 대한 불신이 대단했다. 그리고 두 사람의 정책적 지향도 달랐다. 또한 무엇보다 대통령의 많은 측근들이 과거의 경쟁자를 차기 후보로 만들지 않았을 것이다. 그리고 김대중이 김영삼 대통령 밑에서 차기 대통령이 되려면 김영삼 정부의 공과를 책임져야 하는데, 그러기는 쉽지 않았을 것이다.

결국 1987년 야당의 분열은, 단일 후보가 되지 못할 바에는 차라리 훗날을 위해서도 독자 출마가 낫다고 평가하게 만든 강력한 대통령 권력과 정당 조직의 비민주성, 그리고 김영삼과 김대중 간의 인간적인 불신이 만들어 낸 결과였다. 그리고 그것이 지역 구도라는 결과를 낳게 된 것이라 할 수 있다.

미국의 인종 문제와 한국의 지역주의의 유사성

한국의 지역주의 문제는 미국의 인종 문제와 유사한 특성을 가지고 있다. 이런 유사점을 가장 잘 보여 주는 것이 자녀들의 배우자에 대한 반대다.

다행히 이런 편견은 지금 사라지고 있다. 다른 인종 간의 결혼에 대해 미국인들은 갈수록 관대해지고 있다. 1978년 여론조사에서 미국인의 36%만이 백인과 흑인 간의 결혼을 인정했으나 1991년 조사에서는 48%가, 2002년에는 65%가, 2007년 조사에서는 77%가 이를 인정했다. 미국에서 흑인인 오바마가 대통령에 당선될 수 있었던 것도 이런 변화 때문에 가능한 일이었다.

한때 한국에서도 부모들이 특정 지역 출신과는 결혼시키지 않으려는 의식이 있었다. 특히 영남 출신 부모들이 자녀를 호남 출신과 결혼시키지 않으려 했다. 그 정도가 과연 미국에서 백인과 흑인 간의 결혼을 반대하는 정도와 얼마나 차이가 나는지는 알 수 없다. 다만 분명한 것은 우리나라에서도 요즘은 그런 사람들이 거의 없다는 점이다.

본질적으로 한국에서 지역 구도가 보수 세력의 다수파 전략인 것과 마찬가지로, 미국에서도 인종 문제는 보수 세력인 공화당의 다수파 전략이다. 미국 정치학자들의 분석에 따르면, 미국에서 1980년 이후 레이건, 아버지 부시, 아들 부시까지 극단적인 시장 지상주의자들이 집권하게 된 것은 남부 사람들이 공화당 지지로 돌아섰기 때문이다(크루그먼 2008).

이를 위해 미국의 보수 세력들은 남부 백인들의 흑인에 대한 멸시의 감정을 적극 활용했다. 예를 들면 이런 식이다. 로널드 레이건은 1980년 공화당 대통령 후보 경선의 시작을 남부의 한 도시에서 '복지제도의 여왕'에 대한 규탄으로 시작했다. 레이건은 중산층이 내는 세금이 게으르고 나태한 어떤 여자에 쓰이는 것을 강력히 규탄했다. 레이건은 그 여자가 어느 인종인지 말하지 않았지만 사실 그럴 필요도 없었다.

왜 미국에 여느 선진국과 달리 사회주의 정당과 사회운동이 없었는지에 대한 체계적인 연구(Alesina, Glaeser, and Sacerdote 2001) 역시 그 원인이 '인종'에 있다고 결론 내린다. 사회주의도, 사회운동도 결국은 함께 잘살자는 것이요, 부자의 부를 가난한 사람에게 나눠 주자는 것인데, 미국에서 가난한 사람이란 결국 흑인이었던 것이었다. 인종주의가 사회운동의 확산을 막은 것이다. 미국이 최근까지도 전 국민을 대상으로 하는 공적 의료보험제도가 없는 유일한 선진국인 이유도 바로 인종 문제 때문이었다.

미국에서 루스벨트, 트루먼, 케네디, 존슨으로 이어지는 40여 년의 민주당 집권기(1930~60년대)에 남부는 민주당의 중요한 정치적 기반이었다. 그것은 민주당이 경제적 평등을 추구했지만 인종차별에 반대하지 않았기 때문에 가능했다. 그런데 존슨 대통령 때 인종차별을 폐지하는 민권법을 통과시킨 후 남부는 공화당으로 돌아서기 시작했다.

그리고 1970년대 이후 공화당의 보수주의자들은 이런 남부 백인들의 흑인에 대한 반발심을 적극 활용했다. 그들은 거기에 기독교 원리주의를 결합해 미국 남부에서부터 그 세력을 확장하기 시작했다. 그것은 성공했고, 1980년 이후 미국에서 보수 세력이 장기 집권하는 데 원동력이 되었다.

1987년 체제에서 민주 정부 10년, 어떻게 가능했나?

나는 1987년 체제의 지역 구도란 본질적으로 보수 세력의 다수파 전략이라고 지적했다. 그것은 대단히 위력적인 수단이었다. 거의 난공불락의 장기 집권 전략이었다. 그런데도 이런 1987년 체제에서 민주 세력이 두 번이나 집권에 성공했다. 도대체 이는 어떻게 가능했을까?

사실 지역 구도에서 호남 출신인 김대중이 대통령이 되는 것은 불가능한 일이다. 앞에서 살펴본 것처럼 지역주의 자체가 김대중을 타깃으로 한 것이었다. 그런데도 1997년, 김대중은 대통령에 당선되었다. 그것은 미국에서 흑인 대통령이 탄생한 것만큼이나 불가능한 일이다. 그런데 불가능한 두 가지 일이 모두 일어났다. 민주주의란 이런 것이다. 선거란 이런 것이다. 사실 둘 다 대통령 선거를 한두 달 남겨 놓고 전대미문의 경제 위기가 일어났던 것이 결정적이었다. 만일 경제 위기가 없었다면 김대중도, 오바마도 대통령으로 당선될 수는 없었을 것이다.

1997년 대선에서 김대중 후보가 당선된 것을 두고 당시 이회창 후보 측의 모 인사는 이렇게 말했다. "이회창 후보가 대통령에 당선되지 못한 데는 100가지 이유가 있었다. 그런데 만일 그중에 단 한 가지라도 없었다면 이회창 후보가 당선될 수 있었다." 이 말처럼 당시 선거를 정확히 표현하는 말은 없다.

그런데 지역 구도가 다수파 전략이라는 점에서 1997년 대선과 2002년 대선을 돌이켜 보면, 두 번의 대선에서 민주 세력이 승리하게 만든 가장 결정적인 기여자는 다름 아닌 상대 후보였던 이회창이었다는 결론에 이르게 된다. 1987년 체제라는 좋은 구도에서도 그가 당선되지 못한 중요한 요인 가운데 하나는 아들의 병역 문제, 원정 출산 논란 등 그가 일반 국민과는 너무 동떨어진 모습을 보여 준 데 있었다.

그러나 1987년 체제와 지역 구도라는 관점에서 볼 때, 이회창 후보에게는 치명적 단점이 있었다. 그것은 그가 영남 출신이 아니었다는 점이다. 돌이켜 보면 1997년 대선의 1.6%p 차이, 2002년 대선의 2.3%p 차이라는 박빙의 승부에서 그 점은 결정적인 문제였다. 만일 1997년 대선에서 이회창 후보가 영남 출신이었다면 충청도 출신인 이인제 후보가 신당을 만들어 부산·경남에서 그렇게 많은 표를 가져가는 일은 발생하지 않았을 것이다. 그리고 2002년 대선에서도 김해 출신인 노무현 후보에게 부산·경남의 표를 잠식당하지 않았을 것이다.

사실 1997년 대선에 비해 2002년 대선에서는 이회창 후보가 부산·경남에서 표를 많이 빼앗기지는 않았다. 문제는 오히려 이회창 후보가 영남에서 표를 잃지 않으려고 영남 지역주의를 부추겼던 모습이(그는 야당 대표 시절 걸핏하면 영남에서 장외 집회를 하는 등 지역주의를 이용해 호남 출신 김대중 대통령을 공격했다) 그를 구태 정치인으로 각인시킨 데 있었다. 그로 인해 수도권과 충청권의 20~30대는 등을 돌렸다. 결국 그것도 비영남 출신의 한계였다. (2007년 대선의 이명박 후보나 2012년 대선을 앞둔 박근혜처럼) 지역 연고를 통해 영남은 기본적으로 확보해 놓고 수도권의 중도층을 가져오는 전략을 쓰지 못했던 한계도 그가 비영남 출신이기 때문이었다.

1987년 체제의 세대 주역과 세계적 흐름과의 관계

이제 1987년, 지역주의 체제를 이끈 세대가 누구인지 살펴볼 순서이다.

그 주역은 지금의 60대다. 앞에서도 살펴보았듯이 그들은 한국전쟁 이전인 1940년대에 태어나 어린 시절을 식민지 시대, 해방, 전쟁의 혼란 속에서 보냈다. 그리고 이 과정에서 반공을 체화했다. 이후 산업화가 본격화되는 1960, 70년대에 20·30대를 보냈는데, 이 시기는 농촌에서 도시로의 이동이 극심했던 시기였다. 60대의 대부분은 그 과정에서 고향을 떠나 외지로 옮겨가는 사회적 이동을 경험했으며 그 과정에서 '고향 사람'처럼 중요한 존재가 드물었기 때문에 '고향 사람'에 대한 강한 동지 의식을 가지게 되었다. 따라서 이들 60대는 확고한 '지역 정체성'을 가지고 성장 우선주의, 즉 산업화 논리를 지지했다.

이들과 더불어 지금의 50대도 지역주의 체제를 만드는 데 일조했다. 다만, 1950년 한국전쟁 이후 태어난 베이비붐 세대인 50대는 60대에 비해 지역주의 색채가 덜했다. 그래서 산업화 가치의 중심이었던 60대와 민주화 가치의 중심이었던 486세대 사이에서 중도층으로 존재하면서 캐스팅보트를 행사할 수 있었다.

세계적 흐름에서 볼 때, 1987년 체제는 경제적으로 1980년대 이후의 신자유주의 시대와 함께했다. 또한 정치군사적으로 볼 때는 소련의 붕괴로 미국이라는 유일 강국이 지배하는 한반도 질서 속에 있었다.

이것은 1987년 체제의 근본적 성격을 규정했다. 그것은 경제적으로 세계적인 신자유주의 흐름으로부터 자유로울 수 없었다는 것이다. 이는 IMF 외환 위기의 원인 및 결과와도 결부되어 있다.

제3기
2012년 체제

탈지역주의적인 20~40대의 등장

1장에서 지적했듯이, 2010년 지방선거 이후 선거와 여론조사의 흐름은 지역 구도가 완화되고 세대 구도가 강화되고 있음을 보여 준다. 도대체 왜 이런 현상이 나타나는 것일까? 왜 1987년 이후 25년이나 지속되어 온 지역 구도가 최근 들어 완화되는 조짐들이 보이는 것일까?

지금 대한민국에서 나타나는 지역 구도의 완화와 계층·세대 구도의 강화는 동전의 양면이다. 그리고 그 핵심에는 20~40대가 있다. 바로 탈지역주의적 성향의 20~40대가 정치의 전면에 등장하면서 지역 구도가 완화되고 세대 구도가 강화되고 있는 것이다.

반면 1987년 체제의 지역 구도를 만든 주역인 지금의 60대(또는 50대)에게 출신지는 대단히 중요한 요소였다. 1960, 70년대에 고향을 떠나 도시로 옮겨와 20·30대를 보낸 이들 세대에게는 '고향 사람'처럼 중요한 존재가 드물었다. 그래서 이들 세대는 확고한 '지역 정체성'을 가지고 있는 것이다. 그러나 20~40대에게 출신 지역은 별로 중요하지 않다. 이들이 젊음을 보낸 1980년대 이후에는 1960, 70년대와 같은 지역 간 이주가 활발하지 않았다. 그러니 고향 의식을 내면화할 이유가 없었던 것이다.

영남의 20~40대는 진보적인가

이처럼 20~40대에게 현재의 지역 구도에 근거한 정당 구도는 자신의 삶의 문제를 반영하지 못하는 구식의 정당 구도이다. 그것은 영남의 20~40대나, 호남의 20~40대나 마찬가지다.

영남의 20~40대의 입장에서 생각해 보면, 보수정당을 지지한다고 해서 자신들에게 20%의 상위 트랙 일자리가 주어지지 않는다. 그들의 이해와 요구를 제대로 반영하는 정책은 결국 일자리 확대와 보편적 복지, 노동소득분배율 확대, 내수 기반 중소기업 중심 경제와 같은 진보적 정책인 것이다.

과거 박정희·전두환 정권 시절에는 경제성장의 혜택을 영남에 집중하는 방식으로 지역 구도를 조장했다. 그러나 이제는 그것이 불가능하다. 왜냐하면 이제 경제가 사람 중심, 혁신 경제로 변화했기 때문이다. 과거와 같이 경제가 토건과 건설, 부동산 중심이라면 지역이 중요하다. 특정 지역에 개발을 집중하면 부동산 가격이 오르기 때문이다. 그러나 이제 그런 경제는 부동산을 가진 50~60대에게 큰 영향을 미칠 뿐, 20~40대에게는 그리 큰 관심사가 될 수 없다.

민주진보 진영의 중심 : 호남에서 2040세대로

1장에서 살펴보았듯이, 호남의 20~40대는 민주진보 세력을 지지하지만 상대적으로 민주노동당과 국민참여당을 지지하는 성향이 높다. 영남의 20~40대가 탈지역주의적인 것처럼 호남의 20~40대도 탈지역주의적인 것이다. 영남의 20~40대에게 부자 정당인 한나라당을 지지하는 것이 자신들의 처지와 맞지 않는 것처럼, 호남의 20~40대도 민주당에 대한 애정이 강하지 않다. 그들도 점차 민주당이 아닌 다른 정당을 지지하기 시작하고 있다.

그런데 이는 호남의 20~40대만이 아니라 전국의 20~40대의 공통점이다. 그들은 자신들을 대변할 당으로 민주당을 높이 신뢰하지 않는다. 2011년 8월 27일 한국사회여론연구소의 조사에 의하면 야권 중 민주당을 제외한 '민노당, 진보신당, 국민참여당'이 통합해 하나의 정당이 된다고 할 경우 정당 지지도는 한나라당(36.5%), '야 3당 통합 진보 정당'(19.8%), 민주당(19.2%), 자유선진당(3.2%), 모름(21.2%) 순으로 나타났다. 민주당 지지층 상당수가 통합 진보 정당 쪽으로 옮아가고 있는 것이다.

25년 동안 지속되고 있는 1987년 체제의 지역 구도가 가진 특징 중 하나는 민주진보 진영의 대주주가 호남이었다는 점이다. 호남의 단결된 힘이 민주진보 진영의 가장 큰 원동력이었다. 그런데 최근의 흐름은 이것이 바뀌고 있음을 보여 준다. 민주진보 진영의 대주주가 호남에서 20~40대로 바뀌는 흐름이 형성되고 있는 것이다.

세대 구도와 정당 구조

그렇게 되면 정당 구조도 변화되어야 한다. 더 이상 지역 구도에 근거한 정당 구조는 실효성이 없다. 그런데 세대 구도로의 전환에 따른 정당 구조의 전환은 생각보다 복잡한 양상을 거칠 수도 있다. 왜냐하면 지역 구도에서 세대 구도로의 전환 과정에서 열리게 될 넓은 정치적 공간을 '정치적 벤처 세력'이 그냥 놔두지 않을 것이기 때문이다. 특히 20~40대의 변화무쌍한 정치적 성향에 소구하려는 정치 세력들에게는 새로운 기회가 열릴 수도 있다. 이 과정은 정치에 새로운 바람을 불러올 것이다.

그러나 한국 정치제도는 결선투표제 없는 대통령제와 국회의원 소선거구제, 즉 단순 다수제이기 때문에 소수 정당에게 불리하고 결국은 양당제로 귀결될 수밖에 없는 제도적 특성을 가지고 있다. 따라서 이들 2040세대에 기반해 정치를 하려는 정치 세력들은 결국 하나로 수렴될 것이다. 그리고 지금의 20~40대의 이해와 요구에 맞는 정책은 결국 진보적 정책인 만큼 이에 동의하는 세력들이 하나로 합쳐질 수밖에 없을 것이다.

또한 1987년 무렵과는 달리 이미 대한민국 민주주의도 성숙했기 때문에 기존 정당의 역사와 세력을 뛰어넘어 한 개인이나 소수 세력이 새로운 정당을 만들어 양당제의 한 축을 구성하는 정당으로 발전시키는 것은 불가능할 것이다.

2012년, 세 번째 정초 선거는 가능한가

한국 국민들은 2012년 양대 선거를 앞두고 있다. 4월 총선과 12월 대선이 그것이다. 이 두 번의 선거가 대한민국 역사에서 세 번째 정초 선거가 될 수 있다.

그러나 선거란 워낙 변수가 많다. 1987년 체제 지역 구도하에서 김대중 후보가 대통령에 당선되기도 하고, 미국에서 흑인인 오바마가 당선되기도 하는 것이 선거다. 따라서 그것을 확정적으로 예상하기는 쉽지 않다. 다만 분명한 것은 유권자 구도상으로는 분명히 정초 선거의 기반이 마련되었다는 점이다. 지금 전체 유권자의 3분의 2에 가까운 20~40대가 진보적 성향과 반한나라당 정서로 뭉쳐 있다. 따라서 2012년 정초 선거의 객관적 여건은 무르익었다고 할 수 있다.

다만 야권 통합 및 후보 단일화가 어떻게 이루어지느냐가 2012년 정초 선거의 성공 여부, 그에 따른 2012년 체제의 구축 여부를 결정할 것이다.

만일 2012년 선거에서 2012년 체제가 시작된다면 그 선거는 젊은 세대의 적극적인 투표 참여로 높은 투표율을 기록할 것이고, 세대 구도가 더욱 분명해질 것이며, 지역주의 구도가 거의 무너질 것이다. 특히 부산·경남 지역에서는 지역주의가 무너질 것이다.

그리고 20~40대의 지지를 얻는 이가 민주진보 진영의 차기 대통령 주자가 될 것이다. 그런 후보일수록 대선에서 보수 진영 후보를 이길 가능성이 높다.

한마디로 향후 선거 결과는 2040세대가 결정할 것이다 이들이 투표하지 않으면 보수 세력이 승리할 것이오, 이들이 투표하면 민주진보 진영이 승리할 것이다. 이들이 선택한 사람이 민주진보 진영의 대통령 후보가 될 것이며, 이들이 힘을 모아 주면 그 후보는 대통령이 될 것이다.

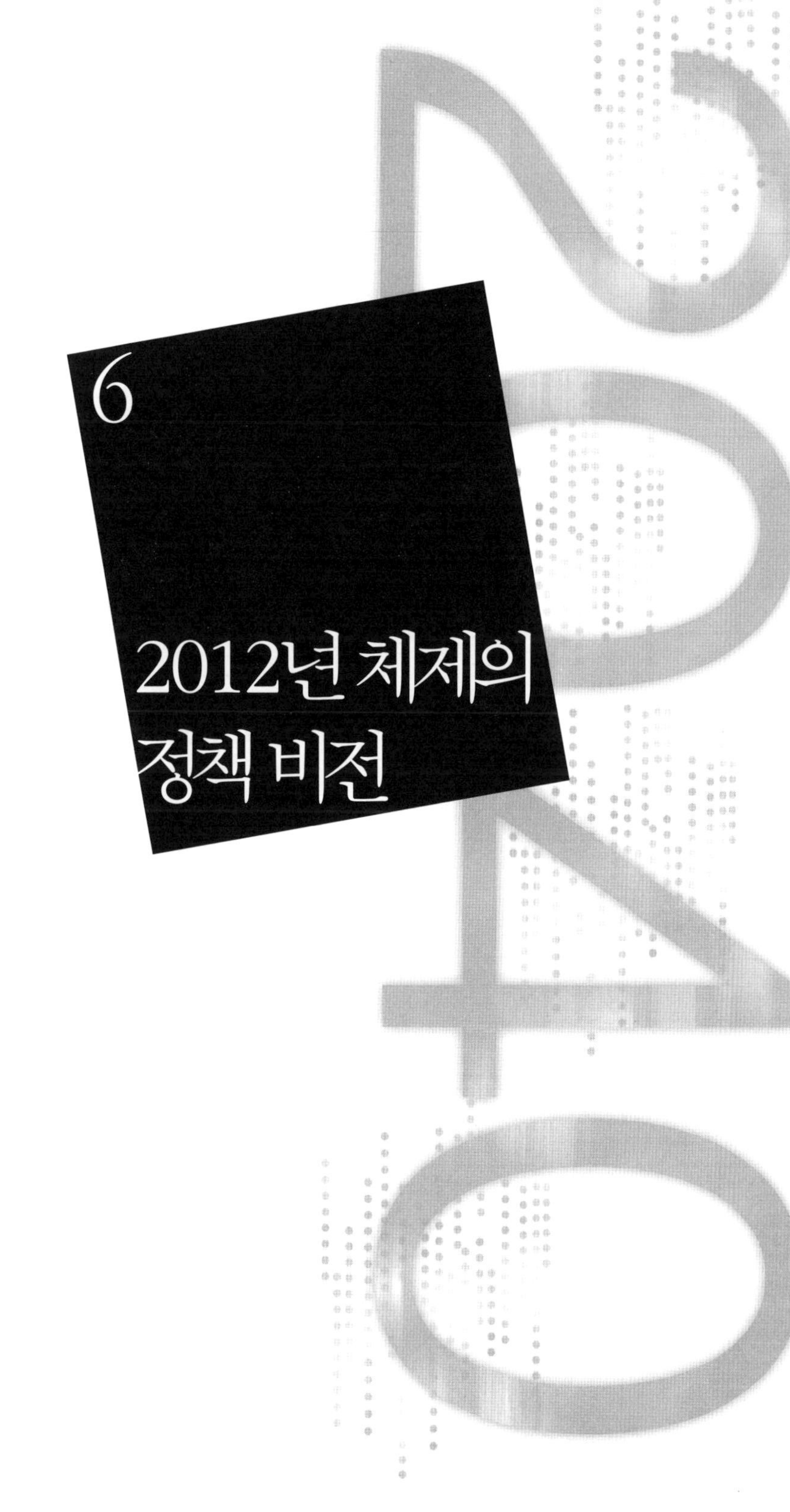

6

2012년 체제의
정책 비전

'Again 1987'
희망의 사다리 복원

다수파 진보의 역사적 과제 : 사다리의 복원

지금 다수파 진보는 잃어버린 '희망의 사다리'를 복원해야 하는 역사적 과제를 부여받고 있다. 중간에 사다리를 잃어버린 세대인 40대와 사다리를 전설로만 들었지 아예 구경도 못한 세대인 20~30대가 역사의 주역이 되어 희망의 사다리를 재건해야 한다. 세대 혁명을 통한 2012년 체제의 구축, 민주진보 진영의 다수파 전략이 성공하기 위해서는 집권만으로는 안 된다. 집권보다 중요한 것은 정책의 성공이다.

노무현 전 대통령의 말대로 권력은 이미 시장에 넘어갔고, 그로 인해 발생한 문제점이 너무 심각한 것은 사실이다. 그러나 더 중요한 것은 그것을 극복하기 위한 답이 시장에는 없다는 것이다. 답은 결국 다시 국가와 정치에 있다. 지금 대한민국을 짓누르고 있는 '20 대 80 사회'의 극복은 시장을 통해 저절로 해결될 수 없다. 국가가 나서서 '20 대 80 사회'를 극복해야 한다.

'Again 1987' : 사다리가 있던 1987년 이후의 복원

나는 희망의 사다리를 '복원'하자고 했다. 그러면 도대체 그 사다리는 우리 역사에서 언제 있었다는 말인가? 2장에서 살펴본 것처럼 우리 역사에도 그 시기가 있었다. 1987년 민주화와 노동자 대투쟁의 결과로 이뤄진 1980년대 후반~1990년대 중반(1988~96년)의 시기가 그때다. 짧았지만 분배와 성장의 선순환이 이뤄졌던 시기였다. 〈표 6-1〉은 바로 이 시기와 외환위기 이후 시기 발전 모델의 성격 변화를 비교 분석한 것이다.

1987년부터 1990년대 중반까지의 채 10년이 못 되었던 이 시기가 바로 대한민국에서 '희망의 사다리가 있었던 시대'요, 서구의 복지국가 모델과 가장 근접했던 시기였다. 그리고 우리가 다시 '사다리의 복원'을 목표로 한다면 참고해야 할 시기가 바로 이 시기이다.

민주진보 진영이 희망의 사다리를 복원하기 위해서는 이 시기를 복원해야 한다. 나는 이를 'Again 1987'이라 부르고자 한다. 이는 경제를 내수 중심으로 전환하고, 그것을 위해 복지를 기업 복지가 아닌 보편적 복지로 확대해 사회임금을 높이는 것이다. 이를 통해 '20 대 80의 양극화 사회'를 극복하고, 좋은 일자리를 많이 창출하고, 복지를 강화해야 한다.

민주주의·복지·평화가 경제다

'Again 1987'을 위해서 우리는 '민주주의가 경제'라는 생각을 분명히

표 6-1 외환 위기 이전과 이후의 발전 모델 성격 변화

1988~96년	외환 위기 이후
고용 안정성	고용 불안정성 → 비정규직 양산
평균적 소득 상승	평균적 소득 정체
소득 불평등 완화	소득 불평등 확대 → 워킹 푸어
높은 저축률 유지	낮은 저축률, 높은 부채
내수 기반 확대 + 수출	내수 시장 위축 + 수출 편향 기업 성장
장기적 전망 아래 투자 확대 + 과잉투자	단기 실적 위주 경영, 대외 투자 팽창
경제와 기업에 대한 국가 통제 잔존	기업 권력의 독립과 사실상 우위 형성
은행을 통한 금융 조달	직접 금융시장을 통한 조달
기업 금융 중심	가계 소매 금융 중심 → 가계 부채
자본시장 통제 + 제한적 자유화 시작	자본시장 자유화 → 자본시장 변동성
자산 시장 상대적 안정	자산 거품 본격화 → 부동산 가격 폭등

가져야 한다.

보수 세력은 경제와 정치를 대립시키고, 경제와 민주주의를 대립시키고, 경제와 평화를 대립시킨다. 경제성장은 박정희 시대처럼 민주주의 없는 독재 체제하에서 잘되고, 빈부 격차가 용인되어야 하며, 북한과의 군사적 대립도 감내해야 한다고 주장한다. 그러나 현실은 그렇지 않다. 현실에서는 민주주의가 경제요, 복지·분배·정의가 경제이며, 평화가 경제다. 재벌과 자본가만이 경제인 것은 아니다. 오히려 바로 국민이 경제다.

1987년 이후 사다리가 있던 시기에 민주주의가 대한민국 경제를 발전시키고, 사회적 양극화를 완화시켰던 것이 이를 증명한다. 경제 수치만 봐도 이는 분명하다. 재벌 중심의 수출드라이브 정책을 썼던 1970년부터 1986년까지, 즉 박정희·전두환 대통령 시절 우리나라의 평균 성장률은 7.6%였다. 그러나 1987년 6월항쟁 이후 노동운동이 활성화되면서 근로소득이 늘고 분배가 개선되고 내수 시장이 확대되었던 1988년부터 1996년까지 평균 성장률은 8.3%였다.

지금과 같은 사회적 양극화는 더 이상 지속되어서는 안 된다. 이래서는 우리 사회가 유지되기 어렵다. 이제 'Again 1987'을 목표로 내수 기반 중소기업 중심 경제 시스템으로 경제구조를 바꿔서 국민 통합을 이루고, 함께 잘사는 세상을 만들어야 한다. 그리고 그것이 바로 경제를 발전시키고, 성장을 촉진시키는 길이다. 노동자의 소득을 높이고, 중소기업을 살리고, 내수 시장을 소생시키는 길이다.

우리는 민주주의가 바로 경제요, 함께 잘사는 나라를 만드는 것이 바로 경제를 살리는 길임을 명심해야 한다.

20~30대에게 희망의 사다리는 50~60대에게도 희망의 사다리다

최근 보수 언론은 새로운 논리를 만들어 내고 있다. 20~30대의 저항이 상당하고, 그들의 분배 요구가 강하다는 것을 깨닫고는 "복지 확대는 기성세대가 편하려고 젊은 세대에게 부담을 떠넘기는 것"이라거나 "20대와 50대 간의 세대 간 일자리 뺏기 대결이 본격화 될 것"이라는 주장을 하기 시작한 것이다.

그러나 50대와 20대는 부모·자식 간이다. 무슨 일자리 뺏기 싸움인가? 20~30대의 교육투자에 밑 빠진 독처럼 한없이 돈이 들어가고 그들이 제대로 일자리를 구하지 못하고 비정규직으로 인생을 보내면 누가 가장 가슴 아프겠는가? 본인도 본인이지만 그 부모들이 가슴 아프지 않겠는가? 그러므로 20~30대에게 희망의 사다리는 50~60대에게도 희망의 사다리다.

20~30대에게 사다리를 만들어 주자는 것은 결코 50~60대에게 뺏어서 나눠 주자는 것이 아니다. 일자리의 88%를 만드는 중소기업을 살리자는 것이고, 이를 위해 중소기업의 수익로인 내수를 살리자는 것이며, 이를 위해 내수가 가능할 수 있도록 분배를 늘리자는 것이다. 이처럼 일자리, 중소기업, 내수(소비), 분배의 선순환을 만들어 내자는 것이다. 이를 통해 20~30대에게 희망의 사다리를 만들어 주자는 것이다.

희망의 사다리를 만들자는 것은 공동체를 복원하자는 것이다. 왜냐하면 공동체의 복원과 신뢰 구축 없이 복지국가는 불가능하기 때문이다. 단순한 아이의 놀이에서부터 복잡한 사회제도에 이르기까지, 서로에 대한 의구심을 억누르지 못한다면 인간은 결코 함께할 수 없다. 누군가는 사다리를 받치고 있어야 다른 이가 밟고 올라갈 수 있다. 내가 해주면 다른 이도 나에게 그렇게 해줄 것이라는 기대를 가질 수 있어야 협동할 수 있고, 공동체가 유지된다.

그리고 복지 확대가 미래 세대에 대한 부담을 늘리는 것이라는 식의 주장은 '무상 급식이 부자 급식'이라는 주장과 비슷하다. 무상 급식에 대한 반대 논리 중에 부자에 대한 무상 급식이므로 반대한다는 논리는 정말 사실을 왜곡하는 논리다. 왜냐하면 무상 급식의 본질은 부자 급식이 아니라 부자 증세이기 때문이다. 그렇기에 2011년 8월 24일 서울시의 무상 급식에 대한 주민 투표에서 강남 부자들이 적극적으로 투표에 참여한 것이다. 그들은 부자에게 조금이라도 더 세금 부담을 안기는 것이 싫어서 무상 급식을 반대한 것이다. 무상 급식이 부자 급식이어서 반대한다는 논리는 말장난일 뿐이다.

복지 확대가 미래 세대에 대해 부담을 늘리는 것이어서 반대한다는 논리도 마찬가지다. 그렇게 주장하고 있는 사람들이 복지 확대를 반대하는 것은 본질적으로 부자에게 조금이라도 더 세금 부담이 느는 것이 싫어서 반대하는 것이다. 복지 확대는 현재 부담할 수 있는 조세 부담의 수준에 맞춰 확대해야 하는 것이지, 국가 부채를 늘려 미래 세대에게 부담을 줄 정도로 확대되어서는 곤란하다. 따라서 복지 확대는 미래 세대에 부담을 주는 것이 아니라 단지 지금의 부자에게 부담을 좀 늘리는 것일 뿐이다. 왜냐하면 지금 조세 부담이 늘 때 주로 많은 부담을 지게 되는 것은 부자들이기 때문이다.

사다리 복원을 위한 양대 과제

사다리 복원을 위한 과제는 결국 두 가지다.

첫째, 복지 확대와 근로조건 개선, 노동분배율 개선을 통해 양극화를 극복하고, 내수를 확대함으로써 중소기업의 경영 조건을 개선해 일자리를 확대해야 한다. 그래서 일자리, 중소기업, 내수(소비), 분배가 선순환 하는 '내수 기반, 중소기업 중심, 혁신 지향의 경제구조'를 만들어 내야 한다.

둘째, 여기에 더해 새로운 경제 활로를 개척해야 한다. 한국은 내수 시장이 작아서 국내 유효수요 창출만으로는 부족하기 때문에 해외 시장을 개척하는 일은 중요하다. 그리고 향후 그 답은 중국과 남북한 간의 공동 경제권, '황해 경제권'을 만드는 데 있다. 그리하여 유럽에

지중해가 있듯이 동아시아에는 황해가 경제 교역의 내해(內海)가 될 수 있도록 해야 한다. 이것은 경제와 함께 평화와 통일을 일궈 가는 길이자, 평화는 경제임을 증명하는 길이기도 하다.

경제정책1
: 고용을 최우선 목표로

거시 경제의 목표를 고용으로, 기획재정부를 고용경제부로

20~40대에게 희망의 사다리를 복원시켜 주기 위해 가장 중요한 것은 바로 일자리다. 대한민국에 사다리가 없어진 가장 큰 이유는 사회 전체가 '20 대 80의 양극화 사회'로 이중구조화되었기 때문인데, 특히 일자리가 그렇다. 중심부 일자리는 막혀 있고, 한번 주변부 일자리 트랙에 들어서면 평생 주변부 일자리를 전전해야 하는 것이다.

① 이런 '20 대 80 이중구조'를 극복하고 희망의 사다리를 복원시키기 위해서 가장 중요한 일은 국가의 거시 경제 운용의 목표를 GDP 성장에서 고용률 성장으로 전환해 고용을 모든 정책의 최우선 순위로 삼는 것이다. 이를 상징적으로 보여 주기 위해 경제정책을 총괄하는 부처를 기획재정부에서 고용경제부로 바꾸고 고용경제부 장관이 부총리의 역할을 하도록 해야 한다(독일은 노동부 장관이 부총리다).

② 고용을 높이기 위해 '고용률 목표제'를 도입해 그 실천 정도를 상시적으로 체크해야 하고, 세입·세출을 포함한 모든 경제사회정책에 대해 고용영향평가를 의무화하는 '고용영향평가제'를 도입해 그야말로

고용의 관점에서 경제를 바라보고, 고용의 관점에서 경제정책을 펼칠
수 있도록 해야 한다.

③ 우리나라 사회·공공서비스 부문의 고용 비율은 다른 OECD 국가
들에 비해 압도적으로 낮다. 예를 들어 보건복지 분야 사회·공공서비
스 고용 비율이 스웨덴은 16%인 반면, 한국은 고작 3.2%에 불과하다.
시장의 실패에 대한 정부의 대응이라는 관점에서 공공 부문 주도로
'사회적 일자리' 등의 고용을 창출해야 한다.

비정규직 문제 해결 : 사용 사유 제한, 동일 노동·동일 임금

④ 고용 문제 중 가장 중요한 문제는 비정규직 노동자를 줄이고 정규
직 노동자를 늘리는 것이다.

이를 위해서는 우선 '사용 사유 제한 제도'를 도입해 기간제 근로계
약의 사용 사유를 엄격히 제한해야 한다. 사업주는 출산·육아, 질병·
부상, 휴직 등으로 인한 결원 대체, 계절적 사업, 55세 이상의 고령자,
사업 기간이 정해져 있는 경우 등에만 기간제 노동자를 고용할 수 있
도록 해야 한다.

또한 근로기준법에 '동일 노동, 동일 임금'의 원칙을 명시해 "동일
한 노동을 하고 있음에도 불구하고 고용 형태를 이유로 차별적 처우
를 하지 못한다"고 못 박아야 한다. 그리고 사내 하도급을 규율하기
위한 사내 하도급 특별법 제정해야 하며, 비정규직의 정규직 전환을
지원해야 한다.

노동시간 단축을 통한 고용 분배

⑤ 고용 문제를 주어진 일을 분배하는 문제라는 시각으로 바라볼 수도 있다. 전체 노동시간이 1천 시간이라면 열 명이 1백 시간씩 할 수도, 백 명이 10시간씩 할 수도 있는 일이다. 현재 한국은 노동자의 과도한 노동과 취업을 원하는 사람들의 과소고용이 병존하는 상황이다. 일자리 나누기를 위기에 대한 대응 차원이 아니라 고용 분배 차원에서 중장기적으로 계속해서 추진할 필요가 있다.

〈그림 6-1〉에서 보듯이 한국의 연평균 노동시간은 2천 시간이 넘어 세계 최고 수준이다. 선진국에 비해 20~30% 정도 노동시간이 길다는 것은 이 일을 나눠서 하면 고용이 20~30% 증가하고, 따라서 고용률이 현재의 60% 수준에서 70~75% 수준으로 증가해 선진국 수준이 된다는 것을 의미한다.

전문가들의 연구에 따르면 실 근로시간 단축에는 초과 근로시간 단축이 가장 중요하고, 초과 근로시간을 줄이기 위해서는 경제적 유인 방식보다는 직접적 규제 방식(최대 노동시간 상한제 등)이 더 효과적이라고 한다.

최저임금 인상 : 중위 임금 대비 50%까지

⑥ 최저임금을 평균임금의 절반 수준까지 끌어올리는 것이 필요하다. 3장에서 살펴본 것처럼 우리나라는 저임금노동자의 비중이 높다. 전체 노동자 중 저임금노동자의 비중이 27%로 OECD 국가 중 상위 1,

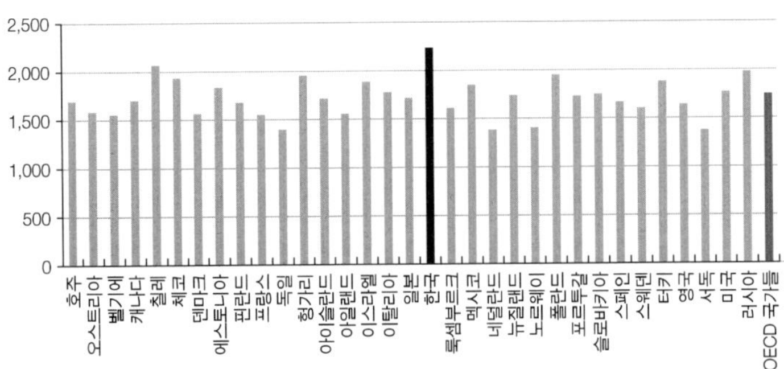

2위를 다투고 있다. 또한 전일 노동자의 중위 임금 대비 최저임금의 비율이 41% 수준이어서 불평등이 심하다.

이런 문제를 해결하기 위해 최저임금을 올려야 한다. 전일 노동자의 중위 임금 대비 최저임금의 비율이 50% 수준이 되도록 해야 한다.

청년 고용할당제

⑦ 청년 일자리 문제의 핵심은 좋은 일자리가 줄어든 데 있다. 대기업(고용 300인 이상의 업체)의 청년 고용 비중은 1993년 40%에서 2008년 24%로 거의 절반 가까이 줄어들었다. 공공 부문의 청년 고용은 더 형

편없어서 12%(2008년) 수준이다. 한마디로 거의 청년에 대한 신규 고용을 하지 않고 있다.

이런 문제를 해결하기 위해 청년 고용할당제를 실시해서 대기업의 청년 신규 고용을 강제해야 한다. 우선은 공기업에서부터 이를 강제할 필요가 있다.

⑧ 이를 강제하기 위한 하나의 방법으로 '고용창출세액공제' 제도를 도입해야 한다. 이명박 정부는 '임시투자세액공제' 제도가 투자 유발 효과가 없다는 것이 드러나자 이를 폐기하는 대신 투자와 고용 창출을 함께한 기업에 인센티브를 주려 하고 있다. 그러나 임시투자세액공제 제도가 투자유발효과가 없다는 것이 드러났는데, 그것을 모태로 한 제도가 과연 투자·고용 효과가 있을지 의문이다. 고용을 늘리고, 그 혜택이 주로 중소기업에 가도록 하기 위해서는 임시투자세액공제 제도를 모태로 하지 않은 새로운 형태의 '고용창출세액공제' 제도를 도입해야 한다.

⑨ 정부조달 및 공공투자 사업 등에서 고용영향평가를 반영하도록 해 고용 친화적인 기관일수록 가산점을 주는 식으로 평가 방향을 바꿔야 한다. 복지국가는 사회복지에 더해 '공정 노동'이 보장돼야만 이뤄 낼 수 있는 시스템인 만큼, 불법 파견 기업에 대해서는 정부 조달 자격에 제한을 두는 등의 강한 제재를 가해야 하고, 공기업 경영평가 기준에 고용 실적을 반영해야 한다.

노동운동

⑩ 무엇보다 노동조합이 살아나는 게 복지국가 건설에 필수적이다. 한국·일본·미국은 모두 노조 조직률과 단체협약 적용률에서 OECD 국가들 가운데 최악의 수준에 있는 국가들이다. 노조가 활성화되기만 해도 집단 해고는 크게 줄어들 수 있다.

이를 위해서는 노조의 가입 자격이 '근로자이자 종업원'으로 되어 있는 현행 규정을 바꿔 '노동력을 가진 모든 사람'으로 완화하고, '노조는 근로자가 아니라 조합원 대표'라는 규정도 없애야 한다. 이처럼 노조 가입 자격이 제한된 탓에 여전히 청년유니온은 노동단체로 인정받지 못하고 있다. 노조가 '조합원의 대표'로 규정돼, 한국의 노동단체는 사실상 정규직 이기주의에 내몰릴 수밖에 없다.

초기업 노조 또는 산별노조를 통해 비정규직 노조가 인정되어야 한다. 이를 통해 비정규직 노동자들에게 사회적 발언권을 보장해야 한다. 현재 추진 중인 산별노조로의 전환과 노동운동의 중앙집권화는 한국 복지국가 발전을 위해서 매우 긴요한 과제다.

과거 노사정위원회에 비정규직 노동자를 추가해 새로운 방식의 사회 협의체를 통한 사회적 대타협과 사회적 협약의 체결을 추진해야 한다.

복지 정책
: 보편적 복지와 사회임금

보편적 복지의 실현

2010년 지방선거에서의 무상 급식 논쟁에서부터 본격적으로 논의되기 시작한 보편적 복지는 점차 시대정신이 되어 가고 있다. 민주당은 2011년 1월 '3＋1(무상 급식, 무상 의료, 무상 보육＋반값 등록금) 복지 정책'을 발표해 추진하고 있다. 한나라당도 2011년 4월 보궐선거 이후 반값 등록금 추진 여부를 두고 당내에서 논란이 일면서 점차 입장을 바꾸고 있다. 박근혜 전 대표는 적극적으로 복지를 자신의 정책 브랜드로 만들기 위해 노력 중이다. 무상 급식, 무상 의료, 무상 보육, 반값 등록금 등 복지 관련 정책에 대해서는 이미 언론에서 많이 다뤄졌으므로 여기서는 생략하도록 하겠다. 다만 여기서는 두 가지만 지적하고자 한다.

첫째, '복지를 늘리면 경제 성장에 위협이 되고, 국가 재정까지 파탄이 난다'거나 '경제성장을 통해 파이부터 키워야 복지도 가능하니 성장을 위해 더 참아야 한다'는 보수 세력의 논리는 허구라는 것이다. 세계적으로 수많은 경제학자들이 복지가 성장에 미치는 영향을 연구한 결과, 복지 확대가 성장에 오히려 긍정적 영향을 미친다는 결론에 도달했다.

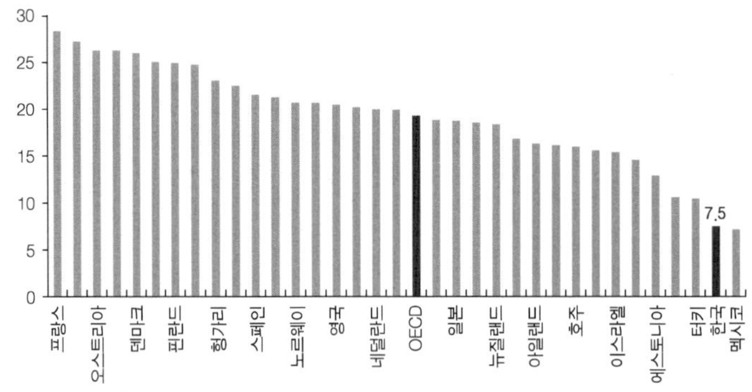

복지가 성장을 촉진하는 효과는 수요와 공급 측면에서 작동된다. 수요적 측면에서 볼 때, 복지 확대는 소비성향이 높은 저소득층에 집중됨으로써 내수를 확대시킨다. 이렇게 내수가 살아나면 주로 내수산업인 중소기업이 활성화되면서 경제성장이 촉진된다. 케인스가 말한 유효수요론이다. 공급적 측면에서 볼 때, 복지를 확대하면 노동자의 건강과 교육 수준, 직업 훈련이 개선되어 노동력의 질, 즉 인적 자본이 우수해지고 그것은 다시 생산성 향상으로 이어지며, 그로 인해 경제성장이 촉진된다.

둘째, 우리나라의 복지 지출은 대단히 낮다는 것이다. 〈그림 6-2〉에서 보는 것처럼 우리나라의 2007년 기준 GDP 대비 사회복지 지출 비중은 7.5%로 OECD 평균인 20%에 비해 12.5%p나 부족하다. 이는 우리나라가 OECD 평균 수준으로 복지를 늘리기 위해서 GDP 대비 공공복지 지출 비중을 매년 0.5%p씩 늘린다고 해도, 25년이나 걸려

표 6-2 우리나라와 경제 수준이 비슷한 11개국의 조세 부담율과 공공복지 지출 비중(2009년)

국가	1인당 GDP(미 달러)	조세 부담율(%)	GDP 대비 공공복지 지출 비율(%)
멕시코	8,134	17.5	7.2
터키	8,711	24.6	10.5
칠레	9,516	18.2	10.6
폴란드	11,302	34.3	20.0
헝가리	12,914	39.1	23.1
슬로바키아	16,282	29.3	15.7
한국	17,074	19.6	7.5
체코	18,256	34.8	18.8
포르투갈	21,970	35.2	22.5
슬로베니아	24,111	37.9	20.3
이스라엘	26,874	31.4	15.5
평균	15,922	29.8	15.6

자료 : OECD, IMF.

야 할 만큼 큰 차이다.

그런데 현실적으로 매년 GDP 대비 공공복지 지출 비중을 0.5%p 씩 늘리는 것은 그리 쉬운 일이 아니다. 그것은 해마다 공공복지 지출 액을 평년 증가분에 5조 원씩 추가한다는 뜻이다. 예산 운용상 이게 쉽지 않아서 0.25%씩 올리면 무려 50년이 걸린다. 보수 세력이 걱정 할 만큼 우리나라는 과잉 복지와 복지 포퓰리즘으로 망할 나라가 아니다. 우리나라는 너무 복지가 없는 나라일 뿐이다.

우리나라의 복지 지출이 부족하다는 것은 2009년 기준으로 비슷한 경제 수준에 있는 나라들의 조세 부담율과 GDP 대비 공공복지 지출 비율을 비교한 〈표 6-2〉를 보아도 알 수 있다. 우리나라와 비슷한 수준에 있는 여러 나라들 가운데 우리나라보다 조세 부담율과 GDP

대비 공공복지 지출 비율이 낮은 나라는 멕시코밖에 없었다.

사회임금 인상

우리는 앞에서 이미 국가 복지의 빈자리를 메우는 기업 복지가 오히려 양극화를 부추긴다는 것을 확인했다. 이런 문제를 극복하기 위해서는 기업 복지를 국가 복지 체제로 전환해야 한다. 즉, 시장 임금의 연장선인 기업 복지를 국가가 제도적 틀 속에 흡수해 사회임금으로 전환시켜야 하는 것이다(오건호 2010).

사회임금이란 무엇인가? 사회임금은 시장 임금에 대비되는 개념으로, 시장 임금이 '노동자가 자신의 노동력을 판매한 대가로 고용주로부터 직접 얻는 임금'이라면 사회임금은 '국가를 통해 제도적으로 얻는 급여'다. 예를 들면, 각종 실업수당, 공교육, 의료, 연금 등 복지 확대를 통한 실질적 임금 보전분이 바로 사회임금이다.

지금 대한민국 노동시장의 이중구조를 고려할 때, 임금격차를 해소하고 중소기업의 경영 여건을 지원하는 가장 좋은 방법은 사회임금을 인상하는 것이다. 즉, 현재 대기업 중심, 정규직 중심, 기여자 중심으로 설계되어 있는 복지 제도를 보편적 복지로 개선해 사회임금을 올려 줌으로써 중소기업의 경영을 지원하고, 실질적인 임금격차를 줄이고, 내수를 확대하는 것이다.

이처럼 중소기업 문제는 조세정책과 복지 정책의 측면에서 접근하는 것이 더 효과적이다. 대기업에서 세금을 더 많이 거두고 그 돈으로 교육·의료·주택 같은 문제를 기업 복지가 아닌 사회복지로 해결함으

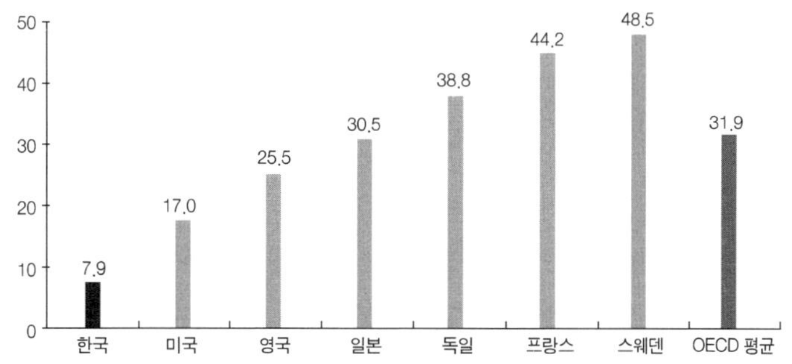

자료 : 사회공공연구소.

로써 대·중소기업 노동자 사이의 실질적 격차를 완화하는 것이다.

　그런데 우리나라의 사회임금 비중은 〈그림 6-3〉에서 볼 수 있듯이 7.9%에 불과해서 OECD 평균인 31.9%에 훨씬 못 미친다. 따라서 노동조합들도 시장 임금의 인상을 자제하고 사회임금과 시장 임금의 분배 관계를 노사정위원회와 조율해 임금격차를 줄여 나가야 할 것이다.

국민 세금 가치 실현위원회

복지와 관련해 가장 중요한 문제는 재원 마련 문제, 즉 세금 문제다. 우리나라에서 조세 부담률이 가장 높았던 때는 2007년으로 21%였는데, 그것도 OECD 평균 27%보다 6%p나 낮은 것이었다(〈그림 6-4〉).

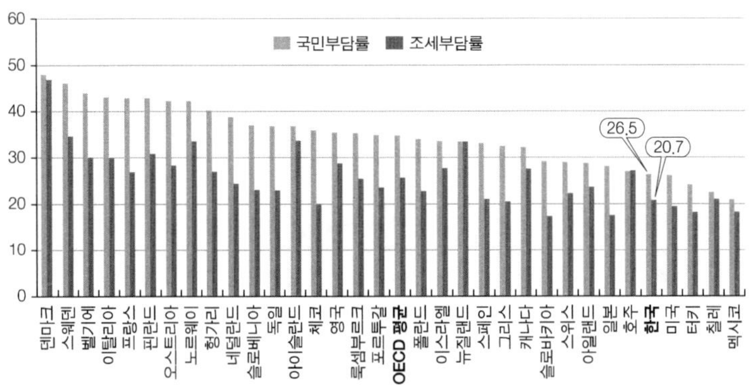

주 : 국민부담률 = (조세＋사회보장기여금)/국내총생산×100(2010년 기준).
조세 부담률 = 조세수입액/국내총생산액×100(2008년 기준).
자료 : OECD Revenue Statistics.

그런데 이명박 정부는 감세 정책으로 안 그래도 낮은 조세 부담률을 2011년에는 19.3%까지 더 낮췄다. 만일 이명박 정부에 의한 2008년 대대적인 감세 조치가 없었다고 하면 현재의 조세 부담률 수준은 대략 21.5% 정도가 되었을 것이다. 그리고 이 정도 수준만 되어도 재정 건전성을 유지하면서 상당히 많은 일을 할 수 있었을 것이다.

따라서 일단 다음 정부에서는 MB정부의 잘못된 감세 정책으로 왜곡된 조세 부담률을 21~22% 수준으로 정상화해야 한다. 그리고 건전 재정의 원칙을 견지하면서 여러 분야와 균형을 유지하는 단계적·전략적 복지 정책 확대를 추진해야 할 것이다. 복지의 확대가 필요하지만 세계가 재정 건전성 문제로 홍역을 치르는 마당에 재정 건전성을 과도하게 해치는 일은 피해야 할 것이다.

그리고 이렇게 조세 부담률을 정상화하는 것조차 국민적 동의를 얻는 과정을 거쳐야 한다. 이에 대해 황성현 인천대 교수는 가칭 '국민 세금 가치 실현 위원회' 운영을 제안한다. 그는 "지금까지의 재정 운용에서 나타난 낭비 사례와 부패 문제를 국민에게 솔직히 드러내고, 이런 문제의 재발을 막는 대책과 관리 체계를 갖추어 나가는 대안을 제시함으로써 진정한 국민 세금의 가치를 실현하는 재정 개혁이 필요하다"고 주장한다. 그런 개혁이 있어야만 재원 확보는 물론 정부와 재정에 대한 국민의 신뢰 회복이 가능하다는 것이다(황성현 2011).

중장기적으로 소수 부유층에 대한 증세 검토

2008년 미국발 금융 위기의 근본 원인인 불평등이 부자 감세에서 비롯된 측면이 큰 것과 마찬가지로 우리나라에서 IMF 경제 위기 이후 빈부 격차가 심화된 원인 중 하나는 부자 감세이다. 〈표 6-3〉과 〈표 6-4〉에서 보는 것처럼 한국의 양대 직접세인 종합소득세와 법인세의 최고세율은 민주 정부 10년 동안에도 지속적으로 하락되어 왔다. 종합소득세의 경우 1980년에는 최고세율이 62%였는데, 2012년에는 33%로 낮춰지고, 법인세의 경우 1981년에는 최고세율이 40%였는데, 2012년에는 20%로 낮춰진다. 1980년 지방세를 포함한 최고세율은 종합소득세의 경우 79%, 법인세는 53%에 이르렀었다(2012년에는 각각 36.3%, 22%로 낮아질 것이다). 우리나라도 그동안 부자 감세가 꾸준히 진행되어 온 것이다.

앞에서 이미 지적했듯이 우리나라의 조세제도는 직접세의 누진성이

표 6-3 한국의 종합소득세 구간 및 최저·최고세율 변화

년도	구간	최저세율	최고세율	최고세율(지방세 포함)
1980	17	6	62	79.05
1982	17	6	60	76.50
1983	16	5	55	70.13
1989	8	5	50	63.75
1991	5	5	50	53.75
1993	6	5	50	53.75
1994	6	5	45	48.38
1996	4	10	40	44.00
2002	4	9	36	39.60
2005	4	8	35	38.50
2009	4	6	35	38.50
2012	4	6	33	36.30

자료 : 국세청; 새로운 사회를 여는 연구원(2011)에서 재인용.

제대로 반영되지 못해서 소득재분배 효과가 세계에서 가장 떨어졌다. 따라서 직접세의 누진적 성격을 강화하기 위해서 초고소득 계층에 대한 세율을 인상하는 방향으로 조세 정책의 가닥을 잡아야 할 것이다.

특히 〈표 6-5〉에서 보듯이 소득세 과표 기준 연간 8천만 원 이상 소득자(실제 소득으로는 1억 2천만 원 이상 소득자)가 최근 급속히 늘고 있다. 2004년에는 4만 명이었던 것이, 2009년에는 10만 명을 넘어 불과 5년 만에 2.5배나 늘었다. 한쪽에서는 가난한 사람이 늘어 가는 반면, 또 다른 한쪽에서는 돈을 많이 버는 사람이 급증하고 있는 것이다. 따라서 소득세의 최고세율에 대한 과표 구간을 조정하고 최고세율을 인상할 필요가 있다.

또한 현행 법인세에 따르면, 2억 원 초과 기업의 경우 일률적으로

표 6-4 한국의 법인세 구간 및 최저·최고세율 변화

년도	구간	최저세율	최고세율	최고세율(지방세 포함)
1981	2	25	40	53.00
1982	2	22	38	50.35
1983	2	20	30	39.75
1991	2	20	34	36.55
1994	2	18	32	36.40
1995	2	18	30	34.25
1996	2	16	28	30.80
2002	2	15	27	29.70
2005	2	13	25	27.50
2009	2	11	22	24.20
2010	2	10	22	24.20
2012	2	10	20	22.00

자료 : 국세청; 새로운 사회를 여는 연구원(2011)에서 재인용.

22% 세금을 부과하는데, 2009년 과표 기준 500억 초과 413개 대기업 (전체 0.1%)이 법인세의 63.1%를 납부하고 있다. 따라서 법인세도 과표 구간 조정과 최고세율 인상이 필요하다.

미국의 '양심적인 갑부', 워런 버핏은 2011년 8월 미국의 재정 적 자를 줄이기 위해 자신을 비롯한 부자들에 대해 증세가 이루어져야 한다고 촉구하고 나섰다. 버핏은 8월 14일 『뉴욕타임스』에 기고한 "슈퍼 부자 감싸주기를 중단하라"는 글을 통해 "미국인 대다수가 먹고 살려고 아등바등하는 동안 슈퍼 부자들은 비정상적인 감세 혜택을 계 속 받고 있다"며 "지난해 나는 소득의 17.4%를 연방 세금으로 냈으나 내 사무실의 부하 직원 20명의 세율은 33~41%로 모두 나보다 높다" 고 지적했다. 그는 "노동을 해서 버는 사람의 세율이 돈으로 돈을 버

표 6-5 소득세 과표 기준 원천징수 고소득자 현황						(단위 : 명)
	합계(명)	8,000~1억	1~2억	2~3억	3~5억	5~10억	10억 초과
2004	41,000	17,000	18,000	3,000	3,000		
2005	53,037	22,231	22,626	4,020	2,531	1,629	
2006	68,591	28,626	29,826	4,991	3,028	1,519	601
2007	89,197	36,655	39,435	6,405	3,665	2,084	953
2008	100,136	40,755	44,080	7,555	4,347	2,463	936
2009	100,391	39,513	45,085	7,804	4,739	2,418	832

자료 : 국세청; 새로운 사회를 여는 연구원(2011)에서 재인용.

는 사람의 세율보다 상당히 높다"며 부시 정권 때 단행된 부자 감세가 미국을 파산 위기로 몰아넣고 있는 재정 위기의 근원임을 강조했다.

그리고 며칠 후 프랑스 갑부들도 스스로 세금을 더 내겠다고 선언했다. 프랑스 대표 슈퍼 갑부 16인은 8월 24일, 부유층에 더 많은 세금을 매길 것을 제안하는 청원서와 자신들의 서명을 발표했다. 그들은 "우리는 프랑스·유럽의 경제 시스템 속에서 많은 혜택을 받아 왔다"며 "재정 적자와 공공 부채가 늘어나 프랑스와 유럽의 운명이 위태로운 상황에서 정부가 국민 모두의 단결된 노력을 요구하고 있으므로 우리가 국가에 기여하는 것은 당연한 일"이라고 말했다(*Le Nouvel Observateur* 2011/08/24).

이렇듯 부자 증세는 현재 세계경제의 상황을 볼 때 반드시 필요한 일인 만큼 점차 세계적인 흐름으로 자리 잡게 될 가능성이 높다.

경제정책 2
: 중소기업 중심 경제

산업 정책을 총괄하는 부서를 중소기업부로 전환

내수 기반 성장, 중소기업 중심 경제로 전환되기 위해서는 중소기업이 자기 권리를 보장받는 것에서 출발해야 한다. 중소기업이 강해야 대기업도 강해진다. 세계적 기업인 구글, 스티브잡스의 애플도 이런 파트너십을 통해 성장했다.

중소기업의 활성화 없이는 지금의 심각한 사회적 양극화를 극복할 수 없다. 정의로운 경제정책이란 중소기업을 시혜의 대상, 배려의 대상으로 보는 것이 아니다. 정의로운 경제정책은 중소기업의 관점에서 경제를 바라보고, 중소기업의 관점에서 경제정책을 펼치는 것을 의미한다.

① 지식경제부를 중소기업부로 전환

산업 정책을 총괄하는 지식경제부를 중소기업부로 전환해야 한다. 대기업 산업 정책을 지식경제부에서 하고, 중소기업 산업 정책을 중소기업청에서 하는 것은 산업 정책의 기본 방향이 잘못된 것이다. 대기업은 이제 그냥 놔둬도 스스로 알아서 잘 크고 있다. 오히려 중소기업의 영역을 침범하지 않도록 잘 관찰하고 감시해야 한다. 산업 정책의 관심과 지원은 중소기업에 집중되어야 한다.

② 중소기업 영향평가 제도 도입

모든 기업 정책, 산업 정책에 대한 예산집행 시책에 '중소기업 영향평
가 제도'를 도입해 그에 따라 시책의 추진 여부, 세부 집행 기준을 결
정하도록 해야 한다. 즉, 지금까지는 산업 정책의 고려 요소로 수출,
환경, 매출, 투자 규모 등만을 생각해 왔으나 앞으로는 일자리 창출,
노동자의 안전, 건강 등 중소기업에 대한 영향을 함께 고려하자는 것
이다. 이는 그야말로 중소기업의 관점에서 산업을 바라보고, 중소기
업의 관점에서 산업 정책을 펼치는 일이 될 것이다.

재벌의 침투를 막는 법

③ 중소기업 고유 업종 제도 부활

고유 업종 폐지 이후 대기업은 신규 시장 창출과 적극적인 기술개발
보다는 중소기업이 창출한 틈새시장에 무임승차하거나 M&A를 통한
문어발식 사업 확장으로 중소기업의 영역을 침범하고 있다. 중소기업
이 개척한 시장과 중소기업이 이미 진출해 있는 서비스 분야에 무차
별 진출하고 있는 대기업으로 인해 중소기업의 경영 여건이 악화일로
에 있다는 것이다.

　따라서 양극화 심화와 같은 경제 환경 변화에 부응하는, 상생 발전
에 기반을 둔 신(新) 중소기업 보호 업종을 발굴해 지정하고, 중소기업

보호 업종에는 대기업의 참여를 금지시키는 제도를 도입해야 한다.

④ 출자총액제한제도의 부활

이명박 정부가 출자총액제한제도를 폐지한 이유는 재벌들의 신규 투자 확대, 고용 확대, 외국 기업에 대한 경쟁력 강화였다. 그러나 출자총액제한제도를 폐지한 이후 나타나는 모습은 정반대다.

투자는 감소하거나 정체되고, 고용은 미진하며, 오히려 출자총액제한제도 폐지를 이용해 재벌들이 중소기업과 자영업자들의 사업 영역으로 밀고 들어와 중소기업과 자영업자들이 고통 받고 있다.

따라서 이명박 정부 들어 폐지된 출자총액제한제도의 부활도 적극적으로 검토해야 한다.

중소기업의 정상가격 보호 제도

⑤ 중소기업협동조합에 납품 단가 협의권 부여

대·중소기업 상생 협력의 핵심은 바로 '납품 단가의 현실화'에 있으며, 이를 위해서는 중소기업 협동조합에 납품 단가 협상권을 부여해야 한다. 대기업에 대해 개별 중소기업이 납품 단가를 협상하는 것은 기본적으로 불리할 수밖에 없는 만큼 중소기업 협동조합에도 협상권을 부여해야 한다.

중소기업 정책의 핵심은 '협동조합을 통한 중소기업의 네트워크화 및 클러스터화'이다. 중소기업이 경제의 주축인 나라(덴마크, 대만 등)는 모두 이렇게 하고 있는 만큼 중소기업 협동조합에 협상권을 부여함으로써 이를 가능하게 해야 한다.

⑥ 집단소송대표소송 제도의 도입

대기업의 불법행위에 대해 실효성 있는 규제를 하려면 제도와 집행을 강화해야 한다. 이를 위해서는 불법행위로 피해를 입고도 대기업을 상대로 한 소송의 불편함과 비용 때문에 주저하는 사람들을 위한 제도를 마련해야 한다. 이를 통해 대기업의 불법행위 재발 억지력을 확보할 수 있다.

기업의 불법행위로 손해를 입은 피해자가 직접 효율적이고 저렴하게 소송을 제기하고 배상받을 수 있는 집단소송·대표소송 제도의 도입 및 활성화가 필요하다.

재벌의 골목 상권 침략을 막아야

⑦ 독일식 '10% 제한제도' 도입

대형 마트와 SSM(Super Supermarket, 기업형 슈퍼마켓)의 지나친 확산은 중소 상인과 영세 자영업자들의 전체 수입과 소득을 큰 폭으로 줄여놓기 때문에 이들의 경영 여건을 아주 심각하게 악화시키고 있다. 2010년 말 유통법 개정으로 전통 시장 반경 500미터 안에는 대형 마트의 입점을 금지시켰으나 대기업들은 500미터만 넘으면 된다는 식으로 이 법을 악용하고 있다.

따라서 이런 대형 마트와 SSM의 횡포를 막기 위한 방안으로 독일식의 '10% 제한제도'를 도입해야 한다. 즉, 전통 시장의 유무와 관계없이 대형 마트와 SSM이 들어올 경우 주변 500미터 이내의 상권 매출이 10% 이상 줄어들면 그 설립을 제한하게 하는 제도를 도입해야 한다.

복지 확대를 통한 중소기업 중심 경제로 전환

⑧ 복지 확대와 중소기업 살리기

복지 확대 역시 내수 기반, 중소기업 중심 경제로의 전환에 큰 도움이 된다. 복지 확대는 수요 측면에서 사회 전체적으로 총수요를 늘림으로써 중소기업의 매출을 늘려 준다. 우리나라 중소기업의 대부분이 내수 기업이며, 복지 혜택을 받은 서민과 중산층은 소비성향이 높다는 점을 감안해 보면 복지의 확대는 결국 중소기업의 판로를 확대하고, 매출을 늘려 줌으로써 중소기업을 살리는 효과를 거둘 수 있을 것이다.

또한 복지 확대는 공급 측면에서 비정규직 노동자나 열악한 중소기업 노동자들에게 기업에서 급여로 받는 기업 임금 외에 국가가 복지를 통해 제공해 주는 '사회임금'을 높여 줌으로써 중소기업의 부담을 줄여 줄 수 있다.

대외정책
: 황해 경제권과 평화체제

대한민국은 현재 세계에서 유일한 분단국가요, 주변을 세계 4대 강국이 둘러싸고 있는 나라다. 또한 대외 의존도가 세계에서 가장 높은 나라로 2011년 1사분기 현재 GDP 대비 수출입 비중이 110%에 달하는, 개방된 소규모 경제이기도 하다. 이 때문에 우리는 세계정세, 특히 패권국의 향방과 한반도 주변 정세에 민감하게 대응해야 한다.

중국의 부상과 2012년 체제

지난 30년 동안 중국의 연평균성장률은 10%였다. 그 결과 중국은 이미 2010년 GDP에서 일본을 앞질러 세계 2위의 경제대국이 되었고, 2025~30년이면 미국을 초월해 세계 최대의 경제대국이 될 전망이다. 이는 10~20년 내에 한국과 같은 규모의 경제가 약 30개 생긴다는 의미다. 2012년 체제는 중국이 세계 최대의 경제대국으로 등장하는 것과 함께할 것이다. 향후 20년 내에 도래할 중국의 패권 시대를 기정사실화하고 국가 전략을 짜야 한다.

　향후 중국이 2만 달러 소득에 도달하는 과정은 중국과 세계가 함게 변화하는 과정이 될 것이다. 한국의 30배 정도로 쏟아져 나오는 중국의 제품과 서비스를 세계경제가 감당해야 하는 것이다. 따라서 만약 중국이 2만 달러 소득의 국가가 되어 있다면 세계가 이에 따라 변해 있을 것이고, 세계가 그렇게 변하지 않는다면 중국은 2만 달러 소득 국가가 되어 있지 못할 것이다.

중국이 패권국으로 등장할 것이라는 전망에 대해 일부 전문가들은 그 가능성을 낮게 보기도 한다. 일본도 한때 미국을 능가할 패권국으로 예측됐지만 실패했던 것처럼 중국도 쉽지 않을 것이라며, 무엇보다 정치적 개혁 문제가 발목을 잡을 것이라고 지적한다. 그러나 대체적인 견해는 중국은 일본과 다르다는 것이다. 인구와 면적의 규모가 다르고, 무엇보다 일본은 근본적으로 미국의 우산 아래 있지만 중국은 패권국으로 발전하려는 지향을 가진 국가라는 것이다. 일본은 1968년 세계 2위 자리에 등극했을 때 미국에 외교와 안보를 의존하고 달러 지배 질서 속에서 번영을 이루겠다고 생각했지, 달러 중심 체제를 무너뜨리겠다는 생각은 하지도 않았다.

그러나 중국은 정반대다. 달러 지배 체제를 깨야 한다고 주장하며 세계 질서의 재편을 노리고 있다. 이에 대해 역사학자 니얼 퍼거슨(Niall Ferguson)은 "21세기는 중국의 것"이라며 "역사적으로 19~20세기만 예외였지 대부분의 세기가 중국의 세기였다. 다음 10~20년간 중국의 경제 기관차가 궤도에서 이탈할 가능성은 아주 낮다"고 주장한다(『조선일보』 2011/06/22).

물론 중국은 내부의 문제가 심각할 것이다. 한국이 5천 달러에서 2만 달러로 성장하면서 지난 20~30년간 정치경제적으로 커다란 변화를 겪었듯이, 중국의 변화 과정도 결코 순탄치 않을 것이다. 하지만 어느 나라에서건 경제적 자유와 정치적 자유의 불균형이 오랫동안 지속될 수는 없다. 개발독재는 성공으로 인해 붕괴한다. 지난 30년간 중국의 경제적 성공은 향후 중국 경제를 더욱 더 개방과 자유화 쪽으로 압박할 수밖에 없을 것이다.

2+1 황해 경제권 : 황해를 동아시아의 지중해로

2012년 체제에서 한국 경제는 중국의 부상을 새로운 발전의 계기로 활용해야 한다. 사실 이미 한국은 중국과 경제적으로 긴밀히 결합되어 있다. 2010년 수출 의존도를 보면 중국이 25%, EU가 13%, 미국은 11%에 불과하다. EU와 미국을 합해도 중국에 미치지 못하는 상황이다.

나아가 한국은 중국과 북한을 결합해 '2+1 황해 경제권'을 구축해야 한다. 북한을 개혁 개방으로 이끌어 내고 이를 중국과 결합시켜 새로운 경제 발전의 기회로 삼아야 한다. 지리적으로만 반도였지 북한이 막혀 있어 사실상 섬나라와 같았던 한국이 실질적인 유라시아 대륙의 일원이 되어 그것을 새로운 경제 발전의 원동력으로 삼아서, 황해를 동아시아의 지중해로 만들어야 한다.

FTA에 대한 전략도 황해 경제권을 염두에 두면서 추진해야 한다. 먼저, 이미 국회에서 비준된 한-EU FTA의 경우 투자자-국가 소송제(Investor-State Dispute Settlement, ISD) 도입을 저지하는 협상에 진력하면서 협정의 효과에 주목해야 한다. 그리고 문제가 많은 한미 FTA의 경우 전면 재검토 후, 한-EU FTA의 결과를 보면서 또다시 재협상을 추진해야 한다.

그리고 EU를 모델로 현실적인 '황해 경제권'(=동아시아 공동체)을 형성해야 한다. 금융 협력, 환경-에너지 협력, IT협력, 철도-고속도로 협력 등을 분야별로 추진하는 방법이 있을 것이다.

중국의 등장과 북한 외교의 변화

김정일 국방위원장이 최근 불과 1년 만에 세 번째 방중 길에 올랐다. 2006년 이후 4년 동안 없던 방중 행사가 이례적으로 계속되고 있는 것이다. 방문과 답방을 주고받는 식이었던 북중 간의 정상회담 관행은 완전히 바뀌었다. 그래서 지금 북한이 국가 전략을 바꾼 것이 아니냐는 분석이 제기되고 있다.

김대중 전 대통령이 2000년 방북해 김정일 국방위원장을 만나 "북한의 안정과 발전을 보장해 줄 나라는 세계에서 단 한나라, 미국밖에 없다. 미국과 관계를 개선하고 경제 교류를 하라"고 제안한 것은 널리 알려져 있다. 비록 후퇴와 진전을 반복했지만 북한의 기존 전략은 미국·일본·한국과의 관계 정상화를 통한 북한의 재건과 안보 확보라는 전략이었음은 분명하다. 핵무기 개발도 그것이 소유를 목적으로 하든, 협상을 목적으로 하든 결국 미국을 상대한 것이라는 분석이었다.

그런데 최근 북한의 행보는 이런 기존 전략을 버리고 세계 양대 강국으로 등장한 중국과의 협력을 통해 경제적 재건과 안보 보장을 해결하려는 것은 아닌가 하는 분석이 제기된다. 1년 동안 김 위원장의 세 번에 걸친 방중도 이를 증명한다는 것이다. 또한 북한의 중국에의 경제 의존 내지 종속이 갈수록 심해지고 있는 점도 이런 우려를 증폭시키고 있다. 2009년 53%였던 북한의 대중 무역의존도는 2011년

60%를 넘어설 것으로 추산된다.

2010년 이명박 정부는 6·2 지방선거를 불과 열흘도 안 남겨 놓고 천안함 사건에 따른 5·24 대북 제재 조치를 발표했다. 국내용·선거용이라는 비판을 받았는데 선거에서 기대했던 효과를 제대로 거두지는 못했다. 그리고 국제적으로도 기대했던 효과를 제대로 거두지 못했는데, 그것은 북한의 중국에 대한 의존이 정부의 대북 제재를 사실상 무력화시켰기 때문이다. 이명박 정부 3년 동안 계속되어 온 대북 강경책 및 대북 제재가 결국 아무런 효과도 거두지 못한 채 한반도에서 대한민국의 주도권만 상실하게 만들고, 북한을 중국에 넘겨주는 결과를 초래한 것이다.

유일 패권국 미국이 지배하는 세계에서 새로운 패권국 중국이 등장하는 세계로 바뀌고 있는 것, 특히 한반도 주변에서는 이미 중국이 미국과 더불어 양대 강국으로 등장한 것에 대해 우리는 신중하게 대비해야 한다.

중국의 부상과 외교정책의 방향

북한의 핵무기 보유가 결코 중국에 유리하지 않은 만큼, 중국은 북한의 비핵화를 위해 가능한 방법을 강구하고 있다고 볼 수 있다. 다만 중국으로서는 북한 정권의 붕괴를 원하지 않고, 또 북한에 대해 영향력을 유지해야 하기 때문에 북한에 대한 공개적인 압력이나 비난은 자제할 것이다.

우리는 우선 6자회담을 통해 북핵 문제를 해결하는 데 주력하고,

이 문제가 해결되면 이를 더욱 발전시켜 재래식 무기와 미사일 문제까지 해결하는 안보 협의체를 만들어야 한다(배기찬 2005).

한반도에 대한 중국의 영향력이 강화되고 미·중에 의한 원심력이 커질수록 남북 간의 화해·협력과 한반도 평화 체제 구축이 중요해진다. 이를 위해 다음과 같이 외교정책의 방향을 잡아야 한다.

첫째, 미국과의 전략적 관계를 계속 유지해야 한다. 미국은 당분간 세계 제일의 패권국이자 한민족의 운명을 좌우할 수 있는 나라이고, 주변 4대 강국 중 유일하게 한반도에 대한 영토적 욕구가 없는 나라인 만큼 전략적 한미 동맹을 유지해야 한다.

둘째, 어떤 일이 있어도 우리의 안보는 우리가 책임져야 한다.

셋째, 중국과의 정치·경제적 우호 관계를 발전시키고, '2＋1 황해 경제권'을 만들어 가되, 통일 문제와 관련해 중국에 과도하게 기대는 것은 주의해야 한다. 이는 자칫 우리가 가진 미국·일본이라는 지렛대마저 놓치는 결과를 초래할 수도 있기 때문이다.

통일은 현실적 목표다

백낙청 교수는 『실천문학』 2011년 여름호에 기고한 "2013년 체제를 준비하자"라는 글에서 "6월항쟁으로 일대 전환을 이룬 '87년 체제'처럼 2013년 이후의 세상 또한 별개의 '체제'라 일컬을 정도로 크게 바꿔 보자"고 제안했다. 백 교수가 제시한 '2013년 체제'의 핵심은 평화체제 구축과 남북연합 건설이다. 한반도의 재통합 과정을 비교적 안정적으로 관리할 국가연합이라는 장치가 마련되어야 북측으로서는 비핵화

결단을 내리고 자체 개혁의 모험을 감행할 여건이 충족된다는 것이다.

1958년 체제가 30년간 유지되었고, 1987년 체제가 25년간 유지된 만큼 2012년 체제가 20~30년간 유지된다고 본다면, 세대 혁명을 통해 민주진보 진영이 다수파가 될 수 있는 이 기간 동안 한민족은 통일을 현실적 목표로 삼을 수 있을 것이다.

최근 이명박 정부와 보수 세력은 북한 붕괴론과 흡수 통일론을 주장하고 있다. 그러나 이는 불가능하다. 첫째, 중국이 이를 거부할 것이기 때문이다. 더구나 갈수록 한반도에 대한 중국의 영향력은 커지고 있다. 둘째, 흡수 통일은 북한의 붕괴를 전제하고 있는데, 이 역시 비현실적이다. 가장 큰 이유는 북한에게는 생존의 보루, 즉 중국이 있기 때문이다. 중국은 결코 북한이 붕괴되도록 놔두지 않을 것이며, 붕괴되더라도 북한이 한국에 흡수되도록 방치하지 않을 것이다.

따라서 통일을 위해서는 주변 4대 강국의 승인, 무엇보다 세계 양대 패권국인 미국과 중국의 승인이 있어야 한다. 이를 위해서는 미·중과의 전면적 신뢰·우호 관계, 즉 '역동적 중립화'가 전제되어야 한다. 또한 북한 정권의 생존을 보장함으로써 북한을 변화시킬 수 있는 방안이 필요하다. 그 방안으로 유력한 것이 '연방제' 또는 '남북연합'이다. 세계에서 수많은 국가들이 채택하고 있는 연방제란 자율성과 통합성을 결합한 매우 단순한 원리에 입각해 있다. 즉, 연방제란 미국 국제정책센터 셸리그 해리슨(Selig Harrison)의 지적처럼 '남북이 서로 외교적으로 승인함으로써 발생하는 법률적 분단을 피하면서도 한반도에 사실상 존재하는 분단을 공식화하는 것'이다(해리슨 2003, 493).

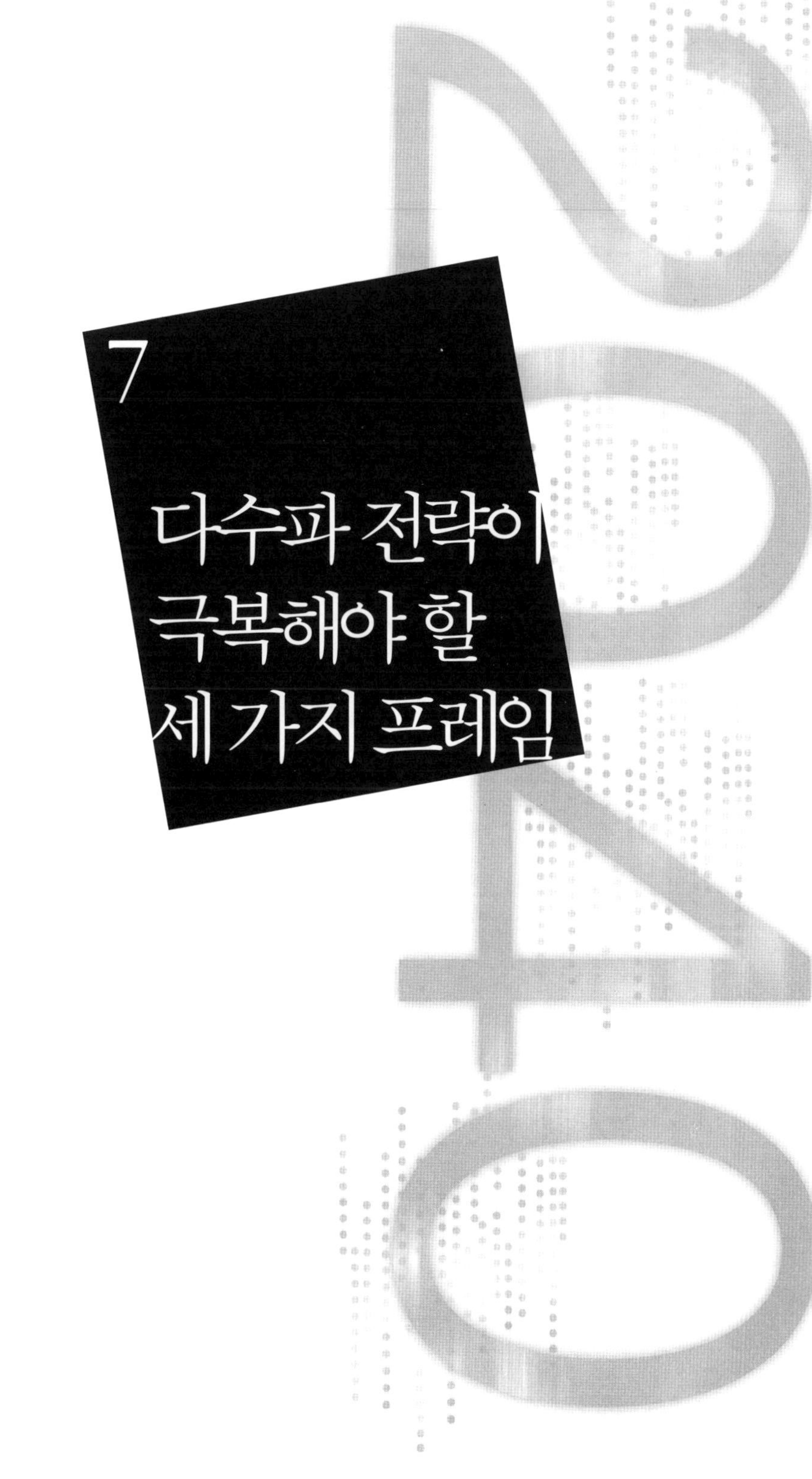
7
다수파 전략이
극복해야 할
세 가지 프레임

진보의
다수파 전략과
통합 정당

민주당의 통합 전략

세대 구도를 통한 민주진보 진영의 다수파 전략은 저절로 되는 일이 아니다. 그것이 가능할 수 있는 조건을 만들어야 한다. 아무리 현재 세대 구도가 강화되고, 그로 인해 부산·경남뿐만 아니라 대구·경북에서조차 20~40대의 변화가 일어나고 있다 해도 민주당이 호남 지역색을 더 강화하면 말짱 도루묵이 되고 말 것이다. 그러면 지난 25년 동안 계속되어 온 관성에 따라 영남 지역주의가 강하게 작용하게 될 것이기 때문이다.

민주진보 세력이 지역 정당을 넘어서는 방식으로, 또한 젊은 층에 소구될 수 있는, 좀 더 진보적인 색깔로 선거에 참여하면 현재의 유권자 구도는 지역 구도를 끝내고 세대 구도로 전환될 것이다. 그러나 민주당이 지역 정당의 색깔을 강화해서 선거에 참여하면 지역 구도 체제는 유지될 것이다. 그리고 그것은 자칫 민주진보 진영 내에서 민주당의 주도권 상실을 초래할 수도 있을 것이다.

지금의 민주당은 김대중 전 대통령이 만든 그의 혼이 담긴 당이다. 그러나 그는 단 한 번도 민주당이 호남당이기를 원하지 않았다. 호남

만으로는 권력을 잡을 수 없다는 것을 알았기에 선거를 앞두고는 거의 언제나 외부 수혈 내지 당 대 당 통합을 통해 호남당 이미지를 없애고, 당의 외연을 확대하려 애썼다. 그러나 안타깝게도 지역주의가 본질적으로 자신을 타깃으로 하고 있었던 만큼 어떤 방법을 동원해도 김대중이 있는 한 그 당은 호남당일 수밖에 없었다.

김대중 전 대통령과 노무현 전 대통령은 1991년 평민당과 '작은' 민주당(당시 이기택, 노무현, 김정길 등만이 김영삼의 3당 합당에 반대해 민주당에 남아 있었다)이 합당하면서 처음으로 같은 당에서 일하게 되었다. 당시 김대중 평민당 총재는 크게 양보해 당 규모와는 맞지 않게 당의 지분을 5대 5로 갖도록 하는 합의에 동의했다. 그리고 1992년 대선에서 낙선하자 김대중 후보는 당권을 이기택에게 넘기고 영국으로 갔다.

그렇게 김대중 전 대통령은 통합을 통해 지역 정당을 넘으려고 무진 애를 썼다. 민주당은 지금의 민주당만으로 집권할 수 있다는 생각을 버려야 한다. 김대중 전 대통령의 정신을 이어받아 통합하고 또 통합해야 한다. 이해찬 전 총리의 전언에 따르면, 김대중 전 대통령은 2008년 여름 서거 2주일 전에 이런 말을 남겼다고 한다.

"내가 이제 오래 살 것 같지 않다. 몸이 도저히 견디기 어렵다. 그런데 걱정이다. 이명박 정부 들어와서 민생 경제도 무너지고, 민주주의도 무너지고, 남북 관계도 무너지고, 다 무너져 내려간다. 내가 어떻게 할 수 있는 상황은 아닌 것 같고, 당신들이 해야 되는데 걱정스럽다. 통합을 해야 한다. 모든 세력이 통합을 해야 하는데, 민주당이 70%고 나머지가 30%니까 민주당이 70을 먹고 나머지에 30을 주겠다는 자세로 통합하려 하지 말고, 내가 70%지만 70을 내주고 30%만 먹고도 통합하겠다, 이런 자세로 해야 한다. 이건 내가 죽기 전에 하는 마지막 말이다"(『한겨레』 2011/08/08일).

다수파 전략과 진보 정당

해방 이후 한국 정치사는 대체로 양당제로 유지되어 왔다. 여러 가지 이유가 있지만 우리의 정치제도가 결선투표제 없는 대통령제와 국회 의원 소선거구제, 즉 단순 다수제여서 소수 정당에게 불리하고 양당 제로 귀결되기 때문이다.

그리고 지금까지 한국의 민주당은 소수파의 한계 때문에 생존을 위해, 또 집권을 위해 중도의 노선을 취해 왔고, 그로 인해 진보 정당은 많은 어려움을 감수하면서 독자 정당을 추구해 왔다. 그리고 그동안 진보 정당이 모색해 온 여러 진보적인 정책들이 최근에는 빛을 발하고 있다.

그런데 최근 민주당은 중도적 자유주의를 넘어서 진보적 자유주의, 즉 '중도 진보'로 나아가고 있다. 이로 인해 민주당과 진보 정당의 정책 해법은 이미 큰 방향에서 비슷해졌다. 예를 들면 민주당은 무상 급식, 무상 의료, 무상 보육, 반값 등록금, 비정규직, 주거 등에서 진보적인 정책 대안을 마련해 제시하고 있다. 또한 최근 들어 민주당은 노동 유연성 강화, 공기업 민영화, 부자 감세, 규제 완화, 작은 정부, 한미 FTA 등의 신자유주의적 조류에도 비판적 입장을 견지하고 있다.

이런 이유로 2011년 7월 미디어리서치 여론조사에서도 '차이가 있지만 단일 정당을 못할 정도는 아니다'는 여론(47.6%)이 '민주진보 정당 간에 정책과 노선 차이가 단일 정당을 할 수 없을 정도로 크다'는 여론(40.9%)보다 더 높게 나타났다. 특히 자신의 정치 성향을 진보라고 밝힌 사람들 중에는 정책과 노선 차이가 단일 정당을 만들지 못할 정도는 아니라는 응답이 무려 60.2%에 달했다. 소통합이냐 대통합이냐는 질문에서도, 한나라당 적극 지지자를 제외하면 대통합 선호가

45.5%로 소통합 선호 39.2%보다 더 높았다.

진보 정당은 지금 한국 역사상 처음으로 역사의 전면에 설 기회를 가졌다. 특히 20~40대가 정치의 주역으로 등장하고, 좀 더 진보적인 정책들이 실천될 수 있는 '2012년 체제'에서 진보는 정책적으로나 정치적으로나 한국 정치를 주도할 수 있는 위치에 설 수도 있다. 앞으로 하기 여하에 따라 진보 정당 출신 정치인이 차차기 대통령도 될 수 있을 것이다.

지금이 야권 내의 선명성 경쟁에 기대는 '소수파 내의 소수파' 전략을 넘어, 집권 블록 내의 정책 대결을 지향하는 '다수파 내의 다수파 또는 소수파' 전략으로 바꿀 수 있는 좋은 기회다. 진보 세력이 민주당과의 통합을 반대하는 논리 중 하나는 과거에도 민주당과 진보 세력이 통합했지만 결국 진보 세력은 흡수되어 사라지고 말았다는 것이다. 그러나 지금은 과거와는 달리 진보가 부각되는 시대이며, 또한 민주당에는 김대중이라는 거인이 없다. 오히려 시대의 흐름을 볼 때, 진보 정당이 민주당을 견인해 낼 수 있을 것이다.

지역 프레임의
함정

이제 민주진보 진영이 다수파 전략의 성공을 위해 반드시 극복해야 할 세 가지 프레임 — 지역 프레임, 성장 프레임, 중도 프레임 — 을 검토해 보고자 한다. 이를 위해 먼저, 도대체 프레임(Frame)이란 무엇을 의미하는지 프레임 이론부터 살펴보도록 하자.

프레임이란?

프레임이란 한마디로 세상을 바라보는 마음의 창이다. 어떤 문제를 바라보는 관점, 세상을 향한 마인드 셋, 세상에 대한 은유, 사람들에 대한 고정관념 등이 모두 프레임의 범주에 포함되는 말이다. 마음을 비춰 보는 창으로서의 프레임은 특정한 방향으로 세상을 보도록 이끄는 조력자의 역할을 하지만, 동시에 우리가 보는 세상을 제한하는 검열관의 역할도 한다(최인철 2007).

이를 잘 보여 주는 우화가 '핑크대왕 퍼시'(Percy the Pink)이다. 핑크색을 광적으로 좋아하는 핑크대왕 퍼시가 있었는데, 그는 자신의 옷뿐만 아니라 모든 소유물, 매일 먹은 음식을 핑크로 만들었다고 한다.

이것만으로 만족할 수 없었던 퍼시는 백성들의 모든 소유물을 핑크로 바꾸라고 했다. 그러나 산과 들, 나무와 동물 등은 핑크가 아니었다. 퍼시는 군대를 동원해 그것들도 전부 핑크로 바꾸라고 했다. 하지만 그렇게 했는데도 핑크가 아닌 것이 많았다. 하늘도 바다도 핑크가 아니었다. 그러자 퍼시의 스승이 묘책을 알려주었다. 그것은 너무도 간단했다. 핑크색 안경을 퍼시에게 끼워 주는 것이었다.

프레임이란 이런 것이다. 우리는 모두 자기가 가지고 있는 프레임으로 세상을 본다. 따라서 누군가 '세상이 어떻다, 주변 사람들이 어떻다'라고 평가할 때, 그것은 세상과 주변 사람들에 대한 정보보다는 오히려 그렇게 말하는 사람이 가지고 있는 프레임에 대한 정보에 대해 더 많은 것을 알려준다.

정치에서 특히 그렇다. 왜냐하면 변함없는 자연을 대상으로 하는 자연과학과 달리 정치는 변화무쌍한 인간과 그 집합체인 사회를 대상으로 하기 때문이다. 특히 정치학은 사회과학 중에서도 보는 각도에 따라 완전히 풍경이 달라지는 분야이다. 정치를 어떤 프레임으로 바라보느냐가 거의 모든 것을 결정하게 된다. 정치 현안을 특정 프레임으로 보게 되면 다른 모든 사안들이 그 프레임으로만 보이게 되기 때문이다.

심지어는 정치에 대한 해답 역시 그 해답을 구하려는 사람이 가지고 있는 정치적 프레임에 의해 결정되는 경우가 허다하다. 현안에 대한 해답도 결국 그 프레임 안에서 찾게 되기 때문이다. 예를 들면 성장 프레임을 가지고 있는 정치인은 모든 해답을 성장에서 찾고, 지역 프레임을 가지고 있는 정치인은 모든 해답을 지역에서 찾으며, 중도 프레임을 가지고 있는 정치인은 모든 해답을 중도에서 찾는다.

소수의 사자와 다수의 토끼

이제 민주진보 진영이 극복해야 할 첫 번째 프레임인 지역주의 프레임에 대해 살펴보자. 어찌 보면 지방 출신의 지역구 국회의원에게 지역주의처럼 편하고 좋은 것은 없다. 영남이든 호남이든 이들 국회의원에게 출마는 곧 당선이었다. 그럴수록 이들은 자기 지역을 지역주의로 자극해 지역주의를 더욱 강화한다.

그런 점에서 "지역주의 정치는 토끼가 너무 많거나 사자가 적기 때문에 생기고 유지된다"는 유시민의 지적은 탁월하다. 토끼는 일생을 행복하게 살 수 있는 작은 풀밭(지역구)에 안주하는 정치인을 뜻한다(유시민 2009).

그러나 유시민의 지적은 반만 맞고 반은 틀리다. 맞는 반, 그것은 토끼에 해당된다. 지금 한나라당이든, 민주당이든 거의 대부분의 정치인은 토끼다. 지역구에서 당선되기 위해 지역주의를 이용한다. 지역주의가 있는 한 그들에게 당선은 따 놓은 당상이요, 경쟁은 필요 없기 때문이다.

틀린 반, 그것은 사자에 해당된다. 다수파에 속한 정치인은 토끼여도 그 풀밭이 작은 풀밭이 아니다. 굳이 사자가 아니어도 대권을 장악할 수 있다. 그리고 지역주의는 바로 보수 세력의 집권을 위한 다수파 전략이었다. 반면 소수파에 속한 정치인은 토끼이면 토끼로 끝날 수밖에 없다. 지역주의에서 민주진보 세력은 소수파일 수밖에 없다. 따라서 민주진보 진영의 입장에서 지역주의의 강화는 결국 집권을 포기하는 것과 마찬가지다.

노무현 대통령의 노력과 실패

그런데 지역주의를 극복하기 위해 노력하면 과연 지역주의를 극복할 수 있는 것일까? 그 답을 찾기 위해 먼저 노무현 전 대통령의 지역주의 극복 노력과 실패에 대해 살펴보자.

노무현 대통령은 대통령 취임 이전뿐만 아니라 이후에도 지역주의 극복을 최대 과제로 삼았다. 민주당 분당과 열린우리당 창당, 한나라당과의 대연정 제안과 같은 정치적 노력은 물론이고, 행정 수도 이전, 공공 기관 지방 이전과 같은 국토 균형 발전을 위한 정책적 노력 역시 이런 문제의식과 맞닿아 있다고 할 수 있다(유시민 2010).

그러나 결국 실패했다. 2007년 대선에서 민주당 후보가 참패한 것은 여러 가지 이유가 있겠지만, 가장 큰 이유는 민심이 노무현 정부를 떠나 버린 데 있었다. 지역주의를 극복하려는 노무현 대통령의 노력은 오히려 한나라당과 보수 세력을 강화시켜 주고 민주당과 진보개혁 진영을 약화시켰다. 그리고 그 결과 영남은 물론 서울과 수도권까지 완전히 한나라당에게 넘겨주고 말았다.

이명박 당시 서울시장은 노무현 정부가 추진했던 국토 균형 발전 정책을 적극적으로 반대했다. 이는 수도권에서의 압도적 지지를 확보하는 중요한 바탕이 되었다. 당시 균형 발전과 수도권 규제 완화는 논란이 될수록 한나라당에는 유리하고 열린우리당에는 불리하게 작용했다. 논란이 지속될수록 수도권의 한나라당 지지는 더욱 강화되었기 때문이다.

결국 한나라당은 영남뿐만 아니라 수도권까지 압도적 지지 기반으로 만들었다. 지역주의를 극복하기 위해 제시된 국토 균형 발전 정책이 한나라당의 꽃놀이패가 되고 만 것이다.

지역주의 극복을 외칠수록 지역주의는 강화된다

이와 같은 노무현 대통령의 정치적·정책적 노력이 실패한 가장 큰 이유는 '프레임 이론'으로 설명해 볼 수 있다. 프레임 이론에 따르면, 지역주의 극복은 지역주의 극복을 외쳐서는 결코 불가능하다. 오히려 지역주의 극복을 외치면 외칠수록, 그것을 위해 노력하면 할수록 지역주의의 틀에 갇히는 역설이 발생한다.

유명한 인지언어학자 레이코프(George Lakoff)는 수업에서 프레임 연구를 강의하면서 학생들에게 한 가지 과제를 내준다고 한다. 그 과제는 바로 '코끼리를 생각하지 않는 것'인데, 그는 그 과제에 성공한 학생을 한 명도 발견하지 못했다고 한다. 왜냐하면 코끼리를 생각하지 않기 위해서는 먼저 코끼리를 떠올려야 하기 때문이다(레이코프 2006).

이처럼 프레임 이론에 따르면, 어느 프레임을 부정하려면 먼저 그 프레임을 떠올려야만 한다. 그러니 그 프레임에 들어가서는 결코 그 프레임을 부정할 수 없는 것이다. 노무현 대통령이 지역주의 극복을 외치고 노력할수록 오히려 국민들은 지역주의에 빠지는 역설이 발생하는 것도 이런 이유에서다.

그 한 예로 다음의 칼럼을 읽어 보자.

망국적 지역감정을 없애는 길

오늘날 우리 사회를 좀먹는 폐단 가운데 으뜸은 단연 지역감정이라는 데 국민 모두가 동의할 것 같다. …… 지역감정은 실상 역사적으로 훨씬 더 오래된 것으로 적어도 고려 시대까지 거슬러 올라간다. 고려 태조 왕건은 '훈요십조'에서 "차령 이남과 공주강 밖은 산수(山水)의 형세가 모두 배역(背逆)으로 향했다"며 전라도 지방의 인재를 등용하지 말 것을 유훈으로 남겼다.

경기 지방 출신인 성호 이익은 학문적으로는 영남학파와 대칭적 위치에 있다고 평가되는데 '성호사설'에서 풍수지리설에 입각해 영남을 찬양하고 호남을 비판했다. 그는 백두산에서 시작된 산맥이 영남에 이르러 버들가지가 되었는데 그렇기에 경상도는 거칠고 사나운 기운이 제거되고 냇물이 낱낱이 합류되어 기(氣)가 살아 있는 덕분에 모든 물자가 번식하고 인재가 많이 양성되는 고장이라 했다. 그는 경상도를 "사대부의 고장 중 으뜸이고 우리나라 인재의 창고"라고 예찬한다.

반면 전라도 지역은 물이 모두 사방으로 흩어져 흘러가기 때문에 "머리가 사방으로 풀어 흩어진 것과 같아 형세를 이루지 못했으므로 재주와 덕망 있는 자가 드물게 나온다"고 판단했다. 문관과 무관의 공평한 등용을 주장하고 서자(庶子)에 대한 차별을 비판하는 등 상당히 합리적 사고를 한 이익이 유독 인성(人性)에 대한 판단에서는 풍수설에 의존해 전라도 출신을 폄훼한 것에 아연할 수밖에 없다. ……

그렇다면 어떤 해결책이 있을까? 수백 년 거슬러 올라가는 기억을 없애려면 아예 경기·경상·충청·전라도 같은 명칭 자체를 바꾸어 버리는 것도 좋은 방법이다. 다음으로는 선거구와 행정구역을 마구 섞어 버리는 방법이 있다. 나아가 각 지역 사람들이 경제적 필요성에 의해 어쩔 수 없이 거래하고 친교를 맺어야 하는 획기적이고 복합적인 경제 구역을 구상할 수 있다. 서울과 지방을 연결하는 교통 인프라에만 집중할 것이 아니라 부산~순천~목포를 잇고 대구~광주를 잇는 KTX 건설 같은 것도 필요하다. 그렇게 적극적으로 교류하다 보면 서로 혼인으로 어울리면서 언젠가는 일체감을 가지게 되지 않을까?(『조선일보』 2011/04/21)

뉴라이트로 활동하고 있는 박지향 교수가 『조선일보』에 게재한 글이다. 이 글은 제목만 "망국적 지역감정을 없애는 길"일 뿐 사실은 반호남 정서를 가진 사람들에게 지역감정을 부추기는 글이다. 그 내용을 볼 때 이 글을 쓴 교수는 아주 심각한 지역주의자다. 만일 이 칼

럼의 제안대로 지역주의를 없애기 위한 정책이 실시된다면 어떻게 될까? 지역주의가 없어질까? 천만의 말씀이다. 대한민국은 온통 지역주의 문제에 대한 논란으로 가득할 것이요, 그 과정을 거쳐 지역주의는 더욱 강화될 것이다.

지역주의를 외면하는 전략

지역주의는 실제로 존재해서 문제가 발생하는 것이 아니라, 실제로는 존재하지 않는 허상을 보수 세력이 이데올로기적으로 이용하기 때문에 문제가 발생하는 것이다. 지역 구도는 기본적으로 보수 진영에 유리한 전략으로 결코 보수 세력에 의해 해체될 리 없다. 게다가 지역주의를 극복하기 위해 노력하면 할수록 지역주의를 만들어 낸 보수 세력이 의도한 틀 안에 갇히게 된다.

그러면 그렇게 극복하기 힘들었던 지역 구도가 어떻게 최근에는 완화되는 조짐이 보이는 것일까? 이는 이미 여러 차례 설명했듯이 세대 구도의 등장, 특히 탈지역주의적 성향의 2040세대가 정치의 전면에 나선 것에 기인했다.

따라서 지역 구도를 극복하기 위해서는 정치 구도를 지역주의가 아닌 다른 구도로, 특히 세대 구도와 이념 구도, 계층 구도로 전환해야 한다. 복지국가의 비전을 가지고 희망의 사다리가 사라져 고통 받는 이들, 특히 2040세대에게 그 답을 주기 위해 열심히 노력하다 보면 지역 구도는 자연스럽게 사라질 것이다. 반면, 지역주의 극복을 들먹일수록 오히려 지역주의는 끈질기게 지속될 것이다.

성장 프레임의
함정

성장 우선주의가 지배한 50년

이제 민주진보 진영이 극복해야 할 두 번째 프레임인 성장 프레임에 대해 살펴보자.

성장 우선주의는 박정희 정권 이후 50년간 대한민국 국민들의 경제 의식을 지배해 온 논리다. 지난 50년간 국민의 60%가 성장과 분배를 구분하고, 그중에서 성장이 우선시되어야 한다고 생각해 왔다. 그런데 놀랍게도 2010년 이후에는 국민의 60%가 분배를 선택하는 여론 조사가 나오고 있다.

그러면 왜 우리 국민들은 그동안 분배보다 성장을 선호해 왔을까? 그것은 '선성장·후분배'라는 성장 우선주의가 일종의 이데올로기로 국민의 뇌리에 깊이 박혀 있기 때문이다. 그런데 중요한 점이 있다. 성장 우선주의가 국민의 뇌리에 깊이 박힐 때, 성장 우선주의는 반공 이데올로기의 경제적 변형이었다는 점이다.

박정희 정권은 "먼저 성장한 뒤에 분배를 해야 한다"고 선전했고, 이를 거부하고 분배를 주장하는 사람들에 대해 이데올로기적인 적대 의식을 보였다. 분배와 평등을 주장하면 좌파·빨갱이로 몰았다. 그래서 성장과 분배는 양립 불가능하고, 반드시 하나만 선택해야 하며, 그럴 때는 반드시 성장을 선택해야 한다는 성장 우선적인 이분법적 사고방식이 국민의 뇌리에 이데올로기로서 자리 잡힌 것이다.

대중은 정말 성장을 원하는가?

그런데 재미있는 점이 있다. 사회심리학자들과 여론조사 전문가들의 분석에 의하면 한국 사람들이 대단히 평등주의적 지향을 가지고 있다는 것이다. 이는 한민족이 반만년의 역사 동안 단일민족을 유지해 왔고, 상부상조하는 전통을 이어 왔으며, 공동체를 지향하는 정서가 크다는 점에서 그 이유를 찾을 수 있다. 그런데 이렇게 대단히 평등주의적 사고를 가진 한국인들이 왜 경제에 대해서는 성장 우선주의를 50년 동안 지지해 왔을까? 도대체 이런 모순은 왜 발생한 것일까?

이런 경제 인식의 모순성을 잘 보여 주는 여론조사들 가운데 하나를 살펴보자. 『문화일보』와 한국사회여론연구소가 2005년 9월 두 차례에 걸쳐 실시한 여론조사를 보면, 가장 심각한 경제사회 문제를 뽑아 달라는 질문에 양극화를 꼽은 사람(62.2%)은 저성장을 뽑은 사람(31.4%)보다 두 배 많았지만, 정부의 정책 방향에 대해서는 분배(40.9%)보다 성장(57.5%)을 뽑은 사람이 더 많았다(고세훈 2009).

도대체 왜 이런 모순이 발생하는 걸까? 왜 우리 국민들은 빈곤과 불평등, 즉 분배를 훨씬 더 심각한 질병으로 파악하고 있으면서도 그 질병에 대한 치료 방법은 분배가 아니라 성장을 선택하는 것일까? 왜 이렇게 성장 우선주의에 깊이 침윤되어 있을까?

그 답은 단순하다. 한국 국민들은 이데올로기적으로 성장 우선주의를 받아들여 왔지만, 실제 경제에서 바라는 것은 분배였던 것이다. 한국전쟁으로 인해 거역할 수 없는 반공 이데올로기의 경제적 변형으로서 성장 우선주의를 받아들였을 뿐, 실제 국민들이 바라는 것은 성장보다는 분배였던 것이다(김헌태 2009).

성장주의 후퇴의 일등 공신, 이명박 정부

그런데 최근 여론조사에서는 50년간 계속되어 온 성장 우선주의가 후퇴하고 있다. 〈그림 1-22〉의 조사 결과에서 볼 수 있듯, 국민 10명 중 6명이 분배를 중시해야 한다고 답한 것이다. 또한 '기업에 다소 부담이 되더라도 비정규직 노동자를 정규직으로 바꾸는 것이 바람직하다'는 의견이 83.8%에 달하고 있고, 어떤 성격의 정당이 우리나라를 이끌어야 한다고 생각하느냐는 질문에 진보 정당(34.8%), 중도정당(22.5%), 보수정당(18.5%)의 순으로 응답하고 있다(『한겨레』 2011/05/16).

그렇다면 박정희 대통령 이래 50년간 거의 불변의 사고로 이어져 오던 성장 우선주의가 이명박 정부 중반이 넘어서면서 바뀐 이유는 무엇일까?

그것은 이렇게 설명할 수 있다. '경제를 살리겠다'는 이명박 대통령을 선택한 국민들은 사실 성장이라는 '수단'을 통해 분배라는 '목적'이 실현되기를 바랐던 것이다. 국민들이 분배보다 성장을 선택할 때, 그 이유는 일단 파이를 키운 다음에 함께 나누어 먹자는 말에 동의한 것이다. 즉, 목표는 파이를 키우는 게 아니라, 함께 나누어 먹는 것에 있는 것이다. 국민들이 '경제를 살리겠다'는 이명박 정부를 압도적으로 지지한 것은 사실은 분배에 대한 요구였던 것이다.

그런데 보니까 갈수록 내 파이는 줄어들고 소수 부자들의 파이만 커진 것이다. 실제로는 소수 부자들만 부자가 되고 일반 국민들은 갈수록 어려워지는 상황을 보고 결국 국민들은 '선성장·후분배'라는 성장 우선주의조차 의심하게 된 것이다.

이명박 대통령의 '747공약'과 같은 허황된 공약으로 인해 결과적으로 보수 세력은 최대 무기였던 '성장 우선주의'를 잃어버리게 된 것이다. 사실 한국 보수 세력의 양대 무기는 반공주의와 성장 우선주의였는데, 반공주의는 민주 정부 10년 동안의 햇볕 정책을 통해서 사라졌고, 성장 우선주의는 이명박 정부로 인해 잃어버리게 된 것이다.

중도 프레임의
함정

중도 프레임의 논리

이제 민주진보 세력이 극복해야 할 세 번째 프레임인 중도 프레임에 대해 살펴볼 순서다. 이야기를 시작하기에 앞서 다음의 사설을 검토해 보자.

> 동서양을 망라한 수많은 선거 결과 분석 논문과 교과서들은 이념상의 양쪽 극단이 아니라 중간 지대에 표가 몰려 있다고 설명하고 있다. 현대 정치에선 유권자의 특정 정당에 대한 충성도가 눈에 띄게 약화됐고, 이런 정당과 정서적 유대를 갖지 못한 유권자가 중간 지역에 집중되어 있기 때문이다(『조선일보』 2011/08/02).

사설은 중도 프레임의 요지를 잘 담고 있다. 유권자는 보수·중도·진보로 나눠지는데, 보수와 진보는 어차피 찍는 정당이 정해져 있기 때문에 중도의 선택이 권력의 향배를 결정하는 만큼 중도를 가져가는 정당이 권력을 가져간다는 것이다. 얼핏 보면 대단히 합리적이 상식적인 논리인 듯하다. 하지만 여기에는 다음과 같은 함정이 숨어 있다.

중도 프레임의 함정

사실 중도층은 그렇게 많지도 않고 또 선거 결과를 좌지우지하지도 않는다.

흔히 중도층이 많다는 주장의 근거가 되는 여론조사는 '주관적 이념 성향' 조사다. 『한겨레』의 '한국인의 주관적 이념 성향 조사'(〈그림 7-1〉)에 의하면, 무려 44%가 중도, 31%가 진보, 25%가 보수였다(『한겨레』 2011/05/16). 또 다른 조사에서는 보수 31.4%, 진보 30.3%, 중도 28.2%, 모름·무응답 10.1%의 순서로 나왔다(민주정책연구원·미디어리서치 조사, 2001/07/01~03).

그런데 대북정책의 방향에 대한 질문에 대해서는 52%가 '대화를 통한 해결 방법 모색'을, 46%가 '대북 압박 계속'을 선택했다(『문화일보』 2011/01/01). 그리고 경제정책이 성장과 분배 중 무엇을 우선해야 하는지에 대한 질문에 대해서는 57%가 '분배 우선', 39%가 '성장 우선'을 답했다(『한국일보』 2011/06/10).

보수와 진보를 나누는 대표적인 기준인 경제정책에서의 성장과 분배, 대북정책에서의 대화와 압박에 대한 답은 대체로 양분되어 있다. 중도가 무려 44%인데 왜 이런 모순적 현상이 나타나는 것일까? 그것은 조사 방식의 차이다. 막연히 자신의 주관적 이념 성향을 선택하라고 하면 일반적으로 중도를 택하는 사람이 많이 나온다. 반면에 특정 사안에 대해 입장을 물어보면 대체로 진보 아니면 보수의 답으로 양분되고, 중도층의 비율은 확연히 줄어든다.

또한 중도층은 선거 결과를 좌지우지하지도 않는다. 선거에서는 스윙 투표(swing vote)층의 향배도 중요하지만 그보다는 투표율이 더욱 중요한 변수가 된다. 〈그림 7-2〉에서 보듯이 민주화 정초 선거였던

그림 7-1 한국인의 주관적 이념 성향 조사

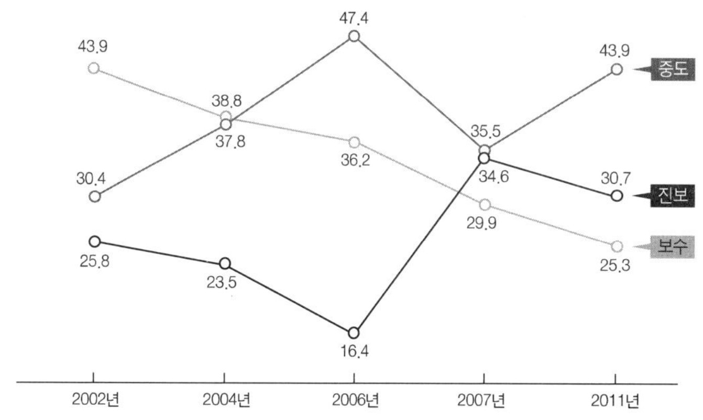
(단위 : %)
47.4
43.9
43.9
38.8
37.8
36.2
35.5
34.6
30.4
30.7
29.9
중도
진보
보수
25.8
23.5
25.3
16.4
2002년
2004년
2006년
2007년
2011년
자료 : 『한겨레』(2011/05/16).

그림 7-2 역대 대통령 선거의 투표율 추이

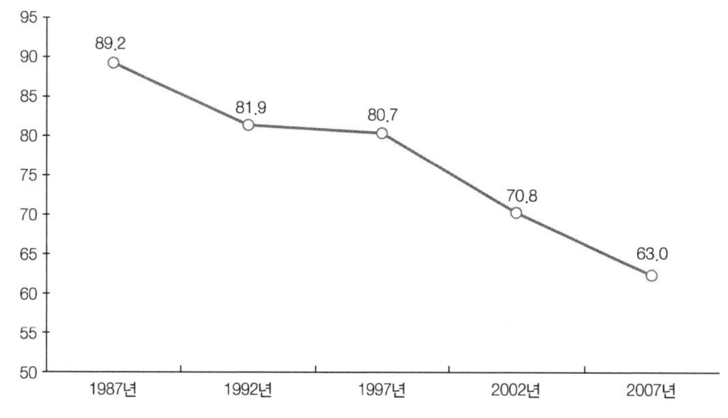
(단위 : %)
95
90
85
80
75
70
65
60
55
50
89.2
81.9
80.7
70.8
63.0
1987년
1992년
1997년
2002년
2007년
자료 : 중앙선거관리위원회.

1987년 제13대 대통령 선거 때 무려 90%에 가까웠던 투표율은 2007년 제17대 대선 때는 63% 수준으로 내려앉았다. 3분의 2 수준이다.

그런데 문제는 이처럼 낮아지는 투표율의 주된 이유가 바로 젊은 층의 투표 불참에 있었다는 것이다. 중앙선거관리위원회의 조사에 따르면 지난 1996년 제15대 총선에서 20대 유권자의 투표율은 전체 투표율 64%보다 20%가 낮은 44%로 추정되었고, 2000년 제16대 총선에서는 37% 안팎이었으며, 2008년 제18대 총선에서는 고작 29%에 불과했던 것으로 조사되었다. 이처럼 낮은 투표율, 특히 20~40대의 낮은 투표율은 당연히 한나라당에 대단히 유리했고, 민주당 등 민주진보 진영의 정당에 대단히 불리했다.

중도 전략은 소수파의 생존 전략일 뿐

서구의 모든 정당들은 중도로 수렴된다는 것이 사실일까? 이는 반은 맞고, 반은 틀리다.

먼저 틀린 반부터 보자. 만일 이 말이 전적으로 옳다면 항상 중도적이고 큰 변화를 추구하지 않는 노선만이 정권을 잡아야 할 것이다. 그렇다면, 새로운 시대, 새로운 역사는 일어날 수 없었을 것이다. 전후 복지국가도 없었을 것이고, 1980년대 신자유주의도 없었을 것이다. 복지국가는 사회시스템 전체가 진보로 이동한 것이고, 신자유주의는 보수로 이동한 것인데, 모든 정치가 중도로 수렴된다면 이런 일을 없었을 것이다. 그리고 마거릿 대처나 로널드 레이건, 아들 조지 부시 등 그야말로 극단적인 보수 정치인들이 집권하는 일도 불가능했을 것이다. 그러나 역사는 그렇지 않았다.

다음으로 맞는 반을 보자. 자신의 노선을 버리고 중도로 가는 선거 내지 정치 전략을 선택한 경우가 분명히 있었다. 특히 1980년대 신자유주의 시대 이후 세계의 거의 모든 진보 정당들이 그렇게 했다. 신자유주의를 받아들여 진보에서 중도로 이동했다. 1990년대 집권한 미국 민주당 빌 클린턴과 영국 노동당 토니 블레어가 대표적이며, 제3의 길이 바로 그 노선이다. 어쩔 수 없는 선택이었다. 그럼 전후 복지국가 시대에 보수정당들은 어떠했을까? 그들도 마찬가지로 복지국가를 받아들였다. 1950년대 집권한 미국 공화당의 아이젠하워나 영국 보수당의 처칠 등이 대표적이다.

그렇다면 1950년대 보수정당의 정책과 1990년대 진보 정당의 정책 중 어디가 더 진보적일까? 상상 이상으로 1950년대 보수정당의 정책이 훨씬 더 진보적이다. 아이젠하워 대통령 시절 미국 소득 상위층에 대한 소득세 한계세율은 91%였다. 반면 클린턴 시절에는 39%에 불과했다. 아이젠하워 대통령 시절 미국의 소득 상위 1%가 차지하는 몫은 10%로 미국 역사상 가장 분배가 잘된 시절이었다. 그러나 클린턴 대통령 시절에는 20%에 달해 레이건 대통령 때부터 시작된 분배 악화가 계속되고 있었다. 정당이 규정하는 힘보다 시대가 규정하는 힘이 더 강했던 것이다.

결론적으로 볼 때, 모든 정당이 중도로 수렴되는 것은 아니다. 오히려 세계사의 큰 흐름은 4장에서 살펴본 것처럼 경제 혜택이 극소수에만 집중되는 시기(보수의 시기)와 중산층이 번영을 폭넓게 공유하고 빈곤층도 수용할 만큼 성장하는 시기(진보의 시기) 사이를 시계추처럼 오간다는 것이 더 맞는 설명이다. 즉, '수렴론'보다는 '시계추론'이 더 설득력 있다. 그래서 진보 시대의 진보 정당과 보수 시대의 보수정당은 자신들의 지향과 색깔로 세계를 변화시키는 반면, 진보 시대의 보수정당과 보수 시대의 진보 정당은 생존하기 위해 중도로 나아가는 것이다.

만일 진보의 시대에 진보 정당이 진보의 색깔을 보여 주지 못하면 그 진보 정당은 존재할 이유가 없으며, 마찬가지로 보수 시대에 보수 정당이 보수의 색깔을 보여 주지 못하면 그 보수정당 역시 존재할 이유가 없다. 또 보수의 시대에 진보 정당이 함부로 진보의 색깔을 강화하면 참패하게 될 것이며, 마찬가지로 진보의 시대에 보수정당이 함부로 보수의 색깔을 강화하면 참패하게 될 것이다.

한국 정치에서의 중도 전략

중도 프레임이 맞다면 한국에서 대통령은 모두 중도적인 사람이 되었어야 한다. 그러나 한나라당도, 민주당도 그런 적은 없었던 것 같다. 특히 10년의 민주 정부를 이끌었던 김대중 대통령과 노무현 대통령은 그 당시 정치인들 중 가장 진보적인 정치인들이었다. 지역적으로나 이념적으로 소수파였던 그들은 반공·보수·성장 이데올로기가 결합된 절대적인 다수파에 대항해 소수파로서 집권하기 위해 중도 전략을 폈다. 그리고 그 중도 전략의 성공으로 대통령이 될 수 있었고, 민주 정부 10년이 가능했다.

김대중·노무현 두 민주 정부 대통령이 집권을 위한 중도 전략에서 참고했던 것이 바로 1990년대 집권한 미국 민주당 빌 클린턴과 영국 노동당 토니 블레어의 제3의 길이었다. 그리고 미국과 영국에서 두 진보 지도자들이 그러했듯이 한국의 두 민주 정부 대통령은 집권 후 신자유주의를 받아들일 수밖에 없었고, 그 폐해를 피할 수 없었다.

2012년 대선을 앞두고 가장 유력한 대선 주자인 한나라당의 박근혜 전 대표는 확실히 중도 전략을 채택했다. 복지를 내세우며 따뜻한 시장경제를 주장하고 있다. 2007년 대선 때는 '한국의 대처'를 내세우면서 '줄푸세'를 정책 브랜드로 내세웠던 그가 불과 몇 년 만에 확실하게 중도 전략을 택한 것이다. 보수정당의 유력 대선 주자로서 2012년 선거는 진보의 시대정신으로 치러질 것으로 분명히 판단하고 중도로 나온 것이다.

2012년 민주진보 진영, 다시 중도 전략을 선택해야 하나?

그러면 과연 2012년, 그리고 그 이후 한국의 민주진보 진영은 중도 전략을 선택해야 할 것인가? 나는 그래서는 안 된다고 생각한다.

그 첫째 이유는 지금 국민들이 겪고 있는 고통을 해결하는 길은 중도에 있지 않기 때문이다. 그 길은 '20 대 80의 양극화·이중구조 사회'를 극복하고, 좋은 일자리를 많이 창출하고, 복지를 강화하는 것인데, 이를 위해서는 내수 중심의 경제 시스템으로 경제를 전환하고, 복지를 기업 복지가 아닌 보편적 복지로 확대해 사회임금을 높여야 한다. 이 길은 진보의 철학이 있어야만 가능하다. 이런 상황에서 중도의 강화를 말하는 것은 국민의 고통을 외면하는 일이다. 최장집 교수는 중도 프레임을 이렇게 비판한다.

개혁적인 정치인 역시 막상 선거 국면을 앞두고는 중도 내지 보수적 경향을 보이는 것이 마치 합리적인 듯 행동한다. 그것은 개혁적이고 진보적인 유권자는 어차피 다른 선택을 할 수 없을 것이기에 이들에게 관심을 두기보다는 중도 내지 보수적 유권자층을 분할해 획득하는 것이 현명한 계산이라는 다운스 이론의 저급한 해석판을 신봉하는 것이자, 동시에 언론과 재벌을 중심으로 한 보수 헤게모니에 맞서는 것을 피하고자 하는 변명에 불과하다. 어느 정당이나 정치인도 오늘의 한국 민주주의가 안고 있는 문제를 진지하게 이해하고, 이를 해결하고자 하는 비장함을 보여 주고 있지 못하고 있다(최장집 2010, 41).

민주진보 진영이 2012년 '중도 전략'을 선택해서는 안 된다고 내가 생각하는 두 번째 이유는 그게 선거 전략상으로도 유리하지 않기 때문이다. 최근 여론조사를 보면 국민들 사이에 진보 정부 수립에 대한 열망이 갈수록 고조되는 추세다. 그리고 이 책에서 분석한 세대 구도에 입각해 볼 때, 중도 프레임은 그 맹점이 분명하다. 세대로 볼 때, 캐스팅보트를 쥐고 유목민과 같이 떠돌아다니는 중도 성향의 세대는 지금의 50대이다. 현재 40대인 486세대는 지금까지 민주화 가치의 주력 세대였고, 60대는 산업화 가치의 주력 세대였다. 중도 전략은 50대에 소구하는 전략이다. 그러나 지금은 선거 전략상으로도 20~30대와 40대에게 소구하는 것이 유리하다. 이들이 전체 유권자의 3분의 2를 차지하기 때문이다. 그것은 진보의 강화다.

그리고 중도 강화론은 '한나라당은 보수, 민주당은 진보, 부동층은 중도'라는 도식을 전제로 하고 있다. 이런 도식을 전제로 중도 프레임에서는 민주당이 진보적이니 중도로 이동해야 한다고 한다. 그러나 20~40대가 민주당을 지지하지 않는 이유는 너무 진보적이어서가 아니다. 오히려 민주당이 한나라당과 별반 다르지 않아 보이기 때문이다.

분노하라,
더 나은 삶을 상상하라,
그리고 세상을 바꿔라

계속되는 글로벌 경제 위기

글로벌 금융 위기가 계속되고 있다. 2007년 미국의 서브프라임 모기지 사태로 시작되어 2008년 9월, 리먼 브러더스의 파산으로 표면화된 글로벌 금융 위기는, 5년여가 지난 지금도 회복되기는커녕 확산 일로에 있다.

이런 외적 경제 환경은 앞으로도 계속될 것이다. 2차 양적 완화(Quantitative Easing 2, QE2)가 끝나고 국가 부채의 한계에 다다른 미국 경제가 회복될 가능성은 희박하고, 일본 경제는 성장이 멈추든지 하락할 것이며, 중국 등 아시아 자산 시장에 대해서는 거품이 붕괴할 것이라는 우려가 설득력을 얻고 있다. 또 유럽은 재정 위기를 겪은 지 1년이 지났는데도 오히려 그리스, 아일랜드, 포르투갈을 넘어 EU 4위의 스페인과 3위 이탈리아로까지 위기가 전이될 조짐을 보이면서 전 세계가 더블딥에 대한 공포에 빠져 있다. 이제 세계경제는 장기 침체로 빠질 가능성이 높다(유종일 2011).

이런 세계경제의 장기 침체는 쉽게 해결되지 않을 가능성이 높다. 이번 위기의 근본에는 심각한 빈부 격차와 불평등이 존재하는데, 이는 전 지구적 차원에서 총수요와 공급의 불균형을 일으키기 때문이다.

그리고 세계경제의 장기 침체를 극복하는 과정에서 지금의 경제 위기를 가져온 1980년대 이후의 신자유주의적인 세계경제 시스템은 변화할 수밖에 없을 것이다. 이는 세계경제의 성과가 소수에게 집중되는 시대에서 중산층과 서민 전체에 폭넓게 분배되는 시대로의 변화를 의미한다.

현재의 글로벌 금융 위기는 한국과 같은 개방된 소규모 경제에 다음의 두 가지 교훈을 주었다. 첫째, 금융은 자기 조절 기능을 갖지 못한 산업인 만큼 글로벌 자본 이동에 따른 금융 불안정성을 해소하기 위해 자본 유출입을 통제할 필요가 있다. 둘째, 소득이 아닌 부채에 의존한 소비, 금융에 의한 부동산 거품은 지속 가능하지 않은 만큼 내수 기반이 안정되어야 세계경제 변동에 대처할 수 있다.

무상 급식 주민 투표 : 2040세대의 투표 불참

2011년 8월 24일 서울시 무상 급식 주민 투표가 있었다. 최종 투표율이 25.7%로, 개표 가능 투표율인 33.3%에 못 미쳐 결국 투표함을 열지 못했다. 주민 투표의 실질적인 발의자이자 서울시장직까지 걸어가며 투표 참여를 독려했던 오세훈 서울시장은 자기 말에 책임을 지고 시장직을 사퇴했다.

25.7%라는 투표율에 대해서는 다양한 해석이 있었다. 사실상의 오세훈 시장의 승리이며, 보수 세력이 뭉쳐진 힘을 보여 줬다는 평가도 있었고, 어쨌든 민주진보 세력의 승리요, 보수 세력 투표율 25.7%는 그리 무서운 수치는 아니라는 평가도 있었다. 언론은 투표에 참여한 25.7%에 20~40대는 거의 포함되지 않은 것으로 분석했다. 조사는 없었지만, 투표참관인의 전언에 따르면 투표자의 대부분은 50~60대였다고 한다.

여기서 분명한 것은, 이번에 투표에 참여한 25.7%는 언제나 보수 세력을 지지할 것이라는 점이다. 따라서 승부처는 민주진보 세력에 대한 지지세가 높은 20~40대의 투표율이 25.7%를 넘느냐의 여부가 될 것이다. 따라서 전체 투표율이 50%를 넘으면 민주진보 세력이 승리할 가능성이 높아지고, 그렇지 못하면 보수 세력이 승리할 가능성이 높아진다는 결론이 나온다. 실제로 민주 세력이 참패한 2008년 제18대 총선의 투표율은 46.1%였던 반면, 민주 세력이 승리한 2010년 제5회 지방선거의 투표율은 54.5%였다. 또한 손학규 후보가 박빙의 승리를 거둔 분당 보궐선거의 투표율도 49.1%였다.

복지 포퓰리즘 망국론에 대한 반론

서울시 무상 급식 주민 투표 과정에서 소위 '과잉 복지 망국론', '복지 포퓰리즘 망국론'이 기승을 부렸다. 한나라당과 보수 언론은 복지 확대는 망국으로 가는 지름길이라고 주장했다. 특히 2011년 8월 일어난 2차 글로벌 경제 위기와 일부 재정 위기의 관련성이 드러나자 보수 진영은 복지의 확대가 경제 위기를 초래했다면서 복지 확대는 나라를 거덜 내는 포퓰리즘이라고 비난했다. 그러나 이는 어불성설이다.

우선 미국을 보자. 이번 경제 위기의 진앙지는 미국이다. 그런데 미국은 선진국 중에서도 복지 제도가 미비하고, 복지 지출이 대단히 낮은 나라다. 그리고 미국에서 재정 적자가 심각해진 것은 공화당 정부의 감세 정책과 전쟁 비용 지출 때문이었다. 반면, 클린턴 행정부를 비롯한 민주당 정부는 재정 건전성을 확보하는 데 노력한 정부였다.

다음으로 유럽의 경우를 보자. 지금 유럽에서 금융 위기를 겪었거나 겪을 것으로 예상되는 나라들을 보면 그리스, 포르투갈, 스페인, 이탈리아 등 유럽에서는 비교적 경쟁력이 낮은 남유럽 국가들과 아일랜드, 아이슬란드 등 과도한 금융 개방 국가들이다. 이들 나라가 복지 때문에 경제 위기를 겪는다는 것은 사실과 다르다. 오히려 복지 지출이 높은 스웨덴, 노르웨이, 독일 등의 나라는 멀쩡하고 복지 지출이 상대적으로 낮은 남유럽 국가들과 금융 개방 국가들이 경제 위기를 겪고 있기 때문이다.

사실 이들 남유럽 국가들이 겪는 위기의 가장 큰 원인은 화폐 통합이다. 원래 환율은 국가 간의 경쟁력 차이를 조정해 준다. 이것이 각국이 독립된 화폐를 가져야 하는 핵심적인 이유이기도 하다. 그런데 유럽 각국은 유로화로 화폐를 통합했다. 같은 화폐를 쓰는 국가 간에 경쟁력 차이가 있으면 국부는 필연적으로 경쟁력이 약한 국가에서 경쟁력이 강한 국가로 이전될 수밖에 없다. 이들 남유럽 국가들이 국가 부채가 많아진 이유는 화폐 통합으로 발생한 재정 적자와 무역 적자를 막기 위해 국채를 발행했기 때문이다.

이처럼 유럽의 화폐 통합은 국가 간의 경쟁력 차이에서 오는 지속적 무역역조 현상을 고려하지 않았다. 관세가 없어지고 같은 화폐를 사용하게 됨으로써 유럽은 마치 한 나라처럼 되어 버렸다. 이런 조건에서 경쟁력 있는 EU 내 한두 국가의 기업이 이제 유럽 내 모든 국가에 상품을 공급하게 되면서 경쟁력이 약한 다른 나라의 기업들은 살아남을 수 없게 된 것이다.

글로벌 금융 위기에도 불구하고 지금 유럽에서 사민주의 정당들이 고전을 면치 못하는 가장 큰 이유는 이들 정당이 '제3의 길'이라는 명목으로 신자유주의를 받아들였기 때문이다. 유럽 통합의 문제에서도, 통합 자체는 진보적 가치이지만 화폐 통합은 신자유주의적 가치였다. 그것이 지금 경쟁력이 약한 남유럽 국가들의 위기로 귀결되고 있는 것이다.

따라서 남유럽 국가들의 경제 위기에서 우리가 얻을 교훈은 '복지 망국론'이 아니다. 화폐 통합 내지 경제통합의 위험성을 교훈으로 얻어야 하는 것이다. 우리 한국으로서는 한미 FTA의 위험성을 자각해야 한다. 그런데도 한국의 보수 진영은 한미 FTA가 국익이고, 복지는 망국으로 가는 길이라고 주장한다. 도대체 어느 나라의 '국익'이라는 것인가?

2040세대의 힘을 보여 준 '안철수 신드롬'

무상 급식 투표가 끝나고 오세훈이 서울시장직 사퇴를 발표하면서 서울시장 보궐선거를 놓고 안철수 열풍이 거세게 불었다. 50%에 달하는 지지를 받고 있던 그가 5% 지지율의 박원순 희망제작소 상임이사에게 서울시장 후보를 아무 조건도 없이 양보하자, 대선 주자 반열에 올라 박근혜 전 대표와의 가상 대결에서도 우위를 보이는 사상 초유의 사태가 벌어지기도 했다.

이와 같은 안철수 신드롬의 본질은 2040세대의 새로운 정치에 대한 갈망이다. 여론조사를 보면 박근혜와의 가상 대결에서 안철수가 이기는 힘은 2040세대의 지지에 있음을 알 수 있다. 이 책의 주장은, 바로 이들 세대가 신자유주의, 양극화, 빈부 격차로 인해 가장 큰 고통을 받고 있기에 역설적으로 이를 극복할 수 있는 주체가 될 수 있다는 것이다. 그렇기에 이들 세대를 '진보 세대'라고 지칭했다. 그런데 이들 '진보 세대'는 지금 민주진보 세력의 중심 세력이 되고 있다. 전체 유권자의 3분의 2를 차지하는 이들 세대는 정치 구도를 지역 구도에서 세대 구도로 전환시키고 있고, 그들의 이해와 요구에 맞는 정치인을 국가의 지도자로 옹립하고 있다.

지역 구도에서 영남은 다수파(보수 진영)의 다수파여서 그들이 보수 진영의 지도자를 결정했고, 호남은 소수파(민주 진영)의 다수파여서 그들이 민주 진영의 지도자를 결정했다. 그러나 이제 2040세대, 즉 '진보 세대'는 민주진보 진영을 대한민국의 다수파로 끌어올리고 있을 뿐만 아니라 다수파가 될 민주진보 진영의 지도자를 결정하는 힘도 가지게 될 것이다. 이제 대한민국의 권력을 2040세대가 적극적으로 나서서 결정할 수 있다는 것을 '안철수 신드롬'은 보여 주고 있다.

2040세대에게 안철수 교수는 그들이 가장 원하는 좋은 일자리 창출에 적합한 인물로 받아들여지고 있다. 이 책에서 한국 경제의 대안으로 제시한 'Again 1987'의 '내수 기반, 중소기업 중심, 혁신 지향 경제'를 상징하는 인물인 것이다. 그는 좋은 일자리를 대거 창출하는 소프트웨어 산업의 CEO 출신이요, 그동안 강연을 통해 재벌 중심 경제에 대해 매서운 질타를 해왔다. 2040세대가 그에게 열광하는 핵심은 여기에 있다. 그의 주장이야말로 2040세대, 진보 세대에게는 그들이

원하는 '진보'로 받아들여지고 있는 것이다.

극복해야 할 1987년, 회복해야 할 1987년

민주화의 주역이요, 이후에도 계속해서 민주화 가치의 중심이었던 486세대는 역사 속에서는 계속 소수파였다. 그로 인해 몇몇은 민주화의 성과가 지역주의 정치 구도로 귀결되는 것을 보며 절망도 많이 했을 것이다.

그런데 책을 쓰기 위해 자료를 검토하면서 나를 포함한 486세대가 기존의 생각과는 좀 다르다는 점을 알게 되었다. 40대에 들어서면 보통 보수화되기 마련인데, 지금 486세대는 그렇지 않았다. 2002년 제16대 대선 때, 한국에서 처음으로 세대 구도가 등장했는데, 당시 캐스팅보트는 당시 40대, 즉 지금의 50대가 쥐고 있었다. 출구 조사 결과 당시 40대는 이회창 후보와 노무현 후보를 거의 반반씩 지지했다. 그리고 그것이 노무현 후보의 당선에 큰 힘이 되었다. 하지만 이제 50대가 된 그들은 보수화되었다. 그런데 2010년 지방선거 결과와 최근의 여론조사를 보면 지금의 40대는 20·30대와 함께 여전히 반(反)한나라당의 중심이다.

나는 친구들을 만나면 가끔 2011년 현재의 분위기가 1987년 직전을 떠오르게 한다는 말을 듣곤 한다. 청춘을 바쳐서 민주화 운동을 했던 시절, 그 시대의 주역이었던 40대에게 1987년은 청춘의 기억 한가운데에 박혀 빛을 잃지 않고 있는 보석과도 같은 것이다.

그런데 이 책에서 1987년은 두 가지 의미를 지닌다.

첫째는 정치적인 의미에서의 1987년이다. 1987년은 제13대 대선이 치러진 해로, 이때부터 정착되기 시작한 지역 구도는 25년여가 지난 지금까지도 유지되고 있다. 이 책에서는 정초 선거라는 개념을 가지고, 1987년 이후 지금까지의 지역 구도를 '1987년 체제'라 개념화했다. 그런데 지역 구도에 기반한 체제인 1987년 체제는 2010년 지방선거 이후의 세대 구도로 인해 밑동에서부터 흔들리고 있다. 이 책에서 나는 흔들리는 '1987년 체제'를 2012년에 세대 구도로 바꿔 버리자고 주장했다. 1987년 체제가 근본적으로 보수 우위 체제라면, 2012년 체제는 근본적으로 진보 우위 체제가 될 것이다. 그런 점에서 1987년은 '극복해야 할 1987년'이다.

둘째는 경제·사회적 의미에서의 1987년이다. 1987년 민주화와 노동자 대투쟁 이후부터 1990년대 중반까지는, 한국 현대사에서 가장 분배와 성장이 좋았던 시기였다. 이는 기업의 매출액 대비 인건비 비중이나 지니계수만 봐도 잘 알 수 있다. 또 내수 중심 경제가 자리 잡은 시기도 이때였고, 그로 인해 경제성장률도 8.3%로 대단히 높았다. 그야말로 분배와 성장의 선순환이 이뤄진 시기인 것이다. 이 책에서는 이런 경제·사회적 의미에서의 1987년을 '회복해야' 할 모델이라 보았다. 1987년 이후 10년간의 내수 기반 경제성장 체제를 복원하자는 것이다. 그런 점에서 1987년은 '회복해야 할 1987년'이다.

그리고 이를 위해서는 진보 세대의 세대 혁명을 통해 정치적으로 1987년 지역 구도를 극복해야 한다. 여기서 필요한 핵심 축은 두 가지이다. 첫 번째 핵심 축은 정치이고, 두 번째 핵심 축은 젊은 세대다.

정치가와 소명 의식

윤여준 전 환경부 장관은 『조선일보』와의 인터뷰에서 이명박 대통령에 대해 "대통령이 되어서 맡게 될 5년이라는 기간이 우리나라 발전의 역사, 헌정사에서 어느 시기에 해당하는지에 대한 소명 의식이 없었다"고 비판했다(『조선일보』 2011/06/18). 이와 같은 소명 의식은 대통령이 되려는 사람은 말할 것도 없고 정치에 관여하는 사람이라면 누구나 갖고 있어야 할 덕목이다.

'소명 의식'이란 무엇인가? 그것은 내면적 '신념'을 가지는 동시에, 그 신념을 실현할 '책무'를 가져야 한다는 뜻이다. 정치가라면 자신이 역사 속에서 지금 어떤 일을 해내야 하는지에 대한 명확한 신념을 가져야 할 뿐만 아니라, 그 신념을 실현하는 데 있어서도 책임을 져야 하는 것이다. 역사가 지금 한국의 정치인에게 소명 의식을 요구하는 이유는 다음의 두 가지 때문이다.

첫째, 2008년 금융 위기 이후 세계는 20세기 이후 세 번째 세계경제 위기에 직면해 있기 때문이다. 신자유주의 질서를 넘어서는 새로운 경제 질서를 창조하지 않는 한 이는 끝나지 않을 것이다. 불평등을 극복하고 공동체를 복원해 내는 신자본주의를 창조하는 일은, 단지 미국과 유럽의 지도자들만의 과제는 아니다. 바로 지금 우리 한국 정치인에게 주어진 소명이다.

둘째, 대다수 대한민국 국민들은 지금 양극화에 고통 받고 있기 때문이다. 20 대 80의 이중구조가 시스템으로 정착되어 버린 한국 사회에서 국민들은 희망의 사다리를 잃고 오늘의 노동이 내일의 삶을 보장해 주지 못한다는 불안감 속에서 살고 있다. 특히 새롭게 사회에 진입하는 대부분의 20~30대에게 대한민국은 80%의 하위 트랙만을 허용하고 있다. 이들에게 잃어버린 사다리를 복원해 주는 것, 그것이 바로 지금 우리 대한민국의 정치인에게 주어진 소명이다.

대공황 이후의 혼란 속에서 뉴딜 정책을 펼쳐 미국에서 진보의 시대를 열었던 프랭클린 루스벨트 대통령이나 전후 영국을 복지국가로 만든 클레멘트 애틀리 총리 같은 인물이 바로 지금의 시대가 요구하는 소명 의식이 있는 지도자이다. 만일 이런 중요한 시기에 소명 의식이 없는 정치인이 중요한 위치에 올라가는 것은 대한민국을 너무도 불행하게 만들 것이다.

100년 전 막스 베버는 이렇게 말했다. "자신이 제공하려는 것에 비해 세상이 너무나 어리석고 비열해 보일지라도 이에 좌절하지 않을 자신이 있는 사람, 그리고 그 어떤 상황에 대해서도 '그럼에도 불구하고!'라고 말할 확신이 있는 사람, 이런 사람만이 정치에 대한 '소명'을 가지고 있다"(베버 2011, 231). 이는 지금 대한민국의 정치인들에게도 그대로 적용될 수 있는 말이다.

2040 진보 세대여, 세상을 바꾸자

나는 이 책을 통해 이제 20대·30대·40대, 즉 진보 세대가 대한민국의 새로운 주류가 될 것이며, 이들이 표방하는 진보가 대한민국의 다수가 되는 시대가 곧 올 것이라고 말했다. 그리고 그 시작은 2012년 두 번의 선거에서 세대 혁명을 통한 '1987년 지역 구도 체제'를 극복하고 '2012년 체제'를 구축하는 일이라고 강조했다.

지금 대한민국은 바뀌고 있음을 나는 자신한다. 이런 역사적 변화의 원동력은 우리의 20~40대가, 특히 20~30대가 신자유주의적 양극화로 인해 가장 많이 고통 받고 있기 때문이다. 바로 우리 젊은 세대가 '20 대 80 사회', 빈부 격차, 양극화에 가장 많이 고통 받고 있기에 역설적으로 이를 극복하는 주체가 될 수 있는 것이다. 대한민국이 처한 지금의 위기 상황을 넘어 새로운 시대를 창조해 내기 위해서는 우리 20~40대가 나서야 한다.

4장에서 자세히 살펴본 것처럼 20세기 세계 역사 거대 변화의 주역은 항상 젊은 세대였다. 그렇기에 스테판 에셀도 94세의 나이에 '분노하라'고 청춘에게 외치고, 토니 주트도 죽어 가는 몸을 무릅쓰고 '더 나은 삶을 상상하라'고 젊은 세대에 호소했던 것이다. 스테판 에셀의 대공황·전쟁 세대가 만들어 냈던 전후 복지국가 시대, 토니 주트의 베이비붐 세대가 만들어 냈던 1980년대 신자유주의 시대처럼 2008년 이후에 세계에서 만들어질 새로운 역사의 커다란 변화와 전환은 결국 젊은 세대의 힘으로 성취될 수밖에 없다는 것을 그 둘은 자신 세대의 경험을 통해 너무도 잘 알고 있었다. 그리고 그것을 증명이라도 하듯이 세계의 젊은이들이 지금 세계 곳곳에서 일어나고 있다.

그리고 다행스럽게도 지금 대한민국에서도 20~40대의 젊은 세대가 주역으로 등장하고 있다. 그리하여 대한민국을 바꿀 수 있는 기회가 열리고 있다. 이는 지난 2~3년간의 흐름이 증명한다. 이제 역사적 변화가 가능할 수 있다는 것을 보여 주고 있다. 더 나은 삶을 상상하자. 지금과 같은 불평등한 세상을 용납하지 말고 분노하자. 그러나 그때의 분노는 스테판 에셀이 말하듯, 자각적인 분노여야 한다. 화만 내지 말고 대안을 만들기 위해 노력하는 성실한 분노여야 한다. 그러면 세상은 달라질 것이다. 정말 그렇게 될 것이다. 2012년이 그런 다른 세상을 만드는 대전환의 시작이 되게 하자.

후기

1

"병실에 안 계신다 했더니 운동하고 계셨군요. 수술 부위에 대한 조직 검사 결과가 나왔습니다."

2009년 12월, 나는 개복수술을 받았다. 직장에 암으로 의심되는 종양이 있어 이를 제거하기 위해서였다. 처음에는 의사도 대수롭지 않은 듯 간단한 내시경 수술을 한다고 했는데, 수술 전날 밤 9시에 갑자기 개복수술로 바뀌었다. 그리고 일주일 뒤, 의사는 수술로 제거한 직장의 종양에 대한 조직 검사 결과를 알려주었다.

"조직 검사 결과가 예상보다 심각하네요. 림프절 전이가 일부 있었습니다. 이미 암 단계가 초기가 아니라 중기입니다. 3기네요."

암의 증상이 있었던 것도 아니고 대장 내시경 검사 중에 종양이 발견된 것이라 당연히 초기일 것이라 생각하고 있었던 나로서는 큰 충격이었다. 그날 밤잠을 못 이루며 병원 휴게실 컴퓨터로 확인한 관련 자료에 의하면 그것은 청천벽력이었다. 무엇보다 충격적인 것은 직장암 3기의 5년 생존율이 50~60%라는 것이었다. 밤새 혹시나 싶어 더 높은 생존율을 찾아 헤맸지만 수치는 모두 거기서 거기였다.

'앞으로 5년 안에 내가 죽을 확률이 절반이고, 5년 이상 살 확률도 절반이라니. 이제 겨우 40대 중반인데!' 미칠 지경이었고, 또 너무 슬펐다.

2

생각해 보니 나는 스무 살 이후 세상이 무너지는 듯한 충격을 세 번 겪었다. 그리고 그 세 번 모두 추운 겨울이었다.

첫 충격은 1989~90년 겨울이었다. 그때 나는 인천에서 노동운동을 하고 있었다. 대학교를 졸업한 직후였다. 그때는 왠지 그 길을 가야만 할 것 같았고 학생운동을 시작할 때부터 선택한 길이었다. 그런데 그해 겨울 인천의 한 월세방에서 지내던 내게 놀라운 뉴스들이 들려왔다. 독일의 베를린 장벽은 무너지고, 루마니아에서는 민중 봉기로 차우세스쿠 정권이 붕괴했으며, 한국에서는 3당 합당이 있었다. 세상은 급변하고 있었다.

그때 그 춥던 작은 방에서 느꼈던 충격은 아직도 선명하다. "지금 내가 무엇을 하고 있는 걸까?" 스스로에게 묻고 또 물었다. 내가 선택한 그 길이 과연 현실적인 것인가에 대한 의문이 들고 또 들었다. 당시 극심한 생활고와 주변 조직의 붕괴에 따른 위험에 시달리고 있던 나는 결국 그해 가을 집으로 돌아왔다.

노동운동을 그만둔 뒤 나는 잠시 국민은행에서 은행원으로 일했다. 적성에 맞지 않아 금방 그만두었지만, 입사 동기들은 이제 고액 연봉자가 되어 있다. 생각해 보면 경제 관련 전공자도 아니고, 학생운동을 하느라 학점도 형편없었는데 그때는 지금과는 다르게 취업이 쉬운 시대였다. 은행을 그만두면서 언론사에 취업하려 했으나 이미 취업제한 연령에 달해서 결국 현대그룹에서 새로 만든 방송사에서 피디로 일하게 되었다. 거기서 나는 주로 연예오락 프로그램을 만들었는데, 자체 케이블 TV로 방송되기도 하고 MBC로 방송되기도 했다. 또 영화 수입 업무를 하기도 하고, 가끔 광고도 만들었다. 그전과의 삶과는 상반된 새로운 삶에 처음에는 적응하기 쉽지 않았으나 점차 일에 재미를 느끼게 되었다.

1997년 겨울, 두 번째 충격이 찾아왔다. 문제는 회사가 만성 적자였다는 데 있었다. 그해 겨울, IMF 외환 위기가 닥치자 그룹에서는 방송·광고 분야를 정리 대상에 포함시켰다. 평생직장이라고 생각하고 들어간 곳이었지만, 현대라는 재벌의 계열사였던 방송사는 몇 단계에 걸쳐 직원들을 정리했고, 나 역시 그 대상자에 포함되었다. 그때의 충격은 첫 번째 실패와는 또 다른 충격이었다. 왜 내가 선택한 길마다 이렇게 되는지, 도대체 내가 무엇을 잘못한 것인지 스스로에게 묻고 또 물었지만 답은 구해지지 않고 고통스럽기만 했다.

그리고 세 번째 충격이 2009년 겨울, 암 판정이었다. 큰 충격이기는 했지만, 시간이 지날수록 지난 두 번의 충격에 비하면 그리 받아들이기 힘든 일은 아니었다. 돌이켜 보니 처음의 충격이 가장 컸던 것같다. 그때는 어렸고, 충격에 대한 내성이 없어 그랬을 것이다.

3

다행히 항암 치료를 받지 않아서 투병 생활은 그리 힘들지 않았다. 그 무렵 애플의 최고 책임자인 스티브 잡스에 대해 읽게 되었다. 그가 췌장암과 간암을 함께 겪었다는 것도 알게 되었다. 그리고 그의 암이 나와 같은 종류라는 것도 알게 되었다. '신경내분비암'이라는 대단히 희귀한 암종인데, 어떻게 된 건지 신기하게 똑같았다. 갑자기 그에게 호감이 생겼다. 2005년 스탠퍼드 대학에서의 연설에서 그는 이런 말을 했다.

> 내가 암으로 죽음을 직면했던 경험은 이후 인생에서 중대한 결정을 할 수 있는 가장 중요한 힘이 되었다. 왜냐하면 죽음 앞에선 모든 것들, 실패의 두려움이나 부담감 같은 것들이 의미가 없어지고, 진실로 중요한 것만 남기 때문이다. …… 진실로 본질적인 것을 직시하고, 불필요한 것을 과감히 배제할 수 있게 되기 때문이다(『중앙일보』 2010/02/04).

나는 스티브 잡스의 말에 전적으로 공감할 수 있었다. 정말 그랬다. '생존 확률 50%'라는 프레임으로 세상을 바라보니 정말 많은 것이 달라 보였다. 그렇게 세상을 보면 부차적이고 비본질적인 것에는 관심을 덜 가지게 되었다. 그런 일에 시간과 열정을 허비하기에는 삶이 너무 소중하고 세상은 너무 아름다웠다. 꼭 하고 싶은 것만 하려고 해도 시간이 너무 없었다.

생각해 보면 나는 1999년 우연히 정치권에 들어와 13년 동안 정말 열심히 일했다. 문화관광위원회, 통일외교통상위원회, 교육위원회, 정무위원회, 건설교통위원회, 행정안전위원회, 보건복지위원회, 예산결산특별위원회 등에서 정책을 다뤘다. 정치적·전략적 감각을 가지고 여러 분야의 정책을 다루면서 다양한 분야의 일들을 총체적으로 알게 되었고, 이를 통해 나만의 시각을 가질 수 있었다. 또한 여러 선거 캠프에서 TV 토론 팀장으로 일하면서 가지게 된 나름의 전문성에 대해서도 자신감을 갖게 되었다.

하지만 나는 앞선 두 번의 좌절로 인해 내 시각과 생각을 세상에 드러내는 것을 주저해 왔다. 그러나 암 판정이라는 세 번째 충격은 이후 내 삶을 바꿔 놓았다. 세상의 본질을 좀 더 과감히 대면하게 되었고 또한 그 생각을 이렇게 책으로 쓸 용기도 갖게 되었다.

4

가족들에게 사랑한다는 말을 하고 싶다.

무엇보다 어머니께 감사드린다. 서른넷에 혼자되셔서 아들 셋을 키워 주신 어머니가 없었으면 지금의 내가 없었을 것이다. 세상에서 가장 소중한 내 아내와 내 딸에게도 사랑하고 또 고맙다는 말을 전하고 싶다. 그리고 때론 친구처럼 때론 동료처럼 내게 평생 큰 힘이 되고 있는 동생 규오와 지금 태국에서 소설을 쓰고 있는 웅오에게도 사랑한다는 말을 전한다.

강준만. 2011. 『강남 좌파』. 인물과 사상사.

고세훈. 2009. 『복지한국, 미래는 있는가』. 후마니타스.

______. 2011. 『영국 정치와 국가 복지』. 집문당.

김난도. 2010. 『아프니까 청춘이다』. 쌤앤파커스.

김대중. 2010. 『김대중 자서전』 1·2. 삼인.

김상조. 2009. "1986~2006년 한국의 200대 기업의 동태적 변화" 토론회 발제문.

______. 2011a. "재벌 개혁의 필요성과 정책 방안" 토론회 발제문.

______. 2011b. "재벌 중심 체제의 한계 : 경제력 집중 심화 및 폐쇄적 지배구조의 폐해와
　　　극복 방안" 토론회 발제문.

김수행. 2011. 『세계 대공황』. 돌베개.

김일영. 1991. "이승만 정치체제의 성격에 관한 연구"(성균관대학교 박사 학위 논문).

김헌태. 2009. 『분노한 대중의 사회』. 후마니타스.

남찬섭. 2009. "한국 복지 개혁 성격에 관한 '신자유주의 관철론' 비판." 『한국 복지국가 성
　　　격 논쟁 2』(정무권 엮음). 인간과 복지.

노무현. 2009. 『진보의 미래』. 동녘.

라이딩스, 윌리엄. 2000. 『위대한 대통령 끔찍한 대통령』(김형곤 옮김). 한국언론자료간행회.

라이시, 로버트. 2011. 『위기는 왜 반복되는가』(안진환 옮김). 김영사.

라잔, 라구람. 2011. 『폴트 라인』(김민주·송희령 옮김). 에코리브르.

레이코프, 조지. 2006. 『코끼리는 생각하지마』(유나영 옮김). 삼인.

마르틴, 한스 피터·하랄드 슈만. 1997. 『세계화의 덫』(강수돌 옮김). 영림카디널.

박상훈. 2009. 『만들어진 현실』. 후마니타스.

박세일. 2006. 『대한민국 선진화 전략』. 21세기북스.

방송협회. 2010. "제5회 지방선거 출구 조사 결과 보고서."

배기찬. 2005.『코리아, 다시 생존의 기로에 서다』. 위즈덤하우스.

베버, 막스. 2011.『소명으로서의 정치』(박상훈 옮김·최장집 엮음). 폴리테이아.

새로운 사회를 여는 연구원. 2011. "한국 경제의 구조적 문제와 개혁 방향." 민주정책연구원 연구 보고서.

스티글리츠, 조지프. 2008.『인간의 얼굴을 한 세계화』(홍민경 옮김). 21세기북스.

_____. 2010a.『스티글리츠 보고서』(박형준 옮김). 동녘.

_____. 2010b.『끝나지 않은 추락』(장경덕 옮김). 21세기북스.

안상훈. 2010.『현대 한국복지국가의 제도적 전환』. 서울대학교출판문화원.

양재진. 2009. "왜 한국의 대기업 노동은 복지국가 건설에 나서지 않는가?"『한국 복지국가 성격논쟁 2』(정무권 엮음). 인간과 복지.

에셀, 스테판. 2011.『분노하라』(임희근 옮김). 돌베개.

오건호. 2010. "복지국가를 위한 노동운동의 역할과 전략."『역동적 복지국가의 논리와 전략』(이상이 엮음). 밈.

우석훈. 2007.『88만원 세대』. 레디앙 미디어.

유시민. 2009.『후불제 민주주의』. 돌베개.

_____. 2010.『운명이다』. 돌베개.

유종일. 2011. "세계경제 위기와 한국 경제의 대응." 토론회 발제문.

은수미. 2010. "노동시장과 고용정책의 현황과 과제."『역동적 복지국가의 논리와 전략』(이상이 엮음). 밈.

_____. 2011. "한국의 고용정책 : 두 개의 시장. 두 개의 사각지대 개선전략." 토론회 발제문.

이상이 엮음. 2010.『역동적 복지국가의 논리와 전략』. 밈.

이정우. 2010.『불평등의 경제학』. 후마니타스.

이찬근. 2011.『금융경제학 사용설명서』. 부키.

장지연. 2009. "한국 사회 젠더레짐과 복지국가의 성격."『한국 복지국가 성격논쟁 2』(정무권 엮음). 인간과 복지.

_____. 2011. "복지국가와 여성노동권." 토론회 발제문.

장하준. 2004.『사다리 걷어차기』(형성백 옮김). 부키.

_____. 2010.『그들이 말하지 않는 23가지』. 부키.

전병유. 2011. "고용위기 시대의 대안적 고용전략." 토론회 발제문.

정무권 엮음. 2009. 『한국 복지국가 성격논쟁 2』. 인간과 복지.

주학중·윤주현. 1984. "1982년 계층별 소득분배의 추계와 변동요인." 『한국개발연구』 3월호.

주트, 토니. 2011. 『더 나은 삶을 상상하라』(김일년 옮김). 플래닛.

최인철. 2007. 『나를 바꾸는 심리학의 지혜, 프레임』 21세기북스.

최장집. 2010. 『민주화 이후의 민주주의』. 후마니타스.

크루그먼, 폴. 2008. 『미래를 말하다』(예상한 옮김). 현대경제원BOOKS.

해리슨, 셀리그. 2003. 『코리안 엔드게임』(이홍동 옮김). 삼인.

황성현. 2011. "보편적 복지 실현을 위한 조세·재정정책의 방향과 과제." 토론회 발제문.

후쿠야마, 프랜시스. 1997. 『역사의 종말』(이상훈 옮김). 한마음사.

______. 2001. 『대붕괴 신질서』(한국경제신문 국제부 옮김). 한국경제신문사.

Alberto Alesina, Edward Glaeser, and Bruce Sacerdote. 2001. "Why Doesn't the United States Have a European-Style Welfare State?" Brookings Paper on Economics Activity(Fall).

Choo, Hakchung. 1992. "Income Distribution and Social Equity in Korea." KDI/CIER Joint Seminar, Apr.